陆晓娅 著

影像中的生死课

LIFE DEATH FILM

北京师范大学出版集团
BEIJING NORMAL UNIVERSITY PUBLISHING GROUP
北京师范大学出版社

献给爸爸

你离去的越久

我对你的思念越深

/目　录//

/ 引言：一场未知的教

育　　　　　探　　　　　险　　　　　／　　　　　／

又一轮“影像中的生死学”课程要结束了。一位学生对我说：“老师，您知道吗，我们中流传着一个说法，‘在大学，上课是一件很耽误学习的事’。但生死课打破了这个魔咒。”

“上课耽误学习”这个说法，让我吓了一大跳。学生们多年苦读，把“上大学”当作奋斗的目标，大学竟令他们如此失望吗？好在，多年心理咨询的经验，让我能从这句话里听出另一层含义：学生们如此渴望学习，他们希望在大学所付出的时间和金钱，能够真正在精神上、知识上提升自己。

我非大学教师。我主要的职业生涯，是在中国青年报社度过的。不过，和一般记者编辑不同的是，我因为创办了为青少年提供心理支持的“青春热线”，变成了新闻与心理的“两栖动物”：一脚留在新闻领域，一脚跨进了心理咨询和心理健康教育领域。2008 年从中国青年报社退休后，我又和热线的志愿者杜爽一起创办了公益机构“歌路营”，服务于流动儿童和留守儿童，原来留在新闻界的那条腿又跨到了民间教育领域。

在每天起早贪黑但充实快乐的工作中，不知不觉就奔六了。妈妈的阿尔茨海默症一天天恶化，需要我更多的照顾；每天三个小时的上下班通勤，也让我觉得是对生命的一种浪费。我知道生命又到了一个该调整的阶段。

一天早上醒来，我问自己：陆晓娅，快“六张”的你还有什么梦想吗？

好幼稚，是吧？“耳顺”都快到了，还谈什么“梦想”！

不过，我真为能向自己提这样“幼稚”的问题而自豪——当别的同龄人忙着养生的时候，我还能看到生命的可能性。或许，是我早已做好了“积极老龄化”[①]的准备；或许，在潜意识中我觉得自己还有潜能待发挥；或许，我不喜欢割裂自己与这个世界的联系。总之，除了照顾老妈、游走大地和锻炼身体外，我肯定还能干点儿什么。

忽然想起，前几年北京师范大学的乔志宏老师说，学校要为学生提供通识教育，希望我能开一门什么课。当时，因为忙着在公益领域创业，我只能婉拒了。

也许，现在是时候了？去大学教书，也曾是我年轻时的梦想之一啊。

以前，我曾经在一所大学开过“心理健康与个人成长课”。不过，如果再在大学开课，还是不要重复自己吧，何况现在很多大学都有了类似的课程。

忽然就想到了“生死学”。好像生命中的几条线索一下交汇到了这个点上：

1998 年至 2001 年期间，香港中文大学教授林孟平在北师大主持了心理辅导的硕士班和博士班，我有幸跟随林老师学习。林老师曾在课上带我们探索死亡，那几堂课十分震撼，至今有些细节还历历在目。

哦，还有我在学习心理辅导中遇到的其他“导师”，比如维克多·弗兰克

① “积极老龄化”(Active Ageing)是世界卫生组织(WHO)在 2002 年提出的理念。根据 WHO 的解释，“积极”不仅仅是体力活动和劳动，还包括对社会、经济、文化等的持续参与并发挥作用。

尔(Viktor E. Frankl)[①]，比如欧文·亚隆(Irvin D. Yalom)[②]，虽然无缘跟从他们学习，但他们的书中对于生命和死亡的思考，以及从存在维度进行的心理治疗，都曾给予我重要影响。

还有，几十年来我有意无意地读了许多与生命和死亡有关的书籍，从出版于20世纪80年代的《生命伦理学》，到在超市书架淘来的《生命的脸》《死亡的脸》，还有触动人心的《汉娜的故事》，摄影家拍下的《生命的肖像》……

在“青春热线”服务期间，我们也曾多次进入大学校园进行危机干预。年轻生命的陨落总是那样让人心痛和遗憾。

当然，还有我已经走进生命的秋天，自然会对死亡有更多的思考……

不如就开生死学的课程吧！

“生死学”，有这么一个学科吗？没听说过啊！

或许首先就会被这么质疑吧。不过没关系，我可以拿出很多资料来说明，这样的课程不是什么新鲜事，欧美有，港台有，我们大陆也有，只是比较稀少罢了。

那么，这个“生死学”怎么上？生死学课程一向有两个模式，一种是偏重

① 维克多·弗兰克尔，奥地利心理治疗家，“意义疗法”和存在主义心理治疗的开创者，奥斯维辛集中营的幸存者。中文译名有“维克多·弗兰克”和“维克多·弗兰克尔”。在本书中，作者使用“维克多·弗兰克尔”。

② 欧文·亚隆，美国心理治疗家，存在主义心理治疗和团体治疗大师，有多部心理治疗专业书籍和畅销的心理治疗小说，中文译名有“亚隆”“亚龙”“雅龙”“耶勒姆”等。在本书中，作者使用的是“欧文·亚隆”。

理论和理念的，比如著名的耶鲁大学公开课“哲学·死亡”；另一种偏重体验，比如会让学生到棺材里躺一躺。

前一种模式我觉得更像是思维训练，离真实的生命过程太远；后一种模式需要动员大量资源，我也做不到。我理想的模式，是能将学生“抛到”一个场中，这个场既能激活他们的生命体验，又能让他们产生思考。这个场，应该是情感与理性同在，体验与学习共生吧。

又是一个清晨。在沐浴中，突然闪过一个念头：用电影来教学怎么样？我的脑子里飞快地冒出来一些电影，掠过很多经典的镜头。调动我学到的生死学理论，以及积累的教学、培训、团体辅导的经验，再和电影“烩”在一锅里，嗯，好像那个无形的“场”就有了影子。

好吧，就是它了——“影像中的生死学”！

这是生命中的又一次跨界。作为一个想在大学开课的非教育界人士，我不敢造次，一次次地问自己：“在这个课堂上我该怎样定位自己？我一定要做传道授业解惑者吗？”“面对生死问题，有谁能‘给予’学生标准答案？”“课程结束，我留给学生的会是什么？”

我苦苦思考的这些问题，让我从设计课程开始，就走向一条未知之路。

在我还不知道应该怎样上这个课之前，我很清楚地知道我不想怎样：

我不想把这门课上成一门教授“知识”的课，因为我认同台湾学者辜琮瑜说的："'生死学'不是学问，是生命的态度与终极关怀的探索。"[①]对于我来说，从"第一章""第一节""第一点"讲下去并非难事，但如果从概念到概念，从理论到理论，我很怀疑这种不贴近生命的"生死学"到底对学生有什么用。

我不想把这门课上成一门我唱主角的课，学生的发言不过是一种点缀，因为我觉得二十啷当的他们，并非对生死问题一无所知，并非从没有过体验和思考。按照维果茨基的"最近发展区"理论，结合学生已有知识和体验的学习，才是最有效的；而且，按照后现代的理念，所谓的"知识"并非只有专家才拥有，每个人都拥有自己本地化的知识。且知识一旦体系化，它本身也就开始脱离真实的生命和生活场域。事实证明，我课堂上的学生，因为来自全国各地，学习不同学科，有着不同的人生经历，他们所拥有的知识，使这个课程的视角变得特别丰富，他们同样为这个课程贡献了力量，成为了课程中的"老师"。

我不想以一种我拥有标准答案的姿态来上课。哲学家卡尔·波普尔曾将世界上的事物分为两类，一类问题像"钟"，可以将其拆分、精细地测量，按照某种规律运行、复制；另一类问题像"云"，总是处于不断变幻之中，难以精细测量，不好预测和把握。与"人"有关的问题，很多时候更像"云"而不是"钟"，人文学者、社科学者不断发现、总结出的规律，在"云"中增加了"钟"性，使我们在不确定性中拥有某种确定性。但生死问题太过复杂，不仅涉及

① 辜琮瑜：《最后一堂生死课》，北京：世界图书出版公司，2011年，第1页。

的学科众多，而且每个人也会因经历、处境的不同而形成不同的认识，因此我觉得它更偏向于“云”而非“钟”，我和学生要共同进入的，是一个存在着大量的差异性、模糊性和复杂性的领域，很难用黑白对错来给出答案。

我知道，当我以上面三个“不想”作为基线来设计课程的时候，我就开始了一次未知的教育探险。在学生经过多年相对被动的学习后，我将和他们一起尝试他们所不习惯的教学方法——用电影带他们进入一个非体系化的模糊地带，共同去探索那些日常难以言说的生死问题。

其实，我并不是不知道生死学的体系，通过阅读相关的专业书籍，我照猫画虎也能弄出个“体系”来。但是，我决定和自己做一笔交易，我要把“生死学”从名词变为动词，以牺牲学科的结构性、完整性，来换取与学生生命的贴近性和教学的建构性。

我想，世界之大，人们学习的方式是不一样的。特别是在学习叙事治疗[①]时接触到后现代思想之后，我更是觉得重要的不是给学生一个完整的“生死学”的学科体系(如果他们想对生死学有更多了解的话，可以去读我推荐的书目)，不是你想灌输给学生什么理论或理念，而是搭建起一个谈生论死的平台，和学生一起进入一个探索的过程——对于进入大学的年轻人来说，如果还把他们的脑袋当作一个“容器”，而不是一个可以产生思考与创意的发动

① 叙事治疗(Narrotive Therapy)是一种后现代心理治疗方法，创始人是澳大利亚的麦克·怀特及新西兰的大卫·爱普斯顿。它摆脱了传统上将人看作问题的治疗观念，治疗师和当事人一起解构“问题故事”，并重新建构起新的生命故事。

机，那真是暴殄天物啊！

“体系”意味着严谨的结构。有结构的事物会让人感到安心，至少有一个可以去把握的方向和脉络。但是，结构也是一种限制、一种框定。过于清晰和严密的结构，会减少教学的弹性，因为它排除了不确定性和新的可能性，它凸显的是教师本位，而不是学生本位；是学科本位，而不是学习本位。我本来就是一个野路子的怪老师，我本来想的就是和学生共同探索，而非“传道授业解惑”，何必作茧自缚，画地为牢，也给学生戴上无形的镣铐呢？在我看来，和学生“知道”了什么、“记住”了什么相比，“思考”了什么、“质疑”了什么才是更重要的；和掌握了一个“体系”、一套“知识”相比，探索的“过程”和“乐趣”才是更重要的。在有限的教学时间中，与其传授“套装知识”，不如设置一些与学生生命相关、与学科前沿相关的主题，去开启学生的思维，那才是更有“后劲儿”的事情，甚至会使他们终身受益。我还相信，在上完一次课后，在整个课程结束后，学生们自会带着问题继续阅读、思考、写作和讨论。谁说学习仅仅发生在课堂上呢？

从另一个角度说，从 1991 年创办“青春热线”以来，我这个教育界的外围人士，有机会通过热线电话、读者来信、校园讲座、心理工作坊、危机干预等不同的形式，走进校园，走进大学生的内心世界。通过倾听他们的生命故事，我深深知道在大学阶段，年轻的他们不仅渴望学习真正的知识，也在迷茫、困顿中努力探索自己人生的方向，在叩问“我是谁”“我来自哪里”“我要到哪里去”这些生命哲学的基本问题。但是，这些探索大都是在“暗地里”进行的，除了一些老师开设的心理健康课外，很少有老师去关心和回应这些精神成长的需要。不过，心理健康课关注的是个体，而人的很多迷茫和困顿，其实与社会息息相关，与文化息息相关。我想，把大学生成长的一些课题，放到生死学这个大框架中探索，会不会也有利于促进学生的精神成长呢？

如果说，在第一轮上课时，我对扮演“传道授业解惑者”有种莫名的心理抗拒的话，到了第三轮，我已经很清楚自己在课程中扮演的角色了。

第一个角色是：思考平台和支架的提供者。为了搭建思考的平台，我需要选择一些与生死学重要议题相关、同时拥有较大思考空间的电影，不管这些电影在豆瓣上的评分是高还是低，因为我上的不是电影赏析课。同时，我也会通过课堂的阅读资料和讲授，为学生提供不同学科的一些概念(可能只是某些术语)、理论，或者某些学者的观点，使学生的思考可以在更高的层次上展开。课上为学生提供的阅读资料，都是我多年阅读积累下来的，我把它们打印出来，随堂发下，或通过邮件、微信发送电子版本。当然，如果学生能对这些“支架”本身进行质疑，倒是更加令我高兴。有意思的是，学生们后来也成为了思考平台和支架的提供者，他们给我提供电影，也给我提供不同学科的理论，触发我许多新的灵感，让这个课程继续发展。

第二个角色是：对话与讨论的促进者。让这个角色发挥作用的方式有两种，一种是我事先设计的某些方法，比如站在电影中不同角色的位置上对话，比如写出不同角色的内心独白，比如由学生提出需要讨论的问题并由学生主持讨论的团体诘问，等等。第二种方式，就是我在学生讨论发言时，继续向他们提问，促进他们思考得更深或更广。这一点应该感谢多年来我所接受的心理咨询训练，特别是叙事治疗的训练，它让我变得更有探索意识，甚至更具好奇心。

第三个角色是：情感的支持者。生死学课堂，特别是用电影这样情感理性兼容的介质来进行学习的课堂，很容易引发学生的情绪和复杂感受，甚至勾起早年的创伤体验。在这样一个“高情绪唤起”的课堂上，教师必须要考虑学生的承受能力，也要事先对可能引发的问题有所准备。我虽然从事过 20 多年心理咨询，也参加过创伤治疗的培训与实践，但是在四五十人的教学场合，如果有个别学生产生了强烈的情绪，我该如何去回应？这是我必须事先思考并不断摸索的。在第一轮的教学实践中，当学生开始用“周五综合征”这个词来形容他们对这个课程的复杂感受时，我就意识到，需要对影片和教学节奏进行调整，避免让他们感到过于沉重。其次，虽然从一开始我就借鉴叙事疗法，为学生设计了一个自我对话来帮助他们处理情绪，但我还是觉得从保护学生出发，应该告诉那些近年有过丧失“重要他人”经历的学生，不选此课为好。我的第三重保护，是告诉学生，万一课程引发了强烈情绪，请及时告诉老师，老师会根据情况给予回应。当然，我会在评估学生的状况后，建议学生去学校的心理咨询中心寻求帮助。我觉得在课程中，我的角色是教师而不是心理咨询师，如果我和学生的关系变成了咨询关系，恐怕会对教学管理产生微妙影响。但这不意味着我不能从心理角度给予学生任何支持。至少，我在心理咨询方面的训练，可以让我对学生的情绪唤起状态保持觉察。

尽管我将开始的是一场未知的教育探险，但我知道，通过课程设置，可以为教学打下好的基础，为后面的学习提供动力和风险控制。

首先是上课时间。开课前，学校就上课时间征求我的意见，我请求把课程放到周五晚上，原因很简单，因为那是我最有保障的一段时间，没人会在周五晚上给我派活儿。但后来我意识到，这个上课时间是有意义的：那些在一周紧张学习之后不去放松找乐，愿意将自己抛入生死这个严肃主题中的学生，大多是奔着学习而非学分来的。这个时间设置已经为我做了筛选，也让学生对学习有所期待，这样的期待是学习必要的心理准备。

北京师范大学的课程管理系统，只能学生选老师，老师却不能选学生，这着实有点让我失望。按照我的愿望，这门课的学生应该限制在 30 人以内，且应该由我用某种方法进行挑选——从心理学的角度讲，设置门槛会让学生更加珍惜机会，从而在学习上更投入。在哈佛大学开设“法律·道德·心理：透过电影的探讨”的阿伦·A. 斯通教授，就设置了自己的门槛，二年级、三年级和法律硕士的学生有优先权，且需要先提交 1000 字对某部电影的评论，他从中选录 22 人。但中国就是中国，我能做的，就是为了保证教学质量而不上大课。学校要求 40 人才能开课，不过最后也尊重了我的想法，将选课人数缩减到了 35 人。

当然，出现在教室中的绝不会只有 35 个学生，那些已经修满学分的学生，或是在读的硕士、博士，甚至从外校赶来的学生，我怎么可能把他们拒之门外？何况，我从内心里是多么喜爱这些“蹭课”的学生，他们的存在，不仅让我感受到这门课真的有价值，而且也让我更加愿意“相信未来”①。

① 《相信未来》是诗人食指(郭路生)写于 1968 年的诗歌。

满满一屋子学生坐在这里了，他们到底为什么而来呢？是这门课程的名字很奇葩？还是觉得有电影的课学分可以轻松拿？他们对这门课究竟有何期待？虽然每次课我都会问他们这些问题，但几个同学的回答似乎还是让我难以看到全貌。于是，在第四轮课程开始的时候，我做了一个小调查，请每个学生写出自己对课程的一到三条期待。

很庆幸自己做了这个小调查，在收回来的 107 张小纸条中，我看到了学生的需求，也在某种程度上看到了他们的生命状态。

数量最多、占到三分之一的小条与“认识死亡”有关，比如“找到对抗死亡焦虑的方法”，“学到如何面对自己、亲友的死亡，如何安慰其他面对死亡恐惧的人”，“希望能知道人死后会去哪儿”，“能学会直面死亡”，等等。这似乎说明，虽然死亡在生活中如影随形，但是文化已经把它变得难以言说，反而激发了学生们认识它的渴望。

小条的第二梯队不出所料，是与“生命的意义”有关，差不多占了五分之一。学生们想在这个课堂上认识“生活的意义是什么？生命的价值有多大?”“怎么才能活得有意义有意思?”“人为什么要活着?”这些貌似“形而上”的问题。在我看来，这些问题正是 20 岁上下的人应该思考的，因为他们已在人生中“上路出发”，却往往手中连个地图都没有。高等教育的专业化、功利化让这样的探索很难进入课堂，而这正是通识教育、人文教育可以有所作为的地方。

与“生命意义”这样相对抽象的问题不同，还有一些小条，反映了学生现阶段成长的需要，比如“活得勇敢一点儿，自己其实比较自卑”，“多些人文情怀，觉得自己太冷漠”，“希望自己可以找到人生目标，至少是现阶段的小目标吧”，“希望不要总对未来很迷茫，通过这门课看清自己想要什么”……看到这些，我很高兴，因为我看到的不是“问题”，而是学生们追求成长的强烈愿望。虽然“影像中的生死学”是一门课程而不是一次团体辅导，但把个人的成长课题放到生死大框架中去认识，会有不同的感觉。人能够把自己放到时间(从出生到死亡)这个纵轴中，放到空间(从个人、家庭、社区，直至世界、人类、宇宙)这个横轴中，或许对自身的发展和价值才会有更深的了解。

还有些同学明确告诉我说，选修这门课希望能够激发思考和拓展视野。我想他们算是选对了课程。上过这门课的学生说，一个晚上带来的思考比一周都多。同时，也正因为“生死学”跨越多个学科，可以让学生不囿于专业学习。在今天的信息社会，跨界混搭似乎成为了重要能力和创新方式，我希望学生通过这个课，能对更多的学科产生兴趣，愿意去阅读更多其他专业的好书。

这些小条中，也有一些很特别的，比如“让周五晚上不再只是美剧和淘宝”，“希望老师不强求出勤”，“希望老师能给高分”，“希望我 20 年以来的人生观、价值观不会被这门课所改变”，等等。

“出勤”，是大学中很有意思的一件事情。记得在上林孟平教授的硕士班时，来自香港的她曾对内地大学还要“点名”深感惊讶。我也一直觉得靠“点名”这种外在的压力维持出勤率，实在很荒谬，所以从一开始我就没打算“点名”。但是，如果经常缺课却还可以拿到学分，这样的“好事”是不是助长了不负责任——你没有学习也就应该承担相应的后果，何况只有 35 个选课名额，你占了位置就意味着别人失去了机会，对于那些投入学习的同学来说，不出勤却拿学分也是一种不公平。所以，我告诉学生们，我不会点名，有事可以通过课程邮箱请假，但缺课太多，就不要指望能拿到学分。至于我怎么知道学生缺课，很简单，我请每个学生为自己做了名签，以便他们发言时我能知道是谁，缺课的学生自然不会参加讨论，也就无法在我这儿“混个脸熟”。

我事先告诉学生，这门课程的成绩由出勤、参与课堂讨论、作业组成，如果在作业之外，还能够通过写作分享自己的思考，则可以获得加分。

作为学生，他们来选这么一门非本校教授上的课，其实也挺冒险的，特别是第一轮、第二轮的学生，他们不知道我是何方神圣，道行深浅，也不知道会在课堂上看什么电影，老师又怎样引导他们去触摸生死。他们带着不确定而来，却不知道他们将要面对更多的不确定，甚至产生更多的困惑——对于中国学生来说，这样的学习经验应该不是很多。

不过，能够承受不确定性，倒是马斯洛对“自我实现者”的描述之一呢。对创造性人才的描述，也总是缺不了一条“能耐受模糊性”。那么，就让我们走进“影像中的生死学”这个独特的课堂，一起体验，一起思考，一起感动，一起质疑，一起探索生命和死亡的意义，一起开始这场未知的教育探险吧！

/ 起始课：通过电影

生命越复杂，生命层次越高级，它

唯有面对死亡之时，一个人

直视骄阳 / /

受死亡的威胁也越大。

别尔嘉耶夫

的自我才真正诞生。

圣·奥古斯丁

《时间规划局》*In Time* /

导演：安德鲁·尼科尔 / 2011 年

/ / 让生命在场 /

同学们：

我们上课了。在我向大家介绍自己、介绍这个课程之前，先让我看看你们这些年轻的面孔。你是谁？你来自哪里？你有着怎样的生命故事？你为什么会选这个课程？我都还不知道。你对我而言是陌生的“他者”，我对你而言，也是陌生的“他者”。

也许你会说，老师你不需要知道这么多，只要上完课给我两个学分就行了。

我知道在大学的很多课堂里，老师即使想了解学生也做不到，因为学生太多了。面对着上百甚至更多的学生，生动具体、活生生的你变成了抽象的“学号”，你的名字可能只在点名时才被叫起。有学者称这个现象为大学生的“无名化”(nameless)①。

我也知道，在大学的课堂上，有些课很吸引同学，大家会投入地听，但也少有机会发表自己的见解，或通过一起思考形成相互激发与质疑。也有不少的时候，老师在上面讲，同学在下面刷微博、看微信。这种情况下，虽然师生都在课堂上，但学习有没有发生呢？很遗憾，有课堂却没有学习。

我想，如果在“影像中的生死学”课堂上学习没有真正发生，对60多岁的我和20岁出头的你来说，生命都是巨大的浪费。所以，我期待

① 周濂：《你永远都无法叫醒一个装睡的人》，北京：中国人民大学出版社，2012年，第302页。

在这里能够有真正的学习。

什么是学习？我们这个课采用什么样的方法学习？我们会在后面探索。但对我们这个课来说，让学习发生的最基本的要求是让生命在场：我期待你的内心有丰富复杂的情感在流动，你大脑中的神经元因为紧张的思考在不断地链接，你的耳朵在倾听，你的嘴巴有说出内心想法的冲动。这样，就会像德国哲学家伽达默尔说的那样，通过与他者的相遇，超越我们自己知识的狭隘。

好吧，让生命在场的第一件事，就是说出你是谁。现在，请用桌上的白纸给自己做一个名签，字要写得大，让老师能够看见。

这是每次第一堂课，我都要做的一件事情。通过这个小小的活动，我希望大学里的这些“无名氏”们，能感受到自己还是一个独特的人，而不仅仅是大课中的一张面孔、老师点名册上的一个学号。

没想到这个小小的活动很受欢迎，有学生在后来的作业中说：“我超级喜欢老师在开学时采取的一个方式：让我们把名字写出来放在桌子上，那么您就认识我们了。……还记得我把名字认真地写好放在桌上的时候，忽然一下子就发现自己找到了自己，很独特的一个自己，而不是随随便便的一个大学生而已。”“生死学的课堂给了我久违的归属感。老师叫着你的姓名，自己不再是第几排第几列的一个坐标，也不再是穿泥色衣服的那个同学。”

是的，在这个课堂上，我希望能将学生们还原为一个具体的人，一个有存在感的人，这样他们才会让活泼泼的生命卷入学习之中。而我，也将以一个“人”而非仅仅一个“教师”的角色存在。我会真诚地和他们交流我的感受和思考，会真实地呈现我的生命状态，包括分享我生命中的生死故事。

所以，我对自己的介绍，也是立体的，除了我的背景外，我还会用“凡客体”①向学生介绍一个更加丰富的“我”：

爱游泳，爱旅行，爱电影
爱躺在床上看书，爱星空，更爱心灵的自由
我不是什么“砖家”，不是什么伏枥老骥
我是陆晓娅，一个希望活得有意思有意义的人

这句“活得有意思有意义”，后来被学生反复提起。

/ 直视骄阳 / /

第一堂课，我为学生简单讲授了“生死学”和生死教育的简史，当然是简而又简的。不过，我觉得自己准备这段短讲，其实花了很多年的时间。

追根溯源，生死学的源头在100多年前。

1903年，俄国生物学家梅契尼科夫(Elie Metchnikoff)出版了《人的本质》(*The Nature of Man*)一书，首先提出了“死亡学”(Thanatology)的概念。Thanatology一词，源于古希腊神话中死神“Thanatos”的名字。梅契尼科夫认为，用科学的精神及方法研究“死亡学”和“老人学”，可减少人类承受痛苦的过程，并可改善人类生活品质。

① 凡客体，即凡客诚品(VANCL)广告文案宣传的文体，2010年通过其形象代言人韩寒和王珞丹推出后，网络上立刻出现了很多模仿之作，随即被称为“凡客体”。

作为生物学家的梅契尼科夫，为什么会提出“死亡学”来？他本人哪些人生经历触发了他对死亡的关注与思考？凭直觉，我知道这里面应该有故事。每个对“死亡”问题有超过常人关注的人，包括我自己，必定有着自身的原因。

果然，梅契尼科夫年轻时便遭遇了死亡之痛。他的第一任妻子因为感染肺结核而在1873年过世，28岁的梅契尼可夫非常悲痛，再加上其他的一些问题，他吞食了大量鸦片企图自杀，但是没有成功。1875年，他再度结婚，而第二任妻子又在1880年得了伤寒，梅契尼可夫再度自杀。这次他用了注射的方式，让自己感染了回归热，但是经过一番痛苦的折磨，他还是没有死去。

这个两次自杀没有死去的人，后因发现吞噬细胞，建立细胞免疫学说，与P. 埃尔利希共获1908年诺贝尔生理学或医学奖。

梅契尼科夫的故事让我们看到死亡之痛，也看到了生命巨大的可能性。它像一个寓言一样，暗含了“生死学”的价值：“唯有愿意触及死亡的终究限制，才可能从中开拓出生命的尊严与价值。”①

在梅契尼科夫之后，著名的爱尔兰诗人艾略特在1955年提出：“死亡教育和性教育同样重要和必要。”20世纪60年代，死亡教育开始出现在美国大学和中学中。至20世纪70年代中期，据《纽约时报》报道，已经开设“死亡与临终”通识课程的高校达165所，中学达1100多所。到1975年，已经有40多所医学院开设了死亡教育的正式课程。②

在死亡学、死亡教育，演变为“生死学”“生死教育”的过程中，一个重要人物是美籍华裔学者傅伟勋。他在1993年出版的《死亡的尊严与生命的尊严》一书中，提出“生与死构成不可分离的一体两面”，“死亡的尊严与生命的尊严

① 辜琮瑜：《最后一堂生死课》，北京：世界图书出版公司，2011年，第1页。

② 参见胡宜安：《现代生死学导论》，广州：广东高等教育出版社，2009年，第28页。

息息相关”，应当建立现代生死学，以此来探讨现代人的死亡问题和精神休克，以及生死的终极意义。[①]

与梅契尼科夫一样，傅伟勋先生也有着自己的故事：在写作这本书时，他已经因患淋巴癌做过两次手术和无数次电疗了。这位“动起来如顽童欢悦般直率，静起来如老僧入定般沉潜”(心理学家杨国枢语)的学者，学贯中西，曾在美国宾州州立天普大学(Temple University)开设“死亡与死亡过程”(Death and Dying)课程10年。开阔的视野和深沉的思考，使得他认为必须整合精神医学、精神治疗、哲学、宗教学、心理学、文化人类学等多个学科，将死亡学放在广义的现代生死学的大框架中来研究，这不仅因为人“平时的精神状态与临终的精神状态有着不可分离的联系”，而且因为“生死学的首要课题是关于生命的意义与死亡的意义探索”。

据说，杨国枢和余德慧等人1992年在台湾大学开设“生死的探索”选修课时，原来以为只会来30个学生，所以要了一间小教室。没想到还没上课就已经坐满了学生，于是紧急换了一间中等教室，但很快又坐不下了，最后只好换到一间能坐300人的大教室中。

已故的余德慧教授，虽然从未谋面，但我在心里把他当作自己在生死学上的启蒙教师。因为好几年前，就有朋友送给我两本余老师的著作《生死学十四讲》和《观山观云观生死》。余老师后来离开台北移居花莲，在东华大学任教，而后又在慈济大学重开“生死学”课程，并且常年在慈济医院心莲病房(临终照护病房)，以志愿者的身份，参与对临终者的服务，每周主持医护人员的个案讨论。这样的一线工作，大大深化了人们对临终和临终照护的认识。非

① 参见傅伟勋：《死亡的尊严与生命的尊严》，北京：北京大学出版社，2006年，第99～100页。

常非常遗憾的是，待我终于去到花莲，走进余老师的家时，他却只能在墙上那张大照片上，无言地望着我——余老师故去已经一年了！

一水之隔，中国内地的生死教育大约晚了10年，但也很快发展起来。例如，2005年，复旦大学胡志辉开设了“生命教育研究课”；2006年，江西师范大学的郑晓江开设了“中国死亡智慧”选修课；近年来，开设相关课程的高校更多，对此，2013年12月25日《中国青年报》曾以《生死课》为标题进行了整版的报道。

对我而言，走上讲授生死学课程之路，还有一个重要的引领者，就是美国著名的存在主义治疗家欧文·亚隆。若干年前到香港，省下盘缠，花重金(和内地书价相比)买回了港台版的《爱情刽子手》和《当尼采哭泣》。《爱情刽子手》是一本心理治疗的故事集。10个故事的主角，大都是已经走向生命终点的人。其中有个故事令我印象特别深刻：一个淋巴癌已经扩散了的男人，还在惦记着“我要和看到的每个女人上床”，甚至在小组治疗中也对女性出言不恭。直到生命的最后几个月，在亚隆的帮助下，他才开始坦诚地面对自己的内心，努力改善和子女的关系。临终前，他对亚隆说：“谢谢你，谢谢你救了我。”①

为什么病入膏肓，他仍然“性致勃勃”？为什么在临终之前，他觉得自己终于“得救”？如果没有最后阶段的觉醒，他在死亡来临时会是怎样一种感觉？亚隆的心理治疗故事，让我仿佛看到了生命更深处。在他看来，人的所谓心理问题，其实都是四大存在问题在作祟，它们是死亡、孤独、自由与责任和生命的意义。当然，这是和精神分析非常不一样的思路，似乎更靠近哲学而非心理学。

我想我喜欢亚隆，也许是因为自己从年轻时起就被这四大问题所“折

① ［美］欧文·亚龙：《爱情刽子手》，张美惠译，太原：希望出版社，2008年，第88页。

磨”，在很年轻的时候就经历过死亡的冲击吧。

死亡对我的第一梯次轰击，是在十年浩劫中。在“文化大革命”初期的那两三年里，不断有熟悉和不太熟悉的人死亡，有些是被打死的，有些是自杀的。还记得有一天刚上课，坐在我后面的同学就站起来要求发言。我很纳闷，她平时沉默寡言，不知道今天怎么这么积极？但我马上就听到了她颤抖的声音：“我要和反革命父亲划清界限！”原来，她身为外科医生的父亲，头天夜里自杀了。之后是上山下乡，我们大队 28 个知青，死了 3 个，其中包括我幼儿园时的朋友连连，她被恶性传染病伤寒夺去生命，死时仅 17 岁。我还记得父亲来信提到这件事时，用了“夭折”这个词。

经历这些事情的时候，我正处在 13 岁到 17 岁之间，我不知道这样的经历对我到底意味着什么，我只知道那段时间总是噩梦连篇。特别是连连死后，整整一个星期我无法闭眼，之后记忆力开始严重衰退，再也不能回到原来的状态中了。

另一段比较密集地接触死亡，其实不是被动的，而且是一种主动的选择：从 2003 年 SARS 开始，我带领“青春热线”志愿者团队，一次次为突然被死亡袭击的人们提供危机干预和哀伤辅导。这是一个非常具有挑战性的工作，面对那些遭受重创和打击的人们，面对他们的悲伤、失落、恐惧、内疚、愤怒，该如何走近？如何陪伴？如何打开分享的空间？如何倾听和转化……每一次工作前，不论多么紧急，团队都会进行认真准备；在危机干预的过程中，彼此相互支持；在工作结束后，再累再饿，我们也都会认真进行总结，将经验一点点地积累起来。我一直记得台湾赖念华老师在危机干预培训中的一句话，并且也常常用它来鼓励“青春热线”的团队成员：在危机干预中，最重要的是勇气，不是完美。

为什么我们会主动选择来做这种与死亡有关的工作？因为在当时，在危机事件发生后，还很少有人去进行心理辅导，人们常常会认为时间可以治愈一切，却不理解未处理的悲伤等情绪，会久久地潜伏在心灵深处，影响着人们日后的生活适应和人际关系。直到2008年汶川大地震，对危机事件受害者进行心理干预与治疗，才开始被广泛地接受。“青春热线”所做的危机干预和哀伤辅导，也为在中国开展相关的工作积累了一点儿小小的经验吧，我们的案例还被收入到《姑息医学》[①]教科书中。

2008年对我而言，是个“再也无法对死亡视而不见”的年份。这不仅因为汶川大地震，将生之无常和死之惨烈一下子推到我跟前，也因为经历退休、女儿离家上大学这些“生活事件”，生命流逝的声音开始变得响亮。记得最后一天在报社收拾东西时，面对几十本采访笔记、一包包读者来信、几大本自己的文章剪报，一时间竟不知道该带走还是该丢掉。每一张纸片上留下的都是生命的痕迹，要在一个上午把27年打包完毕，酸甜苦辣都来不及回味。

就在这段时间，我读到了亚隆的新著《直视骄阳——征服死亡恐惧》。有意思的是，直到读第二遍，我才发现，亚隆宣称这是他的封笔之作。想到第一次阅读时我竟然会将这么重要的信息“忽略”，心里一惊：原来，我还不能接受亚隆已经老了并且也会死去这样一个事实。

不愿意接受亚隆也会老去，也会死亡，其实是不愿意接受自己也会老去，也会死亡吧？

作为一个心理治疗家，亚隆对死亡的讨论不是抽象的哲学思辨，也不局限于个人的感性体验(虽然他也专用一章分享了他与“死亡”的关系)。几十年作为生命“向导”，使他可以从一个个来访者的症状和困扰中辨识出“死亡焦虑”，也看到死亡意识如何变成了“觉醒体验”，使人们的人生发生了重大改

① 李嘉诚基金会“人间有情”全国宁养医疗服务计划办公室：《姑息医学：晚期癌症的宁养疗护》，汕头：汕头大学出版社，2008年。

变。他探索人们对抗死亡焦虑的办法，用生动的故事告诉我们，哪些方法奏效，哪些南辕北辙。对我个人而言，颇有启发和帮助的，是“波动影响”概念。

所谓“波动影响”，就是“有的人死了，他还活着”的意思——一个人不仅存活于个人的生命历程中，也可以通过自己的价值观和行为举动将生命传递下去，波动影响到下一代，甚至代代相传。“波动影响”并非伟人的专利，我至今还记得报社一个普通女工刘金芬给予我和“青春热线”志愿者们的温暖和帮助，虽然她已病逝了二十多年。

这堂起始课的阅读资料，就用《直视骄阳：征服死亡恐惧》的第一章“死亡之痛”吧。它概述了人一生中不同阶段出现的死亡恐惧，从童年到老年，从赤裸裸的表现到通过“隐藏和伪装”转化成的各种症状；它也概括了“影像中的生死学”课程的价值和意义——“用肉眼直视如此耀眼的骄阳”，是为了“以更丰富、更有同情心的方式再次直面人生”。[①]

我把第一单元的课程命名为《通过电影直视骄阳》，也有向亚隆致敬的意思。但如何引出“死亡”的话题，如何让风华正茂的学生，敢于“直视骄阳”呢？

/ / 感受生命的流逝 /

既然是“影像中的生死学”，那么第一单元的课程用什么电影呢？

我想到前不久看过的半部电影《时间规划局》(*In Time*)。这部电影在豆瓣的评分只有6.6分，坦率地说，看到后面的爱情加打打杀杀，我就失去了兴

① [美]亚隆：《直视骄阳：征服死亡恐惧》，张亚译，北京：中国轻工业出版社，2009年，第9页。

趣，因此迄今为止，我只看过前半部分。但是电影开场的那段，却给我留下了深刻印象。

开头的两三秒钟，银幕上一片黑色，寂静无声。音乐渐起，一行极小的绿色字母出现在黑色背景上，仿佛死寂世界中的一线生机。绿字母开始闪烁、变化，在难以察觉中，有数字嵌入其间，倒计时从“5”开始，直到“1”定格为片名——IN TIME。银幕随即变成了一片绿色，好像一片葱郁茂盛的森林。几乎与此同时，一种奇怪的声音出现了，听上去它很像人的喘息，粗重而有节奏。

不知不觉中，镜头渐渐拉远，“森林”变成了有纹路的“树叶”，“树叶”又变成了网状、针状，最终，我们看出那是一串绿色的数字，在一只有着毛孔的人类胳膊上，冷漠而坚定地倒计时。不需要提示，观众已然明白，那像喘息的声音原来是放大的脉搏跳动声。一声一下，一下一声，在脉搏的跳动声中，荧光绿的数字不停变动，直到呈现为一串清晰的数字：0000·00·0·23·48·24——那意味着此人的生命只剩下不到一天时间。

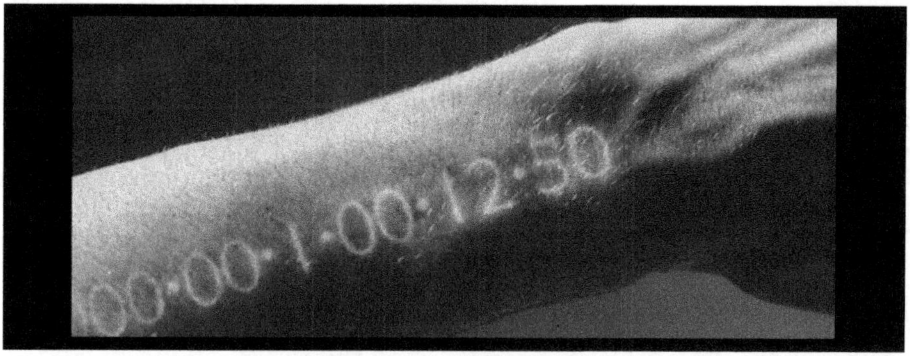

生命倒计时，正是这个意象触动了我。在电影中，导演一次次用特写镜头对准手臂上的倒计时：有时它是一串紧张跳动的荧光绿，有时是一串触目惊心的黑色“0”，有时是由绿到黑的“清零”过程。

"清零"就是生命的结束。由"1"到"0"，似乎是戛然而止，但其实生命每天都在流逝，只是大脑会将这个流逝过程屏蔽在意识之外，这样我们才能把注意力集中在当下，努力学习，认真工作，享受生活。《时间规划局》用绿色的倒计时和脉搏跳动的声音，将生命的过程外化，将不知不觉的流逝变得清晰可见、具体可感——在一秒一秒减少的数字中，在有节奏感的轰鸣声中，生命的有限性变成了一种焦虑。

难道生死学不是帮助人们减轻死亡焦虑吗？不，从存在主义的角度看，或许生死教育的目标并不是减轻死亡焦虑，恰恰相反，是适度引发死亡焦虑，让死亡焦虑成为引导人去思考生命意义的起点。

所以，我决定选择《时间规划局》的前17分钟作为整个课程的"引子"。这17分钟正好停止在一次生命的"清零"上。

放完电影片段，我没有急于进入分享讨论环节，而是让学生闭上眼睛，将自己的右手搭在左手的手腕上，找到自己的脉搏，用一分钟时间安静地感受血脉的跳动。当我让学生睁开眼睛时，很多人都深深地呼出一口气，发出一声"啊"的叹息。

在随后用词语短句进行的快速写作中，他们写出了17分钟电影带给自己的感受和思考：焦虑、压抑、紧迫、紧张、疲倦、停滞、矛盾、爱、贫富差距，为了生存，一部分生命剥夺了另一部分人的生命；穷人用许多时间来维持生命；活得太久是一种折磨；生命也可以量化吗；要是我的话我也想死；如果是我，我不会用最后的时间去赚取时间，我宁可与父母吃顿饭；成长的过程是一种活过，而不是停止在25岁……

我问学生，什么时候能觉察到生命的流逝？

他们说：

过生日的时候；

看到妈妈头上出现了白发的时候；

又到了期末考试的日子；

秋天，门前的大树叶子落下；

我养的小金鱼死了的时候；

……

死有很多种，人们总是被骤然而至的死亡事件所震惊，却忘记我们其实每天、每时、每刻都在走向死亡。索甲仁波切在《西藏生死之书》中说："如果死亡只出现一次，我们就没有机会认识它。但幸运的是，生命就是生死共舞，无常律动。每当我听到山溪奔腾、浪涛拍岸，或自己的心跳声，宛如遇到无常的声音。这些改变，这些小死亡，都是我们活生生地在和死亡接触。"①

对于常常感到拥有大把时间、死亡离自己还很遥远的青年，通过 17 分钟的电影，通过触摸自己的脉搏，体验到生命的有限，体会到生命在不断流逝，是迈进"生死学"大门的一小步吧。

/ 电影叙事与电影教学 / /

现在，回过头来说说，我为什么要选择电影作为生死学课程的媒介。

严格来说，我算不上影迷，更不是所谓的"电影控"。小时候我当然喜欢看电影，但那时候电影更像是教育的工具，看完电影我们总要写"观后感"，

① 索甲仁波切：《西藏生死之书》，郑振煌译，北京：中国社会科学出版社；西宁：青海人民出版社，1999 年，第 44 页。

说说自己学到了什么。对于小孩来说，这可真是多了很多麻烦少了很多乐趣。很快到了“文化大革命”，好多电影都成了“大毒草”，只有《地雷战》《地道战》《南征北战》几部电影还可以播放。插队时为了看一部电影，我常常带着村里的小孩们走上几十里路。看完电影走回村，天都快亮了。那时没有电，放电影需要老乡脚踩发电机发电。有次县里的电影队到邻村放电影，当发电机点亮了灯泡时，有个老汉竟拿着烟袋上去对着灯泡点烟！

“文化大革命”结束后，我一头扎进了书的世界，虽然也在20世纪80年代初看了许多“内部电影”，但也许因为始终没有遇到一个行家带我进门，所以看电影并没有成为影响我精神发展的重要途径，直到我能够通过光盘和网络接触到世界各国优秀的电影。

这些年读书，发现一个有趣的现象：很多优秀的中青年学者都酷爱电影，你常常可以在他们的书中读到电影评论。电影似乎越来越成为知识分子关注的对象，并且成为启迪人精神成长的力量。或许，正是电影中所表现出的超越性，让我们，也包括在应试教育中长大的年轻人，能够不至于被虚伪的、功利的、很多时候是丑恶的现实吞没掉，保留一份人性的温暖和对美好生活的向往。想想看，一个快被高考复习题埋没的孩子，看了《死亡诗社》会有怎样的震撼？一个纠结于现实与理想冲突的人，看了《肖申克的救赎》又会受到怎样的冲击？

刘小枫在《沉重的肉身》的序言中谈到，伦理学自古有两种：理性的和叙事的。伦理就是以某种价值观念为经脉的生命感觉。理性伦理学探究生命感觉的一般法则和人的生活应该遵循的基本道德观念，关心的是普遍状况；叙事伦理学关心道德的特殊状况，而真实的伦理问题从来就是在道德的特殊状况中出现的。①

电影作为一种叙事，其实就是继承了文学的叙事传统，去表现"一个人的生命感觉曾经怎样和可能怎样"。

"叙事"这个词，一下子把我打通了。从2006年起，我跟随吴熙琄老师、来自澳大利亚和美国的老师学习叙事治疗，学会解构"问题故事"，和当事人一起重构新的生命故事。可以说，叙事治疗在认识论和方法论上对我影响不小。现在，当"叙事"从心理治疗的方法扩展到生命伦理的层面时，我兴奋地发现，其实它是那么有力量，就像刘小枫说的："叙事让人重新找回自己的生命感觉，重返自己的生活想象空间，甚至重新拾回被生活中的无常抹去的自我。""叙事不仅讲述曾经有过的生活，也讲述想象的生活。生活的可能性和多样性的增加，带来叙事的可能性和多样性的增加，反过来说也一样。"

怪不得有越来越多的人尝试用电影进行教学，因为电影叙事可以表现出生命与生活的多样与复杂，创造出巨大的思想空间，使得人们可以突破理性

① 参见刘小枫：《沉重的肉身》，北京：华夏出版社，2004年，第7页。

的、结构化的、复制重复的“知识”学习，通过对话进入到更加高级的学习中，真正地与这个世界在精神上“相遇”。

后来，当我在《缤纷法影：美国电影中的法律》一书中看到阿伦·A. 斯通教授写的《法律与电影：在哈佛法学院教电影》一文，更是感到自己的探索在教育学上是有意义的。这位教授厌倦了法学院的案例教学，他形容那是一百五十名初学者与一名看透了每一步的高手的无趣对弈，而不是一种双方共同努力的状态，“这种智力训练就退化为一场由自以为是的教授、寥寥无几的积极学生(也被称为‘枪手’或者‘火鸡’)，和多数由于知道必输无疑而保持沉默甚至拒绝参与的学生所组成的游戏”。斯通教授不想再玩这样的游戏，他想要开设一门电影研讨课，却遭到的同事们的嘲笑：“你怎么会在哈佛法学院教这个？”

但是，这门叫作“法律、心理和道德：透过电影的探讨”的课程，却深受学生的欢迎，也让斯通教授找到了自己。“作为在哈佛法学院任教超过 30 年的教师，我可以说，在自己所教过的其他课程中或者研讨课中，从未让学生在如此大的限度内展示其智力天赋和创新能力。但不知为何，在我邻近教学生涯尾声的时候，居然找到了一种增强学生探讨对其具有重要意义的观点的能力的方法。”①

对于斯通先生来说，是在职业生涯快要结束的时候，才开创了这一新的教学方法，而我则有机会在自己退休之后，去尝试在大学的讲台上，用电影这个可以打通情感与思想疆界的媒介，来搭建思考的平台，和学生共同探索生命与死亡的意义。我只能说，自己真的很幸运。

① 张万洪、程骞编：《缤纷法影：美国电影中的法律》，北京：法律出版社，2012 年，第 259 页。

或许有人会说，电影故事都是虚构的，在虚构的故事上如何展开讨论？的确，很多电影故事是虚构的，即便是根据真实事件改编的电影，也会在细节上有很多虚构。但是，我宁愿说电影其实游走在虚构与真实之间，它是人类心理世界的投射，虽然故事可能是虚构的，但好的电影表现的人生境遇是真实的，寄托的人类情感是真实的，对人的精神世界的冲击也是真实的。就像专门教授电影写作的罗伯特·麦基所说："诸多电影故事高手为我们提供了我们渴求的双锋际遇。首先，使我们发现了一个我们不知道的世界。无论是言情还是史诗，无论是当代还是历史，无论是现实具体还是方外幻想，一个出色艺术家的世界总是能使我们感受到一种异域之情、离奇之叹。就像一名辟路而行的林中探险者，我们瞠目结舌地步入一个未曾触及的社会，一个破除了陈规俗套的领域，在其间腐朽化为神奇，平常变成非凡。其次，一旦进入了这个奇异的世界，我们又发现了我们自己。"①

是的，我希望学生在电影中有这样的"双锋际遇"，他们能将自己投入进去，并在里面重新"发现"自己：自己的生死观、自己的价值观、自己思想的来源、自己情感的敏感地带、自己真正珍视的东西……为了让他们能够在电影中"发现"自己，我告诉他们，在这个课堂上看电影需要用两双眼睛，并且打开两个频道：一双眼睛看电影中的故事，一双眼睛看电影怎样讲故事；一个频道是银幕上在发生什么，另一个频道是自己的内心在发生什么。

看电影怎样讲故事，并不是我课程的重点。我上的不是电影赏析课，所以并不会在观影后和学生讨论影片的艺术特色、导演用了哪些艺术手法一类的问题。但学生如果能够对电影的表现手法有基本的理解，对于他们观影没

① [美]罗伯特·麦基：《故事：材料、结构、风格和银幕剧作的原理》，周铁东译，北京：中国电影出版社，2001年，第5页。

有什么坏处。我也希望整个课程下来，学生欣赏电影的能力会有所提高(事实也证明确实如此)。因此，在起始课上，我会花一点儿时间，对电影艺术做一个简单的科普，主要依据路易斯·贾内梯撰写的教科书《认识电影》①。这是我在阅读了多本电影美学方面的著作后，觉得最适合推荐给大学生的。我自己从这本书中亦受益匪浅，渐渐地从一个只会看热闹的观影者，变成了一个多少能看出些“门道”的影迷。

《时间规划局》的前17分钟，于是又成为我解析电影艺术的一个文本(我常常喜欢一石二鸟、一石三鸟)，从镜头的运用到光影与色调，从场面调度(构图)到蒙太奇，再到声音——音效和音乐，以及电影是如何运用隐喻来影响人的潜意识。这些粗线条的讲解，只能让学生管中窥豹。如果他们能因此爱上电影，并且愿意更多地了解电影美学，那将是一件会让他们终身受益的事情吧。没有电影，照样可以生活；有了电影，可以让自己从琐碎的日常生活中超脱出来，给自己在精神上充电——这话是我的一个年轻朋友说的，他叫杨云标，在安徽南塘村和乡亲们一起探索乡村生活的重建。每次进城，对他而言最重要的一件事，就是看电影！正如北京大学的戴锦华教授所说：“看五十部有质量的电影，会改变一个年轻人的世界。”②

/ / 死 亡 离 我 有 多 远 ？ /

起始课，我留了一个“死亡离我有多远”的作业，也有着一石二鸟的目的：

① [美]路易斯·贾内梯：《认识电影》(插图第11版)，焦雄屏译，北京：世界图书出版公司，2007年。

② 戴锦华：《经典电影十八讲：镜与世俗神话》，北京：中信出版社，2014年，第253页。

一方面，通过思考这个问题，让学生在心理上能够进入到生死学的学习中来；另一方面，我也希望通过学生写的故事，了解他们与死亡的关系，比如在他成长中是否经历过死亡的冲击和重要他人的丧失。

有些学生很快就交来作业，有些学生却要拖到老师发出了催缴令——这样的学生，往往就是受到过死亡冲击，丧失过重要他人，或者正有亲人面临病痛和死亡，甚至有人有过自杀的经历。在不能够事先挑选学生的情况下，我设计了一个自助工具，来帮助在课堂上被扰动的学生。这个自助工具是根据叙事治疗的理念设计的对话，我把它叫作“我和我自己在一起”。

我和我自己在一起

（在“影像中的生死学”课程中，也许你的内心会受到一些扰动，某些人生故事会浮现出来。你可以尝试用下面这个表格来帮助自己，看看可以从中发现什么。古希腊哲学家艾比泰德说，人不是被事情本身所困扰，而是被其对事情的看法所困扰。今天，当你可以用新的眼光来看待这些事情时，也许你就会变得有所不同。）

一、在今天的课程中，在____________________部分(课程内容)，我的内心被扰动了，我感觉到____________________(写下你的情绪，比如忧伤、愤怒、委屈、担心，等等，可能不是一种)。

二、在这些情绪中，最强烈的是____________________。我觉得它仿佛在说(想象这种情绪与你说话)____________________。

三、我能感觉到生命中的这段故事带给我一些影响，其中负面的影响是：____________________；正面的影响是：__________。

四、在这段生命故事中，我可以欣赏的自己是____________________；我可以感激的自己是____________________。

五、关于这个故事，我现在新的认识和想法是____________________。

在第一轮的课程上到中间时，确实出现了学生受到很大扰动的情况，有学生甚至不敢再来上课。但可惜的是，这个学生当时并未告诉我发生了什么，直到第二年，他发现这门课的成绩(因为没有完成后面的学习和作业，我只能给予“不及格”)影响了绩点，希望我能够通融时，才告诉了我当时的情况。

所以，从第二轮开始，我觉得我需要更加认真地对待扰动问题，毕竟这是一个高情绪唤起的课堂。我首先调整了影片和课程内容，同时在上第一堂课时，告诉学生，近两年如果曾有重要他人亡故或受到死亡强烈冲击，建议勿选这门课。我的第三个措施，就是通过“死亡离我有多远”，来发现那些可能会被扰动的学生，通过邮件和他们沟通，评估他们的状况，并且在他们不愿意退掉课程时，告诉他们随时与我保持沟通，告诉老师他们的心理状况。

学生对“死亡离我有多远”的写作，也让我有几个发现。

死亡貌似离这些 20 岁上下的学生很远，其实不然。在作业中，大约有三分之一的学生，已经遭遇过死亡事件，包括亲人病逝、同学被意外事故夺去生命、自杀与他杀事件、地震等造成死亡的自然灾害。一位四川同学这样说：“死亡离我只有 90 公里。”——那是她和 5·12 震中汶川的距离。

根据国家统计局的数据，2013 年和 2014 年，全国人口的死亡率都是 7.16‰。这意味着，中国每年的死亡人数已经接近 1000 万。如果每个死者有 6 位亲人、10 个相关者，那么每年受到死亡影响和冲击的人数就达 1.6 亿。

数字是抽象和枯燥的，它不能反映出人们的恐惧和伤痛，但如此庞大的数字似乎也告诉我们，死亡教育是必要的。淡江大学黄天中博士对中美大学生对待死亡及濒死的态度进行的调查显示，美国大学生对自己及亲友的死亡恐惧程度较中国大学生低，其原因主要在于美国对死亡教育的重视。

我还有一个意想不到的发现，就是那些农村来的同学，对死亡故事的讲述，似乎比在城市长大的学生生动许多。这也许正反映出城市化改变了人们的死亡方式。在城市中，人们大多不再是在家中死亡，而是死在医院里。死亡从日常生活中抽离出去，变成只有医生才能处理的事情，因此它也就开始变得陌生，变成与生命对立的事情，变得更加令人恐惧了。

令我印象非常深刻的一篇作业，就写了这样两句话：

死亡离我有多远？我已经死了，我被中国的教育杀死了！

我在这短短两句话中读到的是：灵魂死了，活着就是行尸走肉。我很痛，因为我希望能够真正地活着！

很可惜，这位同学后来没有选我的课，也许他无法想象我们将怎样在课堂上讨论如何寻找生命的意义，又如何面对生命的困境吧。不管怎样，我希望这个年轻的灵魂可以起死回生，让自己的生命活出意义来！

【附录】学生作业：死亡离我有多远

/ 死 亡 就 在 一 念 之 间 / /

谭雪贝

从小，我就生活在一个十分安全的环境中，不仅很安全，而且很安逸。死亡似乎远在天边。

那是一个周二的下午，讲解模拟考试试卷的语文课让人昏昏欲睡。我望着窗外发呆，看着侧面那栋教学楼，想象着里面的同学们是不是也像我一样，望着窗外。就在这时，一个穿着校服的身影闯入我的视线。他还背着书包，从窗户的护栏里翻出来，站在窗外的平台上(我们学校教室的落地窗有一个齐腰的护栏，窗外有一个约半米宽的平台)。然后他转过身去，站了大约两分钟，跳了下去。这时候的我再也没办法将自己固定在座位上了，我冲到窗户旁边大喊："有人跳楼了！"

同学们都拥到窗户边。果然，地上躺着一个人。过了一会儿，班主任、年级主任、政教处主任、校长都围在他的身旁，救护车和警车呼啸而至。我在不经意地走神，却目睹了一个生命消逝的过程。后来我偶然得知，我和他从初中开始便是校友，6 年了。在校外补习班上，他就坐在我的斜前方。

救护车将他送走的时候，他还有意识。那时候他的英语老师陪在车上。据说，他跟老师说自己后悔了。那晚，我们都在祈祷，祈祷他能重新回到我们身边。但是第二天一早，医院传来消息，他离开了我们。

接下来，便是班主任开会，年级主任一次又一次地到各个班级宣传爱护生命。某女生腹痛去厕所，10分钟没有回来，老师便叫班长去找她，担心她出事。父母当然也担心我们盲目效仿，我还笑着安慰爸爸妈妈："这个世界上还有那么多好吃的东西没有吃，那么多漂亮的风景没有看，那么多刺激的事情没有做，我怎么舍得离开呢？"

当然，学校里关于他为何想不开的这件事，也是流言四起。有人说他模考太差心理压力大，有人说早恋的女友要跟他分手，有人说家里反对他学艺术专业，也有人说上课的时候老师羞辱了他。事实究竟怎样，也许只有当事人知道。一个月以后，我们在他出事的广场上，举办了三年以来最盛大的成人礼。我们笑着合影留念，但是陪我参加典礼的妈妈看到这个广场，不禁泪流满面。

从来没想过，死亡离我这么近，也许它离我一直都是这样近。

比如，最近学校里两位女生得了一种罕见的白血病，一度靠近死亡的门槛。在我家乡武汉的一个师姐读大二，竟被查出患有慢性肾衰竭。还有我妈妈同事的女儿，年前被查出乳腺癌晚期，她才23岁。身边一个又一个不好的消息，一度让我很灰心。当我们为那个生病女生筹办募捐活动的时候，我说出了自己的心声。师兄安慰我说："你看，我们现在努力帮她延续生命，她自己也在跟死亡抗争，这难道不能说明生活还是很美好的吗？"

是啊，死亡离我们很近，近在眼前。但是生命依然美好，阳光依旧灿烂。

/ / 死 亡 离 我 有 多 远 ? 咫 尺 /
王霄萌

（一）

姥姥今年 96 岁，健在/原本身体一直硬朗/小脚，缠足后又放开，不识字/却能把毕生经历的每个细节都娓娓道来/早年两条粗黑的麻花辫，用黑卡子绾成髻/自己坚持住在乡下的小院中/做饭，洒扫，等着街上妇人来家里聊天/姥姥是勤劳的代名词，是一代母亲的骄傲/她有着一个是大学生的儿子，在当年是何等骄傲

后来，她摔倒伤了腰/一辈子不服输的姥姥，不得不承认自己老了/躺在床上，由他人照料/夜，常听她哭泣/老了，不中用了，给家里添麻烦了

看着姥姥因常年卧床萎缩的双腿，我害怕了/就像一层薄薄的蝉翼包着的骨头，触目惊心/年龄老了，思维也逐渐模糊/事实就在那里/新生命的诞生，自然地，替代着过去

照顾好老人/我们能做的/仅此而已

（二）

重症监护室里，我第一次主动牵起了奶奶的手/恍惚间，看到了常出现在亲人口中的从前/那时的奶奶牵着我，带我到门口小卖部，给我买垂涎已久的亲亲虾条/那时的奶奶载着我，三轮车上背着小书包的我看着蓝蓝的天空/那时的奶奶抱着我，三伏天也在哄我片刻安宁

但是，在成长的某个阶段，这种亲近感全然消失/讨厌她因为她不让小朋友进家里玩/讨厌她因为她跟妈妈吵架/讨厌她因为她总是不停地说这说那/讨厌她因为她那过于勤俭而显出的苛责/讨厌她因为她那些古

板的生活习惯

于是，随妈妈离开，到另一个城市/细想，这么多年来，说的最多的一句/似乎不是“奶奶，我回来了”/而是客气的“奶奶，我走了，下次放假再回来看你”

未曾想，再次相见竟然在这里/CT 机，氧气瓶，满身都是管子/花白的头发，混沌的眼睛/白色被单下，是赤裸着的，有着脆弱皮肤的身体/一瞬间的恐惧，因为从未想过她将要离开

“跟她聊聊吧，她听得到”，护士姐姐说道/张口无声，哽咽略微平复，说道，奶，我回来了/再无下文/她不作声，我也不说/只是定定看着，补偿那些遗失的曾经

探视时间到了，挥手再见/“你又走了？去上学了？”她缓慢而又艰难地问道/泪水恣意/自己有着跟她相似的脸庞/相似的尖锐的性格/相似的固执/由此而生的讨厌，逃避那个自己/情不知所起，一往而深/亲情更不必说/或许只是另一个起点

昨日清晨，去雍和宫买了个红色手链/保佑健康/捧在手心里，双手合十，虔诚地跪拜/不曾是佛门信徒，只求老人平安/带给我爱的人和爱我的人一份宁静

/ 二叔下葬的那一天 / / 雁群

在农村，死亡是一件极其自然的事情。从小，我们就会看着老人们相继离世，家人也从不避讳这个话题。记得小时候，有乡亲死去，

死者家属就在第一时间燃放一小截儿鞭炮。这样，其他乡邻便知情了，大伙儿停下手里的农活儿，陆陆续续往村里赶，有的肩上还扛着刚刚干活儿用的锄头，有的则把犁耙之类的物件扔在地里空手赶来。

这样的事儿，对于我们小孩子来说，是一次难得的聚会。道士们的吟唱、戴孝帕磕头、女眷们哭……这些都是难遇的好戏，伙伴们也都能参与到戴孝、转圈儿、作揖、磕头等活动中。在不谙世事的我们看来，这场盛事类似于过家家的升级版。而且因为有了大人们的全力支持和参与，每次活动都会极其成功！

安葬了死者，大家各自回家，集体劳作、统一就餐的热闹场面又归于往日的宁静。这样的黄昏好像格外的和谐，我和哥哥依偎在爹娘怀里，听爹爹略带叹息的温柔安慰："人嘛，总是要死的，任凭你活得怎样，都要钻泥巴的。"爹爹这话似乎不像安慰，更像要表达一种对生活的坦荡姿态。这个时候，我的哪根神经被触动了一下，但并不是很想哭，只觉得某种感动、温暖与幸福。

忘了是什么年份，外曾祖母去世了，于是奶奶家成了又一次盛大活动的主办方。我和哥哥在伙伴们面前脸上略有光彩，因为丧事就好比举办派对，我们去别人家的次数多了，自己总得做一次主人吧？那些道士敲锣打鼓，好像很热闹，但是他们唱得却一点儿也不好听。外曾祖母的棺木停在奶奶家的堂屋里，看上去特别高大，我无法瞧见睡在里面的面容。娘担心我害怕，坚持不让我看，我只好偷偷爬上门槛儿，趁大人们不注意观望了几下。外曾祖母似乎比平时更加安详，睡得很踏实，完全不被外面的喧闹所打扰。

在道士的带领下，亲人们围着棺木转圈儿、作揖、磕头。我看到奶奶、伯母以及娘亲哭，那是我第一次看到娘亲号啕大哭，虽然有毛巾捂着脸，哭号不辨真伪，但依然觉得有些不妙和无助，我知道这是一件大事。我知道外曾祖母“钻泥巴”了，就不会再回来帮我梳辫子了，还真有点舍不得。

那个傍晚，和以往一样，我在娘亲的怀里，哥哥在爹爹的怀里。只是爹爹没有说人总要钻泥巴之类的话。爹爹叙述了他的报丧经历。当他报到了外曾祖母的一个侄儿家时，那家人并不友好。后来另一个亲戚听了爹爹的诉说，安慰说：“孩子，不要紧的。三穷三富不到老，水涨七天它要消。不要紧的。”我这时候才知道，原来爹爹也是“孩子”，也会像孩子一样委屈可怜。

从那以后，每当家里遭遇到一些挫折，爹爹总会说：“就像你那位舅爷爷讲的，三穷三富不到老，水涨七天它要消，不要紧的。”

这么多年过去了，父亲仍然在儿女被伤害时，重复着这句话。只是爹爹的语调渐渐地有了更多神韵，更多老者的泰然。

上小学三年级的时候，我对死亡的理解不再是“一场盛大的聚会”了。二叔的离世让我第一次意识到，死亡是一件如此悲哀的事。可能是由于平时常跟二叔在一起，二叔又很照顾我，再加上年岁日增，我对死亡也有了更多的了解。得知二叔的死讯后，我竟泪如泉涌。

我和哥哥以及几个堂兄弟姐妹拖着长长的孝帕，跟着道士们不停地下跪磕头，做着儿女该做的事。小时候，我们多么羡慕拖着长长孝帕的人啊，而此刻却无论如何也高兴不起来。

二叔下葬的时候，我记得很清楚，哥哥跪下来，挖了三锄土，撒在二叔的棺木上，边撒边说：“二叔，我给你盖屋，二叔，我给你盖屋。”盖屋？我们那时候还很小，但我看着哥哥，俨然一副大人的模样。我们扯着衣服接着道士们撒过来的香炉米，接受二叔在那头的祝福。

后来，我和哥哥会在清明节踏着清晨的露水，穿过片片油菜花地，去看望二叔。二叔的坟地已经荒芜，我在旁边静静看着，哥哥则拿柴刀修理坟墓。

如今一直在外，越走越远，很久没去看二叔了。二叔，你还好吗？

/ / 乡间的死亡如此自然 / 卢晗

还记得年底回乡那天，薄雾轻起。乡下空气清冽，加上西南腹地终年侵骨的湿冷，枯枝青禾相映，旧年显出一分淡漠的荒凉。唯一活泼着的是门前路旁的一团火，那是村里人为了聚谈取暖而生起的篝火。

这是年年可见的场面。连着十来天，一堆火在岁末夐远的长天下热烈地燃烧，火边围满了新新旧旧的面孔。那些年长年轻的媳妇们忙了一年，终于名正言顺地得闲，刻意穿了干净衣裳，有的抱了孩子围坐下来，把那些攒了一年的长短是非翻抖出来，一并扔进火里，化作一阵噼噼啪啪的火星。

男人们无论走了多远，也风尘仆仆地赶回家，此时他们远远地蹲着或站着，有的夹根烟，有的帮着劈几块柴，默默地听着，不时搭句腔反驳一下或是添补一句。耳朵里偶尔跌进几句自家女人的嬉笑怒骂，深深浅浅地记在心底，等到开年后收拾进行李再带去远方……

烤火时惯例是很难见到年轻人的，他们都自然地疏离这个养大了他们的氛围。必不可少的，是那些老态龙钟的脸，在嘴里明灭的烟斗下忽隐忽现。

一年年的，门前烤火的面孔消失了一些，又新添了一些。寂静地更替着，要很留心才会注意得到。死，第一次如此自然，仿佛离开的只是进到身后的门里，往铺开的锅头掺一瓢水，接着炖一锅稀饭；或者是去门角往烟斗里塞一撮烟丝，一会儿又会颤颤巍巍地出来。生，第一次没有大张旗鼓，好像是开会晚到了，只悄悄地跟着墙边溜进来，坐在那些提前溜号的人的座位上。

在乡间，死生是这样浑然一体。眼看着那些背影就在门前的土路上从爬到走，奔跑踱行过一个个四季，然后离开去远方，再回来，坐下来烤火，最后慢慢走到尽头的墓地，躺下来休息。此后是红夏黄秋，又一个岁末，妖娆火苗边，暮云里那些古老的灵魂祝贺着一个个新的生命。

那火焰升腾的烟气，鼓动年轻的薄雾，拂到每个人的脸上，就像一个温润的吻，献给生命这场热烈的初恋。

/ 死亡离我有多近 / /

（匿名）

现在是晚上十二点钟，屋里只有我一个人静静地坐在电脑边，桌上是一杯喝得剩下一半的茶，茶已微凉。我起身加了半杯热水，回身坐下。一片寂静，只有茶杯中慢慢腾起的水汽在白炽灯下升起，翻滚，散去。我将目光放到眼前的电脑屏幕，上面只是一个刚打开的 Word 空白画面，光标在规律地闪烁，提醒着我们生命的流逝。细细地看了几秒，顿时觉得闪烁带来的每一下颤动都变得好沉重，在这寂静的午夜，我们脆弱的神经也随之微微抖动，每一下都带着我们的灵魂向死亡更进一步。

早些时候我便想，文章的题目应该是“死亡离我们有多远”，还是“死亡离我们有多近”？想了许久，前者未免有一些逃避的嫌疑，更像是幼时的我说的话，而如今，我要做的是面对死亡，直视死亡，后者便更为合适一些。

二十年前我呱呱坠地，毋庸置疑，在我诞生的一瞬间我便注定给死神的任务清单上增添了一笔，只是这个时间我永远都不会知道罢了。对于儿时的我来说，死亡或许只意味着一个词，一个单纯的词而已，并没有太多的意义。我想如果我的父母仅仅告诉我有“死亡”这个词存在，而不告诉我它的意义时，天真的我可能会向妈妈要一个“死亡”吃。可它背后的含义谁又能讲得明白呢？生理学上的死亡意味着心脏功能永久性停止，我们眼中的死亡是呼吸停止，心脏不跳；佛家的死亡叫轮回，皇帝的死亡叫驾崩；好人死亡意味着上天堂享极乐幸福，坏人死亡意味着下地狱赎前生罪孽……没想到，短短死亡二字便有如此多的意义，父母又怎能向年幼的我解释明白呢？

慢慢地，随着我一天天长大，对于正朝气蓬勃的我来说死亡更不值得一提。年轻的我正如清晨八九点钟的太阳，炽热的光将死亡的阴影牢牢地踩在脚下。不错，我们正青春，死亡离我们很远，我们可以聚在一起大谈新闻中的死讯而面不改色，可以聚在一起彻夜通宵地看僵尸片而寻求刺激，我们甚至觉得自己永远不会有考虑死亡的那一天，甚至趣谈死后就变成吸血鬼，还可以娶伊莎贝拉（电影《暮光之城》里的情节，讲的是吸血鬼爱德华和人类伊莎贝拉的爱情故事）。不错，对于那时的我，死亡离我有多远？呵呵，还很远。

二〇一一年十二月，死神第一次向我打了个招呼。午夜两点多，我接到妈妈的电话，说外婆病重，情况很不好，让我赶快到医院，看看能不能见外婆最后一面。电话里的妈妈显然早已压制不住情绪了，哽咽的话语字字打在了我的心上。然而不幸的是，我还是没能和自小带我长大的外婆说上最后一句话。站在病床前，看着外婆的氧气罩被取下，看着护士将白单子拉过外婆的头顶，电视剧里的情节真的在我身边上演了，可这次，我是主角。随后的一个星期，我又陆续经历了守灵、发丧、火化、入棺，直到将外婆的骨灰安放好之后，我才明白，原来死亡又多了一个含义——对于我来说，那就是我再也见不到从小疼爱我的外婆了。

在这个世界上，每一分每一秒，死亡都会被赋予更多的意义，只要人与人之间还有情，那么痛便或多或少成为了这些新意义归来的附属品。的确，没有人能预知死神什么时候光临你的生活，就如同你永远不知道生活中的下一块巧克力是什么样子，这无疑给严肃的死亡增添了趣味性和神秘感，而世人往往缺少一个可以容纳下这份神秘趣味的胸怀。

时至今日，我依然会想，外婆到底去了哪里呢？她真的像妈妈所说的那样到天堂享受极乐世界的幸福去了吗？她真的会在冥冥之中注视着我，保护着我吗？或者她已经转世轮回，那她又投了什么呢？这一切都不得而知。然而，人天生富有好奇心，许多哲学家一生致力思考死亡的意义。曾有一个朋友在与我谈论死亡时问道："对于一个放弃生命的哲学家来说，对死亡的思考是他在世时的精神寄托，还是引导他自掘坟墓的罪魁祸首？"依我看来，这很难回答，站在不同人的角度上，观点也是大相径庭的。不可否认，一个人在一生中或多或少都会对死亡有一定的思考，但我们常人源于对其的敬畏之情，往往只谈皮毛，或避而言他。死亡正如烈日骄阳，人们敢于忍痛直视它的时间只有短短数秒，多则一两分钟罢了。可如若能忍住常人难以忍受的剧痛，少之又少的人可能会有幸目睹骄阳西下的场景，到那时，眼前一定又是另一番天地了。这就不难解释，常人眼中难以理解的自我放弃生命的行为，或许正是极少数人超脱的一种方式。其中的滋味，我想也只有那些人自己知道了。

常言道人生如戏，戏如人生，可这偌大的世界又何尝不是一台更大的戏呢？四季更替，生死轮回，每时每刻都有生命陨落，又有新生命诞生。这一切的一切看似随机，却又仿佛被写进剧本似的，只是戏词换成了一行又一行的时间表，那么严肃，那么庄重。死亡离我们有多近？很近。因为谁都不知道剧本里的内容，谁都不知道自己什么时候会完成自己角色的使命。整个人生大戏只有一名导演——死神，所有的演员都是观众，而所有的观众都终究会成为演员。在台上，你永远不知道导演什么时候宣布你下台，你的台词有可能多到令所有人都羡慕崇拜，也有可能只有短短几个字而已。有幸的是，我们中的大多数都可以看到接替自己的下一个，两个，三个……角色，可我们终究看不到这台大戏谢幕的场景，这是一台不会谢幕的戏。

死亡到底离我们有多近？我觉得这远比讨论死亡离我们有多远更有意义，至少我小小地做了迎接死神这位“导演”的准备。死亡就在我们身边，或许只是一个抬脚和一个落下的动作，我们在日常的行走之中便有意无意地扮演了多次死神的角色。甚至有时当你怜悯一只蝼蚁的丧生时，来不及收起的脚已经成了蝼蚁生命的主宰者。而万物的生命终究不该有所主宰，至少不应该由我们人类决定，要不然未免太过悲怆了。如若换个角度思考，蝼蚁于人类又何尝不是我们于自然，那么的渺小，那么的不值一提。大自然是否有怜悯之心呢？疾病，意外，自然灾害，地震洪水……当眼前一个个本不应该面对死亡的人去叩打死亡这扇大门时，我们是多想将他拉回来，告诉他这世界上还有更多美好应去享受，可我们又无能为力，只能眼看着了魔的他打开大门越来越离我们远去。无奈啊无奈，无奈之中我们又能做什么呢？祷告，又或是怀念。如若说对死亡的思考真的教会了我什么，那就是珍惜，珍惜身边的人，珍惜眼前的人，珍惜那个还在舞台上陪着你演出的人，珍惜那个还没有着魔的人，同时珍惜自己在戏台上的机会。

谈至此，我想应该告一段落了，对死亡的思考总能让我沉静下来，思愈深，便觉得愈沉愈静，身上那么一股子热乎劲开始降温。既然明天的太阳依旧会升起，我也应该收拾收拾，准备去演好明天的戏了。毕竟每天的台词都不一样，过去了，也就过去了，便不会回来了。

死亡离我有多远

/ 教育课：生命能否

与死亡的观念达成妥协是每一个

教育的本质是：一棵树摇动另一棵树，一朵云推动另一

承　受　之　重 / /

儿 童 的 重 大 发 展 任 务 。

欧文·亚隆

朵云，一个灵魂唤醒另一个灵魂。

雅斯贝尔斯

《小猪教室》ブタがいた教室 /

导演：前田哲 / 2008 年

/ / 从“鸟山实践”到《小猪教室》/

《小猪教室》(ブタがいた教室)，是2008年上映的日本电影，改编自黑田恭史的《小猪小P与32个小学生：生命之课的900天》。

话说黑田恭史上大学时，偶然读了教育家鸟山敏子的《碰触生命》，结果被碰触到了。鸟山曾开展过是否应该吃鸡、猪等动物的“鸟山实践”课，并因此而闻名。黑田恭史毕业后，成为大阪市的一位小学老师，这给了他实践“鸟山实践”课的机会。

1990年7月，他果然将一头小猪带到班上，和全班同学约定：一起养猪，并在毕业之前一起吃掉。

孩子们给这头小猪起了个爱称叫“小P”。两年半后，学生们要毕业了。“小P”该怎么办呢？要不要按照当初的约定把它吃掉？学生们发生了激烈的争论。

风声传到电视导演西谷清治的耳朵里，他赶来制作了一个纪录片。1993年7月12日，富士电视台“今夜好奇心”栏目播出了这个片子，立即引发了口水战：许多观众认为“这太残酷了”“那根本就不是教育”；也有不少人被老师的热情和孩子们的真诚所打动，支持这一教育探索，这当中包括后来成为《小猪教室》导演的前田哲。随后，这部电视片获得了1993年度电视放送Galaxy大奖，以及1995年动物爱护协会主办的电影大赛的大奖(内阁总理大臣奖)。2003年，黑田恭史将这一经历写成《小猪小P与32个小学生：生命之课的900天》一书。

导演前田哲，似乎对人与动物的关系情有独钟。在拍完根据水族馆真实故事改编的《蓝海豚富士》后，他想起了孩子们和小P的故事，决定将这个感动过自己的故事搬上银幕。他觉得，无论是动物与植物的生命的价值，还是人类的生命的价值，都需要我们重新去考虑。这部电影想要将这样一种思考，传达给教育界许许多多的新任教师们。

如何真实地再现当年的场景和争论呢？摄制组借用了一所废弃的小学。经过筛选参加摄制的 26 个孩子和其他演员们、工作人员们，每天像上学和上班一样来到学校，营造出真实的校园气氛，还真的一起养了一头猪宝宝。不过，孩子们拿到的是一个没有结尾的剧本，他们并不知道小 P 最后将面临怎样的命运。

和真实的故事一样，这个虚拟的“六年级 2 班”在“即将毕业”的时候，渐渐分成了“吃”与“不吃”两派。摄影机真实地记录下了孩子们的纠结和争论。有时候，两派孩子们之间的讨论非常激烈，甚至还放声大哭，互相扭打。

两轮投票都是平局，双方僵持不下。最后，有孩子提出，星老师也是班级的一员，也应该投出他的一票……

180天，这些儿童演员们，不仅仅是拍完了一部电影，他们还完成了一门意味深长的生命课。

/生死课怎么选择了一部喜剧片、儿童片？//

在起始课之后，用一部什么样的电影开启“生死学”的正式课程？这让我颇费心思。

在第一轮教学中，我选择的是日本著名导演黑泽明的《生之欲》。这是一部在生死学著作中被频繁提及的电影，一部摄于1952年的黑白片。名导演，经典片，似乎是最好的引路人。

现在想来，这个选择有点“高大上”了，脱离了学生的生活和思想实际。想想看，坐在教室里的都已经是“90后”，青春年少的他们，正睁大好奇的眼睛看着这个花花世界，虽然他们选择了来上这门生死课，但有多少人做好了心理准备呢？用这么一部比我年龄还大、距离他们的生活很远、主题又有点过于鲜明的黑白片开头，似乎会让他们感到沉重与沉闷、与自己关系不大，或者产生“又来被教育了”的感觉，这种“间离效果”并不是我想要的。

美国心理学教授约翰·凯勒曾经提出了ARCS的学习动机模型，他认为，如果要激发学生的学习动机，就需要配合四个要素的运用：“注意”

(attention)、“切身性”(relevance)、“自信心”(confidence)和“满足感”(satisfaction)[①]。《生之欲》虽然是一部好片子，但被放在生死学课程的入门阶段，似乎在“注意”和“切身性”上弱了点。

所以，我决定在第二轮另外换一部电影。我想起了曾经看过的日本电影《小猪教室》。

在百度百科中，《小猪教室》标签是“喜剧片”；在豆瓣上，是“儿童片”。

是的，这是一部以儿童为主角的片子，也有不少喜感场面。从这个角度说，它可能不容易让学生在心理上产生排斥。

生死学是避免不了深刻与沉重的，我开设这门课程，也要适度唤起学生的死亡焦虑。但第一轮的教学经验让我意识到，这样一个“高情绪唤起”的课程，需要谨慎推进，步步为营，在情感上和思想上逐步铺垫。这样一来，后面的探讨就不会让学生感觉沉重得受不了。

虽说被标签为“喜剧片”“儿童片”，但在内容上，《小猪教室》的主题倒是非常贴近我们的课程呢。养一头猪然后杀掉，本身就是一次生命教育的实践，这样的实践不仅生动，而且充满了心理张力。但更让我动心、觉得可以把它作为第二单元教学影片的因素是，它展示了我理想中的生命教育过程：孩子们不仅在养猪的过程中产生了强烈的体验，理解了什么是生命，如何对生命负责，更重要的是，老师把选择权给了孩子，不断启发孩子们思考和倾听不同的声音，逼着他们面对艰难的选择。正是思考、讨论与选择，让这些孩子对生命、生命的责任和权利有了深刻的体认。在这个过程中，他们获得的不是“知识”，而是精神上的成长。

① 参见王继新等：《非线性学习：数字化时代的学习创新》，北京：高等教育出版社，2012年，第175页。

思考与讨论，正是我想在生死学课程中使用的主要学习方法，不妨就让这些小学生来给大学生做个榜样吧！

/ / 一 周 生 死 事 /

不过，第二单元的开始，我并没有马上播放《小猪教室》，而是为整个课堂增加了一个小环节，叫作“一周生死事”：用几分钟时间，请同学们分享在过去的一周中，对自己有所触动的、与生命和死亡相关的事情。

课堂与社会，电影与生活，没有也不应该隔离。“一周生死事”的设置，是为了让学生养成关注他人、关注社会、关注生命的习惯，体会生命的宝贵、人生的无常，从不同角度去思考死亡。

在我们上课的日子里，发生了多少让人心情不平静的事情啊。从身边的同学患病，到自己的亲人亡故；从雅安地震到暴徒袭击昆明火车站。即便我们不愿意承认死亡就在身边，但它还是一次次地冲击着人们的心灵……

2014年3月7日，天气阴沉。袁宇飞同学在她的课后笔记《换一个温柔的眼神吧》中，这样记录了当天的“一周生死事”：

“我们今天将会有一个新的环节‘一周生死事’——我们来分享一下这周发生的与生死有关的对大家有所触动的事情。”陆老师把手放在胸前，看着我们。

我的心一紧，仿佛时间又回到3月2日凌晨。

习惯睡觉前玩一会儿手机的我，那天晚上像往常一样刷着微博。突然，“昆明火车站砍杀事件”这个话题进入了我的视线。“10名暴徒手持长刀冲进昆明火车站见人就砍，不管老人或者孩子。100多人受伤，十多人当场死亡。”

看到这个消息，我的脑袋“嗡”的一声，“惨绝人寰”“屠杀”这些字眼立刻蹦进了我的脑袋。我不知道，这些暴徒是受了什么思想的蛊惑，竟能对一些手无寸铁的平民、一群活生生的生命挥下屠刀？而那些死去的人们呢？也许再过一天，他们就又能看到家乡院子里的桂花树了；也许再过一小时，他们就能吃一碗冒着热气的泡面，裹着军大衣，和爱人依偎着聊聊天了；也许再过一分钟，他们就能给家里人打个电话，报声平安了……可是，现实却是如此的冰冷，它不允许有“也许”。就这样，那些鲜活的生命，作为这冷冰冰的“十多人”(至3月7日已死亡29人)，消失不见了……我又是如此的担心，若这种事发生在我的家乡，后果会是怎样？我不敢去想……

我皱着眉。也许这个话题太过悲痛，谁都不愿将它提及。除了有几个人说了一些无关痛痒的事情，教室里大多人都在沉默着，只能隐约听见有个人小声嘀咕了几句“昆明”“砍人”的字眼。

终于，坐在我左边一个穿着白色上衣、披散着头发的女生站了起来。她的个子并不高，人也长得瘦瘦小小的，但却站得很直。“老师，我想谈一下3月1日的昆明砍杀事件。现在有很多人说那些暴徒是新疆人，但我觉得他们是东突犯罪分子，而不是新疆人。”

“所以，你不想把这件事情和新疆人去画等号，对吗?”陆老师问道。

她重重地点了点头。

“我很赞同这位同学的观点。把少数人的行为和一个族群画等号，是不公正的，也会让问题变得更加严重和复杂。”陆老师说。

我突然想起了自己认识的几位新疆的同学，他们一个特别爱笑，充满活力，是个坚信自己能够活到120岁的乐天派；一个虽然害羞内向，却很有礼貌，特别喜欢眼睛放光地听我们讲自己家乡的故事……我也绝不愿把那些暴徒和我这些阳光、积极的朋友扯上关系，更不愿将残忍的罪行抛到善良、淳朴的新疆人民身上。

“恐怖主义的一个特点就是对平民的伤害，我觉得这是不可接受的，是突破了文明的底线的。恐怖袭击为什么会发生？为什么有些人会把它当作解决问题的手段？他们想达到什么样的目的？很多时候，我们会觉得这些问题很遥远，与己无关。昆明事件的受害者也不会事先想到这些，但它这样就发生了，让一些人失去了生命，让一些人的命运就此改变。我们想置身事外，却发现这个世界原来彼此相连。”陆老师补充道。

“今天的开头有一些沉重，一下子就涉及了一种特殊的死亡：恐怖袭击。死亡，其实是生命的题中之意，只是我们平时不愿意想到它。

今天我们来看一部与动物有关的电影——《小猪教室》，在这部电影中，一群孩子面对了一只猪的死亡。”

/ 你会做出怎样的决定？ / /

我事先就想好了，为了能将学生更好地“带入”影片，引发真实的感受和更多的思考，我会在电影播放中，让学生也像电影中的孩子一样，做出自己的选择。我也很好奇，中国的大学生的选择，会不会和电影中的日本孩子的选择不同呢？

我剪辑好了《小猪教室》的片段，在播放到离毕业还有 149 天，小 P 的命运第一次被拿到班级讨论时，我按下了 STOP 键，发给每个学生一张纸条，请他们写下“如果你是这个班的学生，你会做出怎样的决定？”并让他们注明自己的性别，以及是否有养宠物的经历。我想看看性别和有无养宠物的经历是否会影响到选择。

由于“样本”太小，且北师大女生的比例超高，所以我无从辨别“性别”与“养宠物经历”是否对学生的选择有影响，不过，中国大学生的选择和日本小学生相比，真是有所不同。在电影中，26 个日本小学生一半选择让小 P 活下去，一半选择让它死去。但在我的课堂上，两轮 80 个学生，65 人选择让它活下去，14 人选择让它死去，1 个人说“无所谓”。

为什么会有这个差别？这是大学生与小学生的差别，还是中国人与日本人的差别？限于课程时间有限，我们在课堂上并未对此深究，却有同学从教育模式和文化的角度提出了自己的看法。有同学认为，《小猪教室》体现了日本的教育模式——即使美好的事物也要死亡，要勇敢面对。也有同学认为，这部电影反映出了日本文化和日本人"得不到的东西就要毁灭"的价值观，并在课后将自己的观点写成了文章。

能将思考延续到课后，正是我所期待的。学生从教育模式和文化差异提出自己的观点，拓宽了思维的角度。从提出观点，到学会论证自己的观点，到与不同的观点碰撞，在我看来就如同开辟了一个新的学习窗口，学习过程真正发生了。所以，每当学生在课后自发地写文章时，我都会兴高采烈地把它们编辑起来，有时也会写上一点我的想法，再把它们发给所有学生。生死学的学习，就这样洞穿了教室的墙壁，而进入了更广阔的空间，进入了思想之海。

在课堂上，我也请大学生阐述了自己选择的理由。在第四轮课上，袁宇飞同学记录了我们的讨论过程：

"黑板上就是大家关于是否吃掉小 P 的意见，我们班上有人同意吃掉小 P，又有人不想吃掉它。这个选择没有对错之分。有没有人愿意分享一下自己的看法?"陆老师说。

后排一个穿着淡粉色衣服的女生站了起来，可以看出她的眼睛还有一些红："我认为不应该吃掉小 P。因为当学生们为它起了名字的时候，它就不是一只普通的猪了，而是变成了他们的朋友，和他们朝夕相处的朋友。所以我觉得，不应该吃掉小 P。"

是啊，"名字"让这只普通的小猪变成了一只特殊的小猪，当孩子们呼唤它的名字时，就是认同的开始、情感的开始，也应该是负责的开始，当然不能再把它吃掉！

"可是小 P 的存在已经给这个学校的其他老师、同学带来了麻烦。如果学生们毕业了，谁来照顾它？交给三年级的孩子吗？我觉得小 P

已经很大了，三年级的孩子没有办法照顾它。”前排的一个男生站起来说。

陆老师补充着问道：“不想吃掉小P的同学可以想一想，应该怎么处理小P呢?”(作为老师，我想推动学生去思考，在“不吃”这个决定后面，还需要承担哪些责任。——陆晓娅)

“让老师把它带回家。”

“把它送去动物园。”

“交给学校的其他能照顾它的班级。”

大家七嘴八舌讨论着，可总觉得没有一个可行的办法。

一个梳着马尾的女孩举起了手：“我个人认为，应该把小P吃掉。首先，老师带来小P的时候就说了，小P就是用来以后吃掉的。我觉得这相当于是开始就约定好的事，不能随意改变。而且，大家总是说小P和学生们朝夕相处，所以它应该受到特殊的对待。那么在养猪场的那些猪呢？可能没有人为它们起名字，没有人和它们做朋友，可是它们也都在努力地活着，就像小P一样。它们中的每一个都没办法改变被吃掉的命运，为什么偏偏小P可以有这种特权?”

另外一个女生补充道：“我也觉得应该吃掉小P。因为我觉得，猪生下来就是被人吃的。”班里传来了阵阵笑声，她微红着脸，继续说着：“我觉得，小P并不是真的死亡了，它虽然被吃掉了，可是它的生命却以另一种方式在人们的身体中延续下去。而且就像是电影里说的那样，就当小P是和学生们一样毕业了。而被吃掉，就是它毕业前的最后一个使命。”

班级里面突然安静了。

“就当小P毕业了。”如果把死亡看成一场盛大的毕业礼，每个人都会毕业，同时，每个人也都在走向毕业。不止小P，我们也是这样啊……如果这样想，好像吃掉小P就变得没有那么残忍了。

就这样安静了一会儿，坐在最后一排角落的一个男生小声地说："老师，电影里面小花的一句话：'谁能决定生命的长短？'"他没有再说什么，直接坐下。陆老师点了点头。

班级又陷入了沉寂。谁能决定生命的长短？应该说，没有人能决定生命的长短，那么我们或是那些学生们又有什么权力决定小P的命运呢？

"对呀，自己亲自照顾、保护的小P，怎么能忍心吃掉呢？"听课的老师里有人问了出来。

过了一会儿，一个女生站了起来："我记得电影里面有一个小女孩说了这样一句话：'如果我们不把小P送到肉食厂，而是交给三年级的同学看护。等到他们毕业时，他们也要面临同样的困境。'"

"不知道大家有没有注意到这位同学提到的这个细节，这个女生在看待这件事的时候，换了一个角度，从替三年级的孩子考虑的角度出发。大家可以好好地想一想。"陆老师说道。

是呀，如果把这个残忍的决定抛给别人，本身也是一种残忍。

陆老师看着安静的我们，笑着说："我们把结局看完吧。看看他们最后的决定是什么。"

//危难关头，老师是否有责任保护学生？/

《小猪教室》的故事并不复杂，但是它可以引发的讨论方向却很多。在有限的时间中如何组织讨论，对于我这个老师来说，一直是一个挑战。考虑到这是第二个单元，为了让讨论聚焦在一些重要问题上，我采用了相对结构化的讨论方式：请同学分成三个小组，抽取我事先准备好的三组讨论题，先在小组讨论，然后与全班同学分享。比起大班讨论来，小组讨论压力小，比较容易让学生参与其中。

第一组问题的关键词我选择的是“责任”，讨论题目是：

---

1. 在电影中，孩子们开始承担起饲养小猪的责任，最后还要承担起选择的责任。在人生中，有哪些责任是需要承担的？承担责任会给我们带来什么？如果一个人不想或害怕承担责任，对他的生命会有怎样的影响？

2. 在汶川地震中，有个老师在地震袭来时，自己先跑出教室[①]。你认为在危险关头，老师是否应当承担保护学生的责任呢？

3. 责任会不会给人带来压力甚至压迫？请举例说明。

为什么我会选出“责任”这个关键词？因为生死学不是死亡学，在这个课堂上，我不仅要带领学生探索死亡，也要探索如何生存。

此前，我曾经观摩过另外一所大学的生命教育课，那天的主题是“责任生命”。我想，设计并承担这堂课教学的老师认为，学会承担责任，是使生命有意义有价值的重要途径，也是人类得以延续的重要因素。对此，我也很认同。但那天的课堂却让我有些失望，老师虽然准备了一些案例，却没有组织学生讨论，似乎老师很想努力将“责任意识”塞到学生的脑袋中去，但由于没有调动学生去思考和辨析，效果并不是太好。

在我的课堂上，有很多同学毕业以后也会成为一名教师。用“5・12”大地震中的这个案例，会让他们想到自己可能也面临同样的处境，因此“责任”就不再是一个外在于自身的、空洞的“大词”了。

果然，讨论非常热烈，而且学生们代入了自身，不再漂浮在空洞的概念中。

有同学提出了“责任冲突说”。他们认为，“责任”是一种选择，与人的价值观有关。不能说所有的老师都应该有保护学生的义务。作为一个人，老师

① 2008年5月12日四川汶川发生大地震。时任四川都江堰某中学教师的范美忠先于学生逃生，并因此向学校辞职。22日他在天涯网发帖《那一刻地动山摇——“5・12”汶川地震亲历记》，细致地描述自己在地震时所做的一切以及过后的心路历程，掀起轩然大波，引发了一场关于“师德”的讨论。

也有自己的家庭义务，“他可能有妻子、孩子，他只有一个家，这个家对他具有独特性、唯一性，需要人去保护，而学生有很多”。“他不仅是一个教师，也是一个儿子，或者还是父亲、丈夫，在中国孝道也是非常重要的。如果他因为保护学生死了，社会的责怪会少了，但他的家人也许会责怪他。”

有同学提出了“情感交集说”。他们说，老师选择在危难时刻首先保护学生，不是因为简单的义务关系，不是外在的职业要求让老师去保护学生，而是对学生有感情了。有了感情上的交集，行为会不一样。一位已经任教的助教(每轮课，北京师范大学都会为我配备两位助教)说：“刚才有同学提到将来要做老师的事情，我突然觉得，哦，其实我也是个老师，如果是我，我会怎么做？我的感觉一下子变得很不一样了。我开始考虑我的学生，因为我在当班主任。我和我的学生接触也就只有一次班会，然后他们就去军训了，现在彼此的感情确实不深。我觉得遇到这种情况，我很有意愿去帮助这些同学安全撤退，然后我再走，但是我现在不能保证在那样的情况下我可以这样做。我愿意，但我不能保证。但如果我带了他们四年，在毕业的那一年，我觉得我有信心可以做到。”

有同学提出了“区分职业要求和道德典范说”。“作为一个教师，能把课上好，能对得起自己的良心，把我知道的东西教给学生，这是对老师最低的要求。范老师在那个时候跑出来，我们没有权力去责怪他。当时也有老师在讲台前面保护了四个学生，自己死了①，但他是作为一个道德典范来存在的，我们没有权力用一个道德典范的要求去要求每一个人。每个人的观念、责任感、教育水平都是不一样的，学生这个群体在每个老师心中占的地位可能也

① 在“5.12”大地震中，四川绵竹东汽中学教导主任谭千秋老师张开双臂把四个学生护在身下，四个学生生还，他却因脑部受伤而逝去，后被追认为革命烈士。

是不一样的。付出多的老师我们应该去感恩，但是我们不能用这样的标准要求所有的老师。我们可能要求老师太多他本身的职业之外的东西了。我觉得这些东西都是老师愿意去做才能做到的，他不愿意去做，我们也不能说他错了。”

“为人师表就要保护学生说”，似乎并不是一个新鲜的提法。但是，我发现，坚定地捍卫这个观点的学生，他们背后有故事。许栋同学说：“我将来也是有可能当老师的。不管别人怎么样，如果我是老师，我肯定是、必须是——最后一个走，为人师表就是要做到这样。如果我有孩子，也要给孩子树立一个榜样。因为我高中的时候有一些老师就是这么做的。”许栋来自四川地震灾区，他是眼里含泪说出这些话的。杨仲，也来自震区，他忍不住站起来“说说我的亲身经历”：“我是四川的，‘5·12’的时候我是初三，我们班在五楼，正在考试，地震的时候整栋楼都在晃，我有个冲动就是想直接跳下去。楼梯口上的灰尘全部在往下掉，像电影里一样，当时我心里特别慌。我们的物理老师在四楼，他冲上五楼，找到我们班同学。我看见他的时候，觉得心里面有了依靠，就没有那么害怕了。所以我觉得老师在危难时刻是学生的一个心理寄托。”

最后，讨论聚焦在“本能与超越本能说”上。有人认为，范老师的事情会引起这么大的讨论，很大程度和这样一个传统观念有关：一日为师，终身为父。在我们中国，由于传统文化的影响，大家会对老师这个职业，对老师这个人，提出超越人性的更高标准。而另外一位旁听的老师说：“事情过去这么多年，基本上被淡忘了，但我刚才有个觉察。看到这道题，看到这个老师的名字时，我心里对这三个字的厌恶依然存在。我能够理解在生死关头会逃走，不由自主地。我对他的厌恶或者说不齿，不在于他跑了，而在于他这样做了以后还在夸耀。设身处地地想，如果我是老师，当时我很慌乱，我跑了，之后我会非常羞愧，非常歉疚。”

作为授课老师，这样的讨论已经在某种程度上达到了扩展思维的目的，但我还想更深入一步。于是我总结了大家的讨论后，接着继续提出问题：第一，人确实有本能，在遇到危险的时候，想要保护自己的生命安全，或者想到“我的生命对于我的亲人是唯一的”，因此有可能选择自我保护，而不是牺牲自己保护别人。这可能更多的属于生物性的本能。这样的本能我们也很难说它是好的或是坏的，它就是一种本能。但是我们也看到有些人，他们超越了本能，在那一刻，就像杨仲的物理老师，他本可以从四楼往下走，但是他面对危险选择逆流而上，走到五楼去，因为学生在那里。“5·12”地震后，我到四川培训当地的心理治疗师，在西南科技大学听到一个故事：那天他们的校长是最后走出大楼的，他把九层的办公楼每一层都走到，确信没有人了才出来。我们看到很多人可以在危难关头做到超越本能。为什么他们可以做到超越本能？这种超越本能的人，我们可能说他们道德很高尚，他已经不完全是一个生物学意义上的存在，那他们为什么可以超越本能？

有同学说，那些超越本能的老师，是因为“为人师表”的观念对他们来说已经深入骨髓了，内化了，所以根本不用去想，他们就认为自己应该这么做。还有同学看到了榜样的力量。如果在地震中遇到过这样的老师，可能在轮到自己的时候，更有力量这样做。“情感交集”也是一个重要的因素。但为什么路人并不认识掉到水里的孩子，也会去救呢？

学习心理学的同学回答了这个问题：“也是本能，是利他性的本能。孟子不是说‘恻隐之心人皆有之’嘛，看到别人受难的时候，你会忍不住去帮他。就整个人类来说，如果每个人都有这种利他性，种族就更容易生存下去。如果每个人都是自私的，对种族来说是不利的。”

“利他”是否也是一种本能？在血缘亲缘关系之外，人类是如何形成“利他”行为的？在这个问题上，生物学家似乎比心理学家、社会学家有更多的探索。我从郑也夫先生的《神似祖先》①生物学阅读札记上获益不少，却无法在有限的课堂时间里和学生们分享，只能寄希望于他们在课后阅读吧。

不知从什么时候起，在我们中国的语境中，“责任”成了一个多少让人感到有压力的词儿。所以当我问学生“如果我们一生都不去负责任会怎么样”时，有学生脱口而出：“会很自在。”

我又问：“就这样自在地生活下去、生活下去、生活下去，然后生命会有什么不同吗？”

另外一位同学发言了：“总有要自责的时候，会觉得活着没意义，老了的时候会发现没什么可回忆的。”

原来，生命不仅有不能承受之重，也有“不能承受之轻”啊——一个人不愿意承担生命的责任，也就很难找到生命的价值和意义。

讨论到此，我开始“打结”，但我仍然希望对讨论的总结，不是让学生接受“结论”，而是让学生继续思考。所以我说：

“同学们是否注意到了，‘责任’，似乎总是和我们的某种生命角色联系在一起。例如，作为父母，我们有养育教育自己孩子的责任；作为老师，我们有传道授业解惑的责任。看上去，‘责任’好像是角色强加给我们的，是生命外部的力量。但是，当‘责任’融入我们生命的时候，会不会也是一种促进生命发展和成长的内在力量？与不承担责任的人相比，承担责任的人是否更有可能成为真正意义上的人，一个超越生物本能、有思想有灵魂的大写的‘人’？其次，‘责任’是否也是生命意义的来源？‘责任’总是我们对他人或社会而言的，因此我们个体的生命价值，便在与他人、与世界的联结中得到体现。最后，承担责任，是不是还可以激发出生命的潜能，使生命变得更加丰富更加

① 郑也夫：《神似祖先》，北京：中国青年出版社，2009年。

坚强？

不过，‘责任’这个词的分量的确有些重。就像刚才讨论中提到的，有时不同责任之间会打架，比如你的职业角色和你的家庭角色要求你承担的责任，可能会在一些情形下发生冲突。如何协调这些冲突？大概没有什么高招妙法，只能把它视为人生中需要学习的一个课题。还有些时候，一个人所承担的责任可能超过了自己的能力，也会让人感受到很大的压力。如果某些责任来自外部的强加，比如某种权力关系或者意识形态要求，和自己内心的想法产生冲突，你是否还拥有选择？守卫柏林墙的士兵，当发现有人要逃跑时，职业角色要求他开枪，那是角色赋予他的责任，但他是否还有把枪口抬高一厘米的选择……”

从一只小猪谈到了柏林墙，“责任”这个大词，开始变得具体了，也变得复杂了。我希望学生们能够在讨论中意识到，“责任”，每天甚至每时每刻都在我们身边，一个人在日常生活中学会承担责任，才可能在极端情况下超越本能。

/ 讨 论 也 是 需 要 学 习 的 / /

第二组抽到的关键词是“讨论”，他们要讨论的题目是：

1. 为什么星老师非要花那么多的时间让学生讨论，让学生长时间处于焦虑的状态，而不早早投出自己的一票？

2. 你喜欢电影中的讨论吗？讨论有什么意义和价值？讨论会不会也有弊端？这些弊端可以预防或减少吗？

3. 在你过去的经历中，是否参与过这样的讨论？它带给你的感觉是什么？

4. 电影中的讨论，有哪些方法是你欣赏的，有哪些是你认为需要改进的？

《小猪教室》所呈现的教育方式，对于习惯于“被教育”的、少有自主空间的中国学生来说，是非常新鲜的。有的同学就认为，《小猪教室》中的讨论是失败的，因为讨论了半天，还是 13 票对 13 票。但也有同学不同意“失败”的判断，认为票数没有改变并不意味着观念没有改变。

我想，中国教育已经习惯于结果导向，结果导向让人在判断成败时，会以是否解决了问题、是否成功为唯一标准。从这个角度看，《小猪教室》里的讨论貌似不怎么成功。但教育是一个过程，如果用过程导向来看《小猪教室》，就会关注在讨论过程中，孩子的思想得到扩展了吗？他们对生命的思考变得深入或者丰富了吗？

一位同学看到了这个过程，他说：“讨论的过程就是孩子们发现的过程，尤其最后唱票的时候，让大家看着，一票一票地统计，这个过程才是生命教育的精华所在。让每个人等着一个不确定的结果，等着决定一个生命的去留，而且这个生命是自己用心血、自己投入感情养大的。在投票中，很可能由于自己的那一票而导致这个生命死亡或者继续生存下去，这个阶段每个人心里都是极其难受的，是一种交战的状态。经历这种交战，对孩子的成长很重要，就像星老师说的，用教科书，讲一个别人的故事，没有冲击力。这是实实在在发生在自己身上的，自己真正经历的，一种真正影响自己以后如何为人处世、如何思维的东西会留在心里。”

是啊，在讨论交流中，孩子们需要整理和表达自己的意见，也有机会听到别人的想法。这个充满张力的过程，让他们产生了丰富复杂的感受，也从别人那里看到了问题的其他方面，学习从不同角度思考。如果星老师一开始就把自己的决定告诉孩子，剥夺孩子们思考和交流的机会，或许孩子们会少一些焦虑、纠结与痛苦，但也丧失了独立思考、倾听不同的声音、拓展视角的成长机会。

讨论的价值何在？诺贝尔经济学奖获得者罗纳德·哈利·科斯说："鉴于人性的脆弱，我们都免不了刚愎自用和以自我为中心。但是，活跃的思想市场广开言路，接纳不同的意见，让相互竞争的思想和观点反复交流、碰撞，以及相互批评。这个过程不仅是我们寻找真理的唯一途径，也能够培养互相尊重、信任和容忍，这是对付偏见和自负最有效的解毒剂。"我们每个人由于背景不同和自身的局限，都难免会形成一些成见和偏见，在讨论中他人提出的不同想法，可以帮助我们打开自身的封闭。

罗伯特·费舍尔是一位推动儿童学哲学的专家，他在《教儿童学会思考》这本书中说："团体诘问可以帮助儿童在多元和民主的社会中具有完全能胜任的能力和气质。它提升了自尊、智力自信和参与推理讨论的能力。"①所以，也许和讨论的结果同样重要的，是在讨论的过程中所培养起来的这些特质。

美国儿童哲学发展研究所的李普曼教授认为，儿童学哲学要培养三种不同的态度或气质②。而我们在《小猪教室》的讨论中，恰好看到了这三种态度或气质。

第一种气质，是批判性气质。它由下列疑问句导出："我想到的是什么？"它反映了一系列的态度——思考自我，寻找理由，符合标准的判断以及对任

---

① ［英］罗伯特·费舍尔：《教儿童学会思考》，蒋立珠译，北京：北京师范大学出版社，2007年，第44页。

② 参见［英］罗伯特·费舍尔：《教儿童学会思考》，蒋立珠译，北京：北京师范大学出版社，2007年，第34页。

何既定的想法提出质疑、挑战。

例如，在《小猪教室》中，我们听到了这样的声音：

· 猪生来就是为人吃的。

· 那只不过是人类一厢情愿的想法罢了，这样随便决定别人的生存与否很不合适……

· 如果 P 变成了普通的猪，P 也就不是 P 了。

· 就算是让人继续养，也只是把问题暂时搁置而已。就因为我们从小养它，我们亲手结束它的生命才算是负责到底……

第二种气质，是创造性气质。它由下列疑问句导出："其他的想法是什么?"它反映了评价新思想、新假说、新观点和新的解决方法的态度。在《小猪教室》中，孩子们曾经这样提问：

· 除了吃和不吃，就没有别的选择了吗?

· 谁能决定生命的长短?

· 不要想成杀掉它，就想成它要毕业吧。

· 杀掉只是夺取它的生命而已，吃掉是换种方式延续它的生命。

· P 是为什么活着的? 就是为了让我们吃掉才活着的吗? 大家又是为了什么才活着的呢?

第三种气质，是合作气质。在讨论中，能够站在他人角度去感受和思考，被称为"关爱性思考"，通常由下列疑问句导出："其他人想的是什么?"它反映了学会与他人合作，培养自尊、心意相通和尊重他人的态度。我们也听到了

孩子们在决定小猪命运时产生的关爱性思考：

- 三年级同学这么小，给他们养不是很危险吗？
- 等他们毕业的时候，也会和我们现在一样烦恼……
- P也会在大家离开后觉得寂寞……
- 想把问题甩给三年级自己逃跑吗？

但不是所有的“讨论”都是建设性的，都能促进人的成长。我们看多了这样的场景：强势者(领导、大咖等)占据舞台的中心，操控着讨论的进程，其他人不过就是陪衬；观点不同引发人身攻击，对立的更加对立，最终不欢而散；以“民主”之名轮流发言，插科打诨，东拉西扯，讨论在散乱中变成了马拉松……

生死学的课堂，无疑应该充满讨论，但讨论如何才能有效地进行呢？怎样的设置才能让课堂充满安全、信任的氛围，大家既可以畅所欲言又可以推动讨论深入？结合《小猪教室》所表现的讨论场景，我引导同学们又进行了一些讨论，并制定出班级讨论的基本规则(每轮课程略有不同)：

1. 不进行人身攻击，不对他人的观点进行评判。(要表达不同意见时，将“人”和“观点”分开。具体办法是不用“你信息”进行负面评价，比如“你的想法太幼稚了”，而用“我信息”来正面阐述自己的意见，如“我听到你的想法是……，而我的想法是……”)

2. 诉诸理性，不要诉诸权威。(在这个课堂上，所有人都是平等的，都有表达自己观点、质疑他人观点的权利，包括老师的观点在内。)

3. 保持开放心态，倾听他人的言说，理解对方的观点，不打断对方。（讨论本身是为了打开我们的思维，因此要学着慢下来，放空自己，好奇他人。也就是把我的想法先打包放在一边，空出我的心去听听对方说的是否有道理。）

当然，要在实践中遵守这些规则，特别不容易，即便是作为老师的我，也需要不断地警觉，不断地提醒自己，才能做到。

说到讨论规则，我心中充满感慨。我父亲去世时留下了一箱日记，最早的是 1942 年他刚上高中时写的。有篇日记中说，那时同学之间经常会有“主义之争”“婚姻之争”“文学之争”，但有些人不懂“攻辩规则”，破坏了讨论，让父亲很气愤。

我很惊讶，1942 年的他，就知道有“攻辩规则”这回事！而在半个多世纪之后，中国人公共生活中，知道并能实践讨论规则的人并不多。不少大大小小的会议，貌似很民主，允许大家发言，但由于没有公正的讨论程序和有效的规则，很容易被人操纵。可喜的是，近两年，《可操作的民主：罗伯特议事规则下乡全纪录》①一书热销，让人们开始理解、讨论议事规则的重要性了。就着这堂课，我也将此书推荐给了学生。

我的确是个贪心的老师啊，如果学生们在这个课程中，感受到了讨论的价值，也能掌握一些讨论的规则，那会比他们记住了多少知识点更令我快乐。

① 寇延丁、袁天鹏：《可操作的民主：罗伯特议事规则下乡全纪录》，杭州：浙江大学出版社，2012 年。

//生命教育，有形还是无形？/

第三个小组抽到的关键词是“生命教育”，讨论题目如下：

1. 对于星老师的生命教育，你有何评价？你认为它合适吗？请具体说明。

2. 在你过往的教育经历中，是否有过可以称之为“生命教育”的东西？如果有，你觉得对你的影响是什么？

3. 你认为有必要在学校(大、中、小学)开展生命教育吗？

4. 如果将来你成为老师，会开展生命教育吗？如果会的话，将用怎样的形式来开展？

从鸟山，到黑田史恭，再到电影里的星老师，他们都是在有目的地开展生命教育。

为什么会出现生命教育？它背后的理念是什么？如何评价“养一头猪再杀掉”式的生命教育？生命教育还有哪些方式？

当然，我们中国的学生基本上是没有经历过“养猪式”的生命教育的，学生们提到的让自己对“生命”有所认识和触动的事情，往往是自己喂养小动物的经历。就像李苑溪同学说的：“我小时候和弟弟一起养鸡，因为贪玩，小鸡掉到两张床之间的缝里，我没有看到，把一个水壶放在那里，小鸡就被压死了。我和弟弟一起忏悔了好久，才把小鸡埋掉。这段经历让我意识到，既然养它，就要对它负责。不要一时心血来潮，然后你又不去关心它。”

但不是所有同学都有喂养小动物的经历。几乎与工业化同步发展起来的现代学校制度，将学生与现实生活隔离开来，在标准化的教学和沉重的课业中，学生的生命感觉开始变得迟钝。在智力不断被开发的同时，学生情商的发展却被忽视。所以，20 世纪 80 年代开始，在有识之士的推动下，生命教育渐渐兴起。它的出现为的是抗衡工具理性主义、功利主义在教育中的影响，追问教育的本质究竟是什么——培养人还是培养人才？

生命教育也呈现出了不同的立场和方法：是站在成人的立场上，灌输成人的价值观？还是站在儿童的立场上，重视并激活儿童本身的生命经验，让儿童通过体验而非说教的方式，去认识生命的价值？

鸟山、黑田史恭和电影里的星老师，显然是后者。但对于“养猪式”的生命教育，也有不少同学认为太过冒险，搬到中国来是难以想象的。

无论是电影中的星老师，还是真实生活中的黑田老师，都是非常年轻的。我想，也许正是年轻，才有勇气进行这样的教育实验吧！

说到“实验”这个词，或许有人会问：难道可以把孩子当实验品吗？是谁给他这样的权力？

这些问题通常不会进入观众的脑海，但在生死学课堂上，我希望学生有所思考。如果他们未来成为老师，他们会怎样选择，怎样行使教师的权力？

星老师确实是在事先没有和孩子、家长、校方商量的情况下把猪带到了课堂上，是典型的“先斩后奏”，我们可以说他缺少了“程序正义”。或许他知道如果商量了，这件事八成办不成，所以决定冲破规则。这里涉及一个悖论：不论是马斯洛的“自我实现者”，还是罗杰斯的“成为真实自我的人”，都有一个特质，即敢于冲破陈规，在一定程度上对体制和文化不适应，这种不适应往往还是主动选择的。而社会的进步也是在不断对陈规的破除下才能取得。二者可以平衡吗？还是顾了程序正义，就可能失去变革的机会？如果勇气十足地做了，但出现了严重的问题(比如有孩子受伤)，会不会有家长来追问星老师是否有权力决定这样做？好在，至少星老师是争取了学生的同意的，不过那也是一个大而化之的过程，是一次隐藏了每个学生个体真实想法的集体决策。

我最欣赏星老师的一点是，他那么沉得住气，宁愿让孩子们在不确定性中煎熬，也不轻易投出自己的一票。这个看上去有些“残忍”的行为，不仅是尊重孩子们的权利，也在培养孩子们耐受不确定性的能力——能够“容忍意义不明、没有结构的事物，甚至是喜欢它们”(马斯洛语)，正是富有创造力的人的特质之一。

“养猪式”的生命教育是否值得推广呢？学生们是有争议的，尤其是中国教育的现状，让他们感觉这“几乎不可能”。不过这几年在中国的乡村学校走访，我看到是这种形式的生命教育既有需求也有空间。现在，因为撤点并校导致上学路太远，因为父母外出打工回家没有人，大量的农村孩子开始住校了。校墙内的生活往往很单调，孩子们也缺乏情感寄托，而农村学校校园通常很大，为什么不能让孩子养养小动物，种点东西呢？我想，当孩子们拥有小P那样的伙伴时，他们会快乐很多，也会学着承担责任，感受生命的成长、衰败与死亡。

但我认为，最重要的不是养不养猪，或者养什么动物，而是作为一个老师，有没有生命感，有没有生命教育的意识。如果老师对生命敏感，对生命怀有珍惜、尊重之情，就会把它贯穿到自己的教育教学中，就会抓住许多生命教育的契机，就会在这个过程中真正帮助学生成长。例如，苏州有位叫袁卫星的老师，他偶然得知一个学生在日记中写下了遗书性质的文字，立即决定临时取消《陈焕生进城》一文的教学，改教《善待生命》。在那堂课上，袁老师特意用一首题为《我还有一只脚》的诗贯穿课堂，这是台湾一个9岁女孩写的，她因患恶性肿瘤而失去了一条腿。这堂课所呈现出来的生命韧性与弹性，以及对生命意义和价值的探讨，成功地挽救了那个想轻生的同学。

生命教育，既可以有形，也可以无形，只要我们做老师的，时刻不忘我们所面对的是有血有肉的人，而不是学习的机器。学生们既有学习知识、掌握生活工作技能的需要，也有找到自身生命意义和价值的需要！

【附录】课后书写与对话

每次上完课后，都会有些学生感到意犹未尽，于是主动将自己的感受和想法写成文字。我将这些文字编辑整理，在文前或文后以“陆晓娅说”的方式加上我的想法，然后通过邮件群发给所有学生和听课老师共享。这种课后以文字形式进行的对话，也是“影像中的生死学”自然生成的一种学习方式。这些文字被收录进本书时，都得到了学生的授权，并根据学生的选择，分别采用标注真实姓名和匿名两种署名方式。

/ 我们如何才能真正理解其他生命 / / 李彦锦

这部电影让我想到的是我们如何才能真正理解其他生命。

在没养猪之前，小学生并不真正了解猪，他们了解的只是猪肉。当他们养了猪之后，他们的看法开始变了，认为小P不一定应该被吃。让我印象最深的是一个孩子说：“小P和其他的猪不一样。”

是啊，它和其他的猪不一样。

我们生在世间，最先接触的是我们的亲人，他们是我们最先见到的人。他们告诉了我们其他的人是什么样子，但是在我们心中，他们和其他人不一样。

然后我们又会认识一些陌生人，然后成为朋友，这些人在我们心目中也会和其他人不一样。

亲人和朋友，是和其他人不同的。在遇到好事的时候，我们会想到他们；在他们遇到麻烦和危险的时候，我们会挺身而出。我们会为他们做一些特别的事，就像那些孩子们不愿意吃小 P 一样。

但是人的一生是有限的，我们认识的人总是有限的，在整个世界看来，只是极少极少的一部分，就像小 P 只是很多猪中的一头。最后大部分人我们永远接触不到，成为了我们永远接触不到的陌生人。

这些人和我们认识的人一起构成了“天下”。

“天下”这个概念在史书里屡屡被提起，总是被争夺的对象。

哪一个男儿不曾想过纵马提枪，凭着三尺青锋，一腔热血，纵横世间，将天下握在手中？

“天下”这两个字太诱人。

可是这天下是由人组成的。

一本书里一个将军说道：

“其实每个男人的血管里，无不涌动着对这苍茫天下的渴望啊。与兄弟们一起，跟着一个英雄取得天下，这个念头驱使多少年轻人踏上战场，永远不能回到故乡。可是你真的明白什么是天下么？天下不是一个空虚的荣耀啊，天下是许许多多的人，如果你有机会和他们每个人谈话聊天，你或者会喜欢他们之中的一些人，而讨厌另外一些。而你要取得天下，你就要首先摧毁它，那么我问你，你真的忍心杀死一个你喜欢的人么？你上阵那么多年，应该已经杀了很多人，可是你没有过这个感觉，因为你还没有机会听被你杀死的人说话。在你看来，你杀死的是敌人，可是你们原来可以不必是敌人。”

“天下，其实是一个活生生的东西！”

“它不仅仅是一个荣耀，一个筹码啊！”

战士在战场上杀掉他们的敌人，从没想过为什么，就像我们吃猪的时候也没有想过。但是一旦我们去了解，去和每个人谈话聊天，我们会发现原本有些人是不必成为敌人的，我们会喜欢上一些人，就像是孩子们和小P接触后，才明白猪并不是生来就是食物，猪也是可以成为朋友的。可是我们没有这个机会，我们无法去了解每个人，去了解他们的悲喜、他们的想法，就像我们最后也无法与所有的小猪接触一样。所以最后，我们还是会为了自己伤害一些人，就像最后，我们还是会吃猪肉一样。

可是我们原本不必这样。

每一个人都是社会神经的一个末梢，一个人死了，那种痛苦会蔓延开去，传到其他的角落。在战场上被杀的人有他的父母，有他的妻儿，他死了，这些人都会痛苦的。但是到了战场上，我们还是不得不杀了他，因为他是敌人。我们终究无法了解所有人，所以会有仇恨，会有伤害。

真正了解一个人很难，就算是亲人朋友也会有许多的误解。有的人，了解他要花一辈子的时间，当你真正懂了，他说不定已经死了，一切只是镜中的花月。就像孩子们终于爱上小P，却不得不告别。

如果反过去看史书，就像站在高高的山坡上看山下的人厮杀。你站在山上，白衣飘飘，不染一滴鲜血，感觉好极了。可是你没有真正去过山下的战场。你永远也不知道史书里说的“秦魏伊阙之战，斩首十三万而还；秦韩新城之战，斩首二十四万而还”是一个个活生生的人。你看不见长江水下的折戟，淝水河边的马鞭。你以为的天下，仍然是书上的世界。

人还是我们的同类，了解其他人都那么难，更何况是其他生命？

“人和人之间本没有什么恩怨，只是大家都会因为自己的缘故伤害到别人，就变成了敌人。如果怀着不信任的心，最好的朋友也会反目。所以每次逢到恨什么人的时候，要想到别人也许心里也很难过，有迫不得已的理由。这样便不会放纵自己的爱恨了。”如果能这样做，大概就很好了。

在吃猪肉的时候，我们也要学着感恩吧。

【陆晓娅说】

李彦锦同学说，“这些人(陌生人)和我们认识的人一起构成了‘天下’”。学者赵汀阳在《坏世界研究》中，特别推崇“天下”这个概念，认为它包括了地理学、社会学、心理学和政治学的意义，比西方人的“世界”含义要更饱满，它创造了思考政治问题的“世界尺度”。

不管“天下”这个概念是否应该取代“世界”这个概念，今天的世界已经和“天下”概念诞生时有了极大不同。

过去，我们对陌生且不同的“他们”总是怀有恐惧、不安、敌意，因此在与“他们”相遇、产生冲突时通常是用暴力来解决，杀了他们、赶走他们、将他们变为奴隶，等等。人类很容易用“非人”(dehumanization)的心理机制，将“他们”视为比我们低劣的人、不是人的人，从而使杀人、对人的奴役变得可以接受(参见大卫·利文斯顿·史密斯的《非人》[①])。但是在现代社会中，人们的生存领域早已突破血缘地缘关系，“我们”与“他们”(和我们不同的陌生人)更容易相遇，

① [美]大卫·利文斯顿·史密斯：《非人：为何我们会贬低、奴役、伤害他人》，冯伟译，重庆：重庆出版社，2012年。

甚至不得不一起生活。

那么，“我们”和“他们”，如何共同生活在这个世界上？有心理学家说，“也许我们这个时代最主要的心理难题就是培养尊重人类差异的能力”，我深以为然。当人类走出村庄，走出乡镇，走出有形无形的国门，开始所谓“地球村”的时代时，理解并尊重差异，成为人类能否跨越文化鸿沟，在这个世界上共存共赢的基础。

/ / 一粒困惑的种子 /

张茵萍（原《心理月刊》编辑、旁听者）

张茵萍微信：昨天的课，给我播下了一粒困惑的种子：生命教育到底要怎么做才能尽量产生积极影响？我觉得星老师对孩子悲伤情绪的关注和处理不够，有点担心这样强烈的生命教育也许不是每个孩子都适合的。毕竟是他主动做的这件事。责任，不仅是孩子对小 P，还有老师对孩子的生命责任。

【陆晓娅说】如果你是星老师，在送走小 P 之后，你觉得可以做些什么？

张茵萍微信：想到三件我觉得可以做的事。

1. 上一节手工课，让每个同学从“P 舍”取一个物件，改造成可以留存在自己家里的有用的东西，并与大家分享——就像小 P 的生命和爱可以用别的方式延续。

2. 同学们一起创作一本《给小 P 同学的毕业纪念册》，画画、写作、音乐等都可以。主题参考：“和小 P 一起的日子”“小 P 带给我的”。作品结集后每人一份。

3. 开家长会，告诉家长孩子们经历了什么，了解孩子在家的情绪状态，发放基本的哀悼、悲伤处理常识的资料，一段时间内保持与家长的沟通，一起帮助孩子度过可能的坎儿。

另外，最好能把也照顾过小P的三年级同学包含在这些活动中。

【陆晓娅说】看到茵萍的微信，特别感动。到底是《心理月刊》的编辑，她所关注的不仅是这件“事”怎么样了，还有“情”如何了——这个过程，包括事情结束之后对孩子长期的心理影响。我特别喜欢她提出的第一件可以做的事情，非常有创意，让小P用另外的方式陪伴孩子成长。

本周生死事

/ 家庭课：危机中

悲痛和丧失常常使人觉醒，让人

死亡提供的黑暗背景使细致的

的成长契机//

真正体会到自身的存在。

欧文·亚隆

生命之色更为纯粹。

桑塔亚纳

《阳光小美女》*Little Miss Sunshine* /
导演：乔纳森·戴顿，
维莱莉·法瑞斯 / 2006 年

/ 一 个 闹 心 的 家 庭 与 一 辆 破 车 / /

《阳光小美女》(*Little Miss Sunshine*)，这个影片的名字似乎与“生死学”有着不小的距离。但谁说生死学就应该是阴暗的，不能有阳光；是严肃的，不能有欢笑呢？

我第一次看这部片子时，就被打动了。片子的主角不是一个人，而是一个家庭，一个被各种问题困扰的家庭。一辆破车，几百公里的路程，全家人怀着不同的心情，送小姑娘奥莉芙参加“阳光小小姐”比赛。一路上各种碰撞，各种意外，每个人的生命故事渐渐地有了不同色彩……

我选择教学电影，并不看重它是否是大片，是否由大导演执导，是否有大牌演员。某些著名导演的片子其实就是在探索死亡与生命，是很“生死学”的，如伯格曼的《呼喊与细语》。但我担心大导演们过于风格化的片子，会让学生更想去探究导演的艺术风格，而不是与自己的生活、生命相连接，进而去深入思考。《阳光小美女》拍得清新流畅，毫不造作，浅显的故事或许更贴近真实的、普遍的生活，而且还很具有“话题性”。

等到开始备课时我才发现，原来这部电影也像奥莉芙参赛一样，是个一波三折的故事。

先是剧本没人赏识。米歇尔·安德特完成剧本后，好莱坞的制片公司认为“过于平淡”，不肯投资拍摄，最后制片人马克·特托图以 25 万美元的超低价格买下了改编权。

导演乔纳森·戴顿和维莱莉·法瑞斯，本来是拍 MV 的，虽然得过格莱美奖，但在电影界还是菜鸟。不过他们倒是非常喜欢这个剧本，觉得正是自己电影处女作的最佳题材。

因为资金不足等原因，电影从筹拍到上演，整整用了 5 年。导演都担心，再拍不完，“小奥莉芙”要变成“大奥莉芙”了。

电影拍完，制片人马克带着它四处寻找发行公司，然而对这部没有大明星、没有爆点的电影，许多公司都不看好。四处碰壁之后，马克辗转来到圣丹斯电影节，没想到在这个独立电影节上，《阳光小美女》大获成功。之后，有公司以1000万美元买下该片的发行权，创下了独立电影版权的最高价。

2007年第79届奥斯卡金像奖评选中，这部投资仅800万美元的电影，获得4项提名，并最终斩获最佳剧本和最佳男配角两个奖项。

《阳光小美女》的开头，导演用许多特写镜头让6个家庭成员逐一亮相：戴着大眼镜、鼓着小肚子的7岁女孩奥莉芙，在电视前模仿着美国小姐的动作；站在讲台上慷慨激昂地兜售成功学，台下却掌声零落的爸爸理查；穿着

花衬衫吸食海洛因的爷爷；在房间中挂着大幅的尼采像，为当飞行员发了哑誓的哥哥德维恩；焦虑的妈妈雪儿边开车边抽烟，赶到医院去看望舅舅；这个身为学者的弗兰克舅舅，因为事业与情感的双重失意而自杀……这一家人，看上去都有点“不对劲”，而且还经常吵作一团。

但为了能让小奥莉芙参加“阳光小小姐”的比赛，全家人达成了妥协，所有人一个都不落地上了一辆破旧的旅行车，向着加州开去。

这辆明黄色的破车，是电影中一个很特别的意象，它不断地出现故障，需要一家人齐心协力推动才能继续向前。途中的加油站、汽车旅馆，每个停靠地点似乎都让家庭危机更深一步，直到爷爷早上不再醒来……

在豆瓣上，有网友这样写道：

感谢 *Little Miss Sunshine*，在我对人五人六的朝九晚五和人模狗样的三点一线感到厌倦和乏味的时候，跟我打了个照面。

Little Miss Sunshine 没有对我耳提面命，没有让我醍醐灌顶，更没有用深刻的哲理打通我的任督二脉，让我对生活的灵感如泉水般喷涌。甚至于它自己，也在前途未卜地行进中。我感谢它，是因为它让我看到了那么多没有被贴上成功标签的人们，那样艰难而美好地生活

着，一如众生，一如世人——我还有什么理由不好好活下去？

好吧，出发！让我们和那辆明黄色破车一起上路，去看看死与生是如何联结在一起，创造出人生新的可能性的。

/ / 死 亡 与 生 命 的 成 长 /

“这部电影一共有 6 个主要的角色，现在，请你根据自己的直觉，选择其中的一个角色，并在看电影的过程中，认真观看这个角色的生命故事。”我在 PPT 上显示出了这 6 个电影角色的图片，让学生通过视觉渠道，建立与角色的联结。

很多学生都喜欢看电影，但上过生死课的学生说，似乎在这个课堂上看电影，总能看到比平时更多的东西。除了课堂让注意力更集中外，其实，我也用了一些方法带他们更深地进入电影中，“选角”就是其中之一。带着自己的角色看电影，他们可以发现更多的细节——在《阳光小美女》中，正是这些细节揭示了死亡是如何影响人、改变人的。

我深深知道，学生们选什么角色与他们自身有着隐秘的联系，因此有些角色选的人多，有些角色选的人少，也是很自然的(通常，选择“爸爸”角色的人都会少些，这真是很有意思的事情)。所以，有时还不得不在他们同意的情况下，进行一下“平衡”，让每个角色人数不要相差太远，因为他们将要按角色组成小组，完成一些任务。

我用剪辑好的八个关键性片段，加上过渡截图照片，放映完了整个片子。这样，学生们既可以完整地把握《阳光小美女》的故事进程，又能够聚焦在生死主题上。

电影本身的节奏安排得非常好。我剪辑的片段努力不破坏这个节奏，保留了电影中的主要冲突，并一直看到电影最后的高潮：奥莉芙走上舞台，希望通过舞蹈表达对爷爷的思念和爱，但爷爷教给她的舞蹈却被评委们认为粗俗不堪，要将小奥莉芙赶下舞台。为了支持奥莉芙，爸爸第一个跳上台去，学着奥莉芙的动作跳起舞来，接着舅舅、哥哥和妈妈也跳上台去，一家人在台上大跳特跳，台下的评委和绅士淑女们目瞪口呆……

好吧，电影中的故事一波三折地演完了。“现在，请安静下来，好好回想一下你所选的角色的生命在故事的发展中有了什么不同，然后，将自己代入这个角色，用‘爷爷去世后，我感受到……，我想……，我做了……’的句式，将这个生命的‘不同’写出来。选择‘爷爷’的，请试着写出爷爷临终前出现的感受和想法(如果可能的话)。”

如前所述，《阳光小美女》故事的转折点恰恰是爷爷的死亡。在爷爷去世之前，讲述成功学的父亲正处于事业危机中，出版商的出尔反尔，让他的家庭面临破产；妈妈要照顾一家五口，又要帮助自杀未遂的弟弟，心力交瘁，情绪难以自控；研究普鲁斯特的舅舅，因为同性恋人和学术奖项都被竞争者夺去而崩溃，连自杀都以失败告终；在哥哥德维恩眼里，全家人都是可笑可怜的“loser”(失败者)，他用沉默来抵抗，也用沉默作为武器，希望迫使父母同意他上飞行学校；年老的爷爷，因为吸毒和行为不轨被赶出养老院；看上去快乐阳光的小奥莉芙，也担心在选美中落败，成为爸爸最讨厌的loser。

死亡突然而至，它给这个家庭带来的会是什么？通常，人们会觉得死亡对于每个家庭、每个经历它的人而言，是悲伤、痛苦和无法挽回的丧失，但在这部电影中，死亡似乎有了不同的意义，每个角色都似乎因为爷爷的死亡而有了不同。我希望学生们从角色的变化中，看到死亡的正向功能。通过角色书写，他们整理出了各自的变化，在小组中整合成一篇文字。又通过"追思会"这样一个仪式，他们把自己的变化告诉给逝去的爷爷。

妹妹奥莉芙："亲爱的爷爷，还记得您去世前那天晚上，我跟您说，我特别害怕在表演中失败，成为爸爸最讨厌的loser。现在，我想告诉您，当我站在舞台上的时候，我什么都没想，我只想表演给您看，让您知道我战胜了自己的恐惧。我还想告诉您，尽管很多人不喜欢我的表演，可是在爸爸、妈妈、哥哥和舅舅的支持下，我不仅跳完了自己的舞蹈，也让大家看到了我们一家人的团结。爷爷，您放心吧，小奥莉芙会勇敢地活出自己！"

哥哥德维恩："亲爱的爷爷，您那么意外地离开了我们，让我很受打击，让我们全家都很受打击。当妈妈哭了的时候，我很想安慰她，可是已经那么多天不说话，我该怎么开口呢？于是，我写了一张纸条，叫妹妹去拥抱妈妈。

本来失去您就够悲催的了，可事情还没完，在车上我竟然被发现是色盲，根本不能开飞机！我生活的目标和动力就像冰山一样突然崩塌了，眼前只剩下一片茫茫大海，我不知道该何去何从。命运为什么会对我开这么残酷的玩笑？我跳下车，大喊大叫，发泄我的愤怒。好吧，我也因此开口说话了。我没心思再跟他们去加州，我只想带着我的悲伤，一个人像狗一样在荒原上流浪。这时，妹妹来到我的身边，她什么都没说，只是把头默默地靠在我肩上。那一刻，我觉得好温暖。这温暖突然使我意识到，我有自己的梦想，奥莉芙也有啊。作为哥哥，我现在不能实现自己的梦想了，但我应该帮助她实现自己的梦想啊。何况，这也是爷爷您的愿望。我站起来，拉着奥莉芙的手上了车。爷爷，我想如果您看到这一幕，也会对我伸出大拇指吧！”

妈妈雪儿：“老爷子，当医生抢救您的时候，孩子们并不知道接下来可能发生什么。您的儿子当时处在震惊、焦虑和内疚中，我想，我必须要做点什么。于是我告诉孩子们，我们要开个家庭会议。我对他们说：‘我知道你们都很爱爷爷，但如果上帝想带走他的话，我们必须要面对现实，好吗?’说完这些，我意识到，在这样的时候，我们最需要的就是彼此的支持，我们要抱团取暖。于是我又说——这次不仅是对孩子们，也是对我的丈夫、您的儿子说：‘不管发生什么，我们都是一家人。最重要的是，我们都要爱对方。我真的很爱你们……’说完这些，我忍不住哭了。后面发生的事情，您一定看到了。我们这个家好像变得有些不同了，当奥莉芙要被赶下舞台时，我们全都跳了上去。您如果在场，也一定会跳上去吧……”

爸爸理查：“老爹，没想到您走得这么快，这么匆忙。请原谅我，没有好好照顾您，也请原谅我，带着已经不会醒来的您，又跑了那么多的路。因为我知道，老爹您最想看到的，是奥莉芙在‘阳光小小姐’上的表演。如果我们当时放弃了，您的在天之灵不会原谅我们的。老爹，我还要深深地感谢您，感谢您教给奥莉芙勇敢地展现自己，参与生活，也感谢您在我最困难的时候，表达出您对我的欣赏和信任。过去，我总是沉浸在自己的成功学中，以为生活不是成功就是失败，我太看重结果，却忘了过程才是重要的。很高兴我带着一家人及时赶到了赛场，一路上的惊险刺激，不知道您这个老牛仔在后备厢里领略到了吗？老爹，我想，我们全家冲到舞台上，和奥莉芙一起大跳特跳，对您来说是不是一场别具一格的告别？您在天堂一定笑得泪流满面吧？”

舅舅弗兰克：“老爷子，我被姐姐带到你们家的时候，觉得自己是个连自杀都会失败的人。这样的人还有什么价值呢？我被迫跟着你们一起上路，心里想的却是再找机会结束这没意义的人生。您的突然离去，让我的姐姐很悲伤。我忍不住伸出自己的手，放到她的手上，没想到她一下子抓住了我。握着她的手，我才发现我居然还可以帮到别人。我看到这个家庭各有各的烦恼，各有各的问题。作为一个也扛着人生失败重负的外来人，我本来是被别人照顾的。但我发现，我也可以换一换角色，成为一个支持别人的人。所以，当比赛时间已到时，我第一个跳下车，百米冲刺赶到会场帮奥莉芙注册。我带德维恩在海滩上散心，告诉他，普鲁斯特说过，痛苦的日子才是最好的日子。我也跟着理查跳上舞台，把奥莉芙围在中间尽情舞动。老爷子，您看，您在无意中也拯救了我呢！”

在天堂的爷爷，如果听到了亲人们这么一番话，会说些什么呢？学生们设想出了深情无限版，也有谆谆教导版，也免不了有幽默搞笑版："原来，我的死竟然让你们都成长了？这么说来，死也是一件好事情喽？所以，你们得好好感谢我。奥莉芙，每年到我的墓地来跳个舞吧。德维恩，你来扫墓的时候，千万别说话，给我写个条子就行。至于理查和雪儿，我还想听你们俩吵架……"

原来，"死亡"也会让人成长啊！①

该怎样理解这个家庭的变化，以及家庭成员的成长？

爷爷的突然去世，无疑对整个家庭是一个打击，也将他们推入两难抉择：是留在当地，处理爷爷的丧事？还是继续旅程，帮助奥莉芙完成"阳光小小姐"的比赛？

爷爷的去世，扰动了整个家庭系统，也改变了家庭中的权力结构。当妈妈站出来召集家庭会议时，新的动力就产生了：爱得到了表达，责任有人担当，情感获得了支持，共同的目标被树立起来，一家人重新发现了自己的角色。

记得我的大学好友华华去世后，她的丈夫曾经告诉我，他们的女儿似乎在一天之间长大了。

是啊，如果没有死亡，没有丧失，生命会是什么样子呢？一个个体的生命，因为不会死亡，也不会碰到他人死亡，会不会觉得被无形的东西卡住，在不上不下、不痛不痒中，失去目标，失去勇气，失去活力，甚至失去爱与被爱的能力？即便能千秋万代地活下去，这样的生命是我们想要的吗？而一个群体，如果没有死亡，没有新旧更替，会不会就是一堆行尸走肉？

① 欧文·亚隆在《存在主义心理治疗》和《直视骄阳：征服死亡恐惧》中，通过大量临床个案和文学作品，说明死亡（自身将要死亡或他人的死亡）可能给人带来"觉醒体验"，使人产生"积极而深远的改变"，心智变得更加成熟。但我认为，这并不意味着死亡必然给人带来成长，有时，死亡带来的打击还会使人退行。

死亡带来的痛感，或许是一剂成长的催化剂，它让人们意识到自己的责任和使命，意识到爱的重要，意识到存在的有限，从而努力去活出自己。就像王一平同学在作业中写到的：

尽管我们对于死亡的恐惧很难消失，但我们的确可以用一种更加坦然的心态去面对死亡。当我们将人的死亡放在时间的长河里，我们看到的并不是属于个体的失落、惆怅，我们看到的是一代一代人的更迭，是发展，是创造，是一种原有使命的完成和对于原来的延续，就像是一条长长的河流，浪花一朵接着一朵地翻涌，前赴后继，永不停息。尽管对于每一朵浪花而言，时间仿佛只有一瞬，然后便归于平息，甚至被人遗忘，但是翻腾的时候，永远是它最美丽的姿态。

/ 被死亡解构了 loser / winner / /

有同学问：如果“爷爷”不死，影片又会走向哪种结局，是一群人继续这样为“loser”和“winner”(胜利者)的问题挣扎，将破败的家庭关系维持下去，还是有另一件事将他们唤醒？

这位同学敏感地抓住了电影的高频词：“loser”和“winner”。

现代社会中，“输赢”的概念似乎特别深入人心。或许，这是竞争从商业领域泛化、渗透到社会生活方方面面的表现。在我们中国，不就有“不能让孩子输在起跑线上”的说法吗？我的学生们不是从小就在这样的氛围中长大的吗？

在这充满竞争的社会中，输赢是否是唯一重要的事情？“loser”和“winner”的标签在怎样影响和改变着人，改变着人与人的关系？

有趣的是，《阳光小美女》选择了一系列意象，如儿童选美、成功学、获奖等，建构起激烈竞争的社会图景。电影中有这样一个别具深意的镜头：在选美比赛的走廊中，两个穿好上台服装的小女孩一前一后跑来，后面的女孩喊："等等我！"前面的女孩却头也不回地说："我不会等你的！"

我请同学们就"loser"和"winner"两个高频词思考、提问与分享。

"到底什么才算真正的成功呢？是得到别人的认可，还是充分发挥了自己的潜能？"

"成功与失败之间真的有一条很清晰的界限吗？"

"一个人有很高的社会地位，但其实一辈子都没做自己想做的事情，算不算成功呢？"

同学们说：

"似乎从小到大，我们都在被教育走着一条努力争取别人认同的道路。好好学习是为了得到他人的认同，听老师、父母的话是为了得到认可和赞扬，我们一直追求的只是世人眼里的成功而已，细想之下，并不是我们真正想要的。然而这样一路走来，我们在面临人生的选择时，已经不知道自己真正想要的是什么了。因为一直以来我们所追求的，都只是别人的认可和别人的成功而已。"

"在我看来，如果有自己想做的事，并且为了自己的梦想做出了尝试，付出了努力，无论结果如何，我们都是自己人生的 winner。就成功而言，更多的不是我们取得了多大的成就，做出了多大的成绩，而是自己内心的一种体验。在自己选择的人生道路上体会到人生的快乐与满足，这才是人生最大的成功所在。而失败也是同样的道理，一件事的结果并不重要，重要的是过程，是我们在过程中是否收获了内心的宁静。”

“如果只是为了世人眼中的成功而选择自己的人生，恰恰是另外一种失败。活出自己，活给自己，听从自己的内心，就是一个人真正的成功。”

……

在《阳光小美女》中，是一场死亡带来的震惊与悲痛，暂时切断了竞争带来的焦虑和沮丧，将一家人的注意力从“输赢”模式转换到“关系”模式。抱怨变成了支持，冷漠变成了关心，被唤醒了的“责任”与“爱”，给个体的生命注入了活力，也让整个家庭有了温暖。

美国学者詹姆斯·卡斯，曾将世上的游戏分为两种：以取胜为目的的有限游戏和以延续游戏本身为目的的无限游戏①。“输赢”，本是一场有限游戏

① 参见[美]詹姆斯·卡斯：《有限与无限的游戏：一个哲学家眼中的竞技世界》，马小悟、余倩译，北京：电子工业出版社，2013 年，第 3 页。

的结果。若把人生的每个阶段都当成一场有限游戏，用“输赢”模式来统领自己的生活，如何？

好吧，现在你进入了“输赢”模式。为了成为“winner”，你支起耳朵去听社会的评价，你睁大了眼睛去看谁是你的对手。外部世界的标准，成为驱动你前进的力量，直到你发现，那个独一无二的自己已经不知道去了哪里。

在这个模式中，你确实曾经赢过，也许是中考的第一名，也许是考进了人人艳羡的名牌大学，或者在单位的同龄人中第一个得到提拔，或是很快挣到了第一桶金，买了房买了车。奇怪的是，在这个模式中，每次“赢”带来的满足感似乎总是瞬间即逝，因为你会很快发现新的竞争对手，你又要让自己进行新的一场竞争，仿佛等不及“快乐”地跳完一支舞，“焦虑”与“紧张”又找上门来。因为你心里最挂念的，是山顶上那个叫作“结果”的家伙。不管看得见看不见，你的注意力都在它身上，以至于上山途中的美景、蜿蜒曲折的山路、山间的烟云雾霭、山脚的茅屋柴扉，都不能给你带来快慰，你只觉得：好累！

你一边爬，还一边盯着旁边的人，想方设法不让他们超过你。你觉得那个山头上，只有一个“winner”的奖杯，且只能属于你，所以其他人都是对手，甚至是敌人……

在我看来，“输赢”是一种对人生的简单化理解。虽然社会不能没有竞争，生活也无法逃避竞争，但除了竞争外，社会的发展与个人潜能的实现，都离不开合作。《阳光小美女》的编导用爷爷的死亡悄然解构了“输赢”模式，并导入了“关系”模式，让这一家人在相互支持中，体验到生命中还有责任与爱。虽然略显简单，但也对同学们不无启发。

除了“关系”模式能够帮助我们跳脱“输赢”模式的束缚，让人生更为丰盛与美好，还有什么其他模式可以帮上忙？我想，或许更为重要的是“意义”模式——暂且留到后面的课堂中探讨吧。

//正常的发展，也会带来危机？/

在我心里，“影像中的生死学”课程是由两条线贯穿的。一条主线，串起的是与生死相关的重要议题；一条副线，是带出大学生成长的一些课题。我的课，虽然不是大学生心理健康课，但生命教育难道不应该回应学生当前生命成长的需要吗？

从创办“青春热线”开始，我就关注到一个现象：学子们为了考上大学，可谓千辛万苦，但进了大学不久，一些人就开始感到“郁闷”，变得消沉和封闭。越是好的大学，这个现象似乎越是严重。

“考上大学还郁闷？这些学生怎么了？”

很少有人能够真正理解这种“郁闷”，自我封闭也使一些同学变得孤立无助，在负性情绪的包围中，有些人竟丧失了活下去的勇气。

后来，在学习危机干预和创伤治疗中，我接触到了“发展性危机”的概念，觉得它可以帮同学们很好地理解自己在经历什么——因为理解，他们知道了那“痛”其实恰恰是成长带来的，就像青春期骨骼的快速发育也会带来“生长痛”一样。

恰好《阳光小美女》中“危机”四伏：开头是舅舅自杀，后来是爷爷突然去世，哥哥又因为色盲理想破灭，人到中年的父亲前景似乎也很灰暗……所以，正好引出“心理危机”的概念。

那么，什么是“危机”，什么又是“心理危机”呢？

中国科学院心理所史占彪博士这样定义“危机”：“危机是指人类个体或群体无法用现有的资源和惯常应对机制加以处理的事件和遭遇。危机往往是突发的，出乎人们的预期。如果不能得到很快控制和及时缓解，危机就会导致人们在认知、情感和行为上出现功能失调以及社会的混乱。”[①]

最早定义“心理危机”的是美国心理学家卡普兰(G. Caplan)，他在1954年提出：“心理危机是当个体面临突然或重大生活逆遇(如亲人死亡、婚姻破裂或天灾人祸等)时所表现出来的心理失衡状态。”[②]

当然在卡普兰之后，又有许多心理学家重新给“心理危机”下过定义，并对危机进行分类。其中，心理学家布拉默(Brammer)对心理危机的分类，对我很有启发。布拉默将心理危机分为三类[③]：

发展性危机(developmental crisis)：是指正常成长和发展过程中，急剧的变化或转变所导致的异常反应。例如，小孩出生、大学毕业、中年生活改变或退休等，都可能导致发展性危机。

境遇性危机(situational crisis)：当出现罕见或超常事件，且个人无法预测和控制时出现的危机。例如，交通意外、被绑架、被强奸、失业、突然的

① 段鑫星、程婧：《大学生心理危机干预》，北京：科学出版社，2006年，第8～9页。

② 段鑫星、程婧：《大学生心理危机干预》，北京：科学出版社，2006年，第7页。

③ 参见[美]Burl E. Gilliland，Richard K. James：《危机干预策略》(上册)，肖水源等译，北京：中国轻工业出版社，2000年，第22～23页。

疾病和死亡等，都可能导致境遇性危机。区分境遇性危机和其他危机的关键在于，它是随机的、突发的、震撼性的、强烈的和灾难性的。

存在性危机(existential crisis)：是指伴随着重要的人生问题，如关于人生目的、责任、独立性、自由和承诺等出现的内部冲突和焦虑。存在性危机可以是基于现实的，比如活了四十多岁，突然觉得自己从没做过有意义的事情；也可以基于一种压倒性的、持续的感觉，比如到了老年，觉得自己的生活没有意义了，空虚难以填补。

在这三种危机中，境遇性危机是最容易被看到，也是最容易获得支持的。例如，“5・12”大地震中，包括我在内的很多心理治疗师都奔赴灾区，开展心理救援工作。相比之下，发展性危机是慢慢形成的，而且因为伴随着“正常”的(往往也是正向的)生活事件，所以很难被识别，被理解。

大学新生的“郁闷”，正是“发展”与“成长”带来的，是急剧的转变带来的。

从走出家门跨进校门那一刻，无数的信息和新鲜的事物扑面而来。特别是那些从边远、贫困地区来的同学，一下子要面临极大的环境变化，仿佛是从一个世界进入另一个世界。和以前的生活环境比起来，这个世界是庞大的、复杂的，庞大复杂到了有些让人一时找不到北，让人感到眩晕。在大学中迷路，坐反了公交，不会做 PPT，没用过银行卡，不会说普通话，这一桩桩“小事”，都变成了骆驼背上沉重的负担。就像歌德说的：“人生来处于一种受限制的境地；他能够看出简单的、临近的、确定的目标，他习惯于利用自己马上够得着的手段；但一旦他来到开阔地带，他就既不知道他想做什么，也不知道他应该做什么，他是因对象的众多而分心还是被这些对象的高大和尊严所惊呆，这都是一回事。”①

① 陈希米：《让“死”活下去》，长沙：湖南文艺出版社，2013 年，第 84 页。

接下来，有些同学就要经历“从王子到贫儿”的失落。曾经的辉煌，曾经的骄傲，在大学这个新的坐标系里黯然失色。原来，还有那么多同学比我优秀！

不同的家庭境遇，不同的生活习惯，不同的地域文化，会酝酿出寝室中复杂微妙的感觉。“标签”是你用来重新评估定义自己的工具，也是他人评估和定义你的工具。

于是开始有了心事。但是父母不在身边，周围的同学还都非常陌生。在需要有人关心和帮助的时候，又害怕在交往中暴露自己的不足。孤单，封闭，封闭，孤单，日子就这样循环着……

没有人告诉你上大学后会经历这些，没有人警告过你，你将离开原来相对熟悉和自在的“安适区”，进入了一个充满不确定性的压力区。这个压力区，其实是进入成长区的一条隧道。它很黑，所以在里面你看不清自己；它很曲折，所以你不知道出路在哪里；它很坎坷，所以你会摔跤崴脚，感到疼痛。

不是所有人都能走出这条隧道。有些遭遇“发展性危机”的同学，最终选择了逃避，他们以为退学、休学，离开这个不舒服的环境，就会感到好过了。殊不知，从压力区退却固然会一时感到舒服，却会因为放弃了成长而给今后带来更大的适应问题。

还有的同学身处“发展性危机”之中，感到非常孤独、沮丧，却不愿意寻求帮助。他们把自己封闭起来，逃避一些有压力的情境，或者沉溺网络，在虚拟的世界中麻痹自己。也许过一段时间他们慢慢也能够适应大学的生活，但却会在心理上留下“疤痕”。当人生出现新的转折时，这个伤疤就可能再次发炎，影响他们对新环境的适应。

我以为，高校中的自杀事件，许多都与“发展性危机”有关。小黄是从某少数民族地区考进北京某重点大学的。在家，他是最小的孩子，一直受到父母、老师和哥哥姐姐的宠爱。全家人高高兴兴地把他送上了开往北京的火车，没想到才一个月他就自杀了。原来，小黄一上车就碰到有人抢座，离开了父母的呵护，他忽然感到社会十分险恶。到大学后小黄想改专业，却碰了钉子。在宿舍里，有一次他把自己的东西放到了别人床上，没想到那个同学竟骂他“西北土鳖”。孤独的小黄找不到人倾诉，内心的苦闷越来越深，最后选择了跳楼自杀。

当我和同学们分享“发展性危机”概念时，往往会引起他们的共鸣。虽然在课堂上，他们可能表现得不动声色，但在后来的书写中，一个又一个同学说出了他们自己的故事和感觉：

我清楚自己是一个极度敏感、极度自卑的人，尤其是迈入大学以后。在我们 20 多个学生的班级里，我，应该是唯一一个来自农村的孩子，而且由于上学晚和复读，我比他们平均大了 3 岁。这让我总觉得自己与同学们不是来自同一个世界，就像上次老师放的那部关于小猪的电影中转学来的小花一样。可以说，在班里他们都是高富帅、白富美，而我，只是一个乡土丫头，没有特长，也没有资本。他们和她们所谈论的一些东西是我闻所未闻的，他们和她们的穿着打扮也是我无法企及的，我本能地与她们保持着距离，她们也自然地与我互不干预。孤独的世界总是那么压抑，压抑得只能躲在床上偷偷哭泣……

了解了“发展性危机”的概念，让许多同学松了一口气：原来，并不是只有我一个人压抑、孤独，原来，这是正常发展中的转变带来的。

讲心理学的人都很喜欢把“危机”两个字拆开来，告诉人们：“危机，就是‘危险’+‘机会’。”然而，并非所有人都能把发展性危机转变为成长契机的，还需要告诉学生一些自我帮助的方法。例如：

倾听危机的声音：它怎么来的？为什么它在这个时候出现？它在提示什么吗？

整理内心感受，允许自己哀伤：承认失落、无助茫然、悲伤……告诉自己这些情绪都是在来到“开阔地带”后产生的，是正常的。

寻找支持系统：谁可以理解我、帮助我？

自我对话：问题是永久的，还是暂时的？是全局的，还是局部的？是可以改变的，还是不能改变的？在过往的生活中，有哪些经验是可以帮助我的？

将注意力转向问题解决：做什么可以使情况得到改变？

……

也许，最最有用的，是帮助学生挖掘自身对付困境的经验，并让他们相互分享，这是我在叙事治疗中学到的。

在讲完概念之后，我在 PPT 上展示了一份同学的作业：

死亡曾经离我很近很近。我在高中的时候，情绪起伏波动很大，因为我付出了常人难以想象的极大的努力，可成绩与我的付出不成正比。我不止一次地想要自杀，那时的我真的是崩溃。

高考如预期一般地考砸了，但我反而不再纠结，获得了前所未有的坦然。在高三后期，我每周至少进行三次 3000 米长跑，在跑步的过程中我看到了自己的韧性，现在每每想起那段时光我都会热泪盈眶。那时的晚上，我独自一人跑到校园的操场上喊叫，跑累了就倒在跑道上又哭又笑，看头顶的星空，给自己激励。也许是天生的不服输的性格，我没有选择死亡来化解我的消极情绪。那一段痛苦的经历成了我的养分，我不再执着于成绩，而看重努力的过程，注重心灵的安宁。我要努力，一如既往地努力，我只求无愧于心……

长跑，在星空下释放自己，就是她应对自己困境的办法。这不仅让她度过了最崩溃的日子，还让她发现了自己的宝贵特质——“韧性”。她将带着这宝贵的特质，继续前行。

在《阳光小美女》中，舅舅弗兰克和哥哥德维恩有一段对话，他引用普鲁斯特的话说，“痛苦的日子才是最好的日子”。而这一课，我给学生留下的思考题之一正是：

你认同“痛苦的日子才是最好的日子”吗？你是否也有过类似的感受？在最痛苦的时候，你是怎样帮助自己的？

在我留给学生的阅读材料(史铁生的《关于死，关于生的对话》)中，他们将会读到：

S：你终于明白你再也站不起来了。比如说，才只有21岁，你却不能上大学，大学已经预先把你开除了；你也找不到正式工作，好像你已经到了退休的时候。差不多所有的人都会称赞你的坚强，但是有一个前提：你不要试图成为他们的女婿。如果你爱上了一个姑娘，你会发现最好的方式是离开她，否则说不定她比你还痛苦。你最好是做个通情达理的人，那样会安全些，那样你会得到好评，但是这样一来你就不知道为什么还要活着了。这就是绝望。如果你走运你会有一对爱你的父母，会有一些好朋友，但是你经常会在他们脸上看见深深的忧虑，你自然就会想，你活着是给他们带来的帮助多呢还是麻烦多？是安慰多呢还是愁苦多？这就是绝望。我知道就在咱俩这样说着的时候，正有很多人处在这样的绝望中。

M：你是怎么从这样的绝望中摆脱出来的呢？你怎么没死？

S：别着急，早晚会死的。

M：少贫嘴。我是说，你怎么没自杀。

S：一点儿都不贫嘴。我听了卓别林的劝。

M：我跟你说正经的呢。

S：要是你正正经经地陷入了绝望，你不妨听听幽默大师的话。当然，使我没去自杀的原因很多，但是我第一次平心静气地放弃自杀的念头却是因为听了卓别林的话，以后很多次都是这样。幸好有一天我去看了那场电影，什么名字我忘了，一个女人想自杀，但被卓别林扮演的那个角色发现了，女人很埋怨他，发了疯似地喊："你为什么不让我死？为什么不让我死！"卓别林慢悠悠不动声色地说："着什么急？早晚会死的。"

我并没有专门用一部电影来探讨"自杀"问题，我也从来不对学生说"要珍惜生命"，我希望他们在电影与其他人的故事中，去发现自己，审视自己，寻找自己的突围路径，那才是最重要的。

【附录】课后书写与对话

【陆晓娅说】

这个星期我过得很穿越，90岁的公公住院了，我患有老年失智症的老妈也把脑袋磕破了，所以很多时候我都在陪伴正走向生命归途的老人们。

晚上回到家里，在课程邮箱中看到同学们发来的一篇篇文字，生活仿佛立刻展开了新的一面，生机扑面而来，喜悦随之升起……

这里，是几位同学看完《阳光小美女》后写来的文字，我忍不住在一些我非常喜欢的语句下加了横线。

首先是卢晗的《男人的革命之路》，视角非常独到，她用“男性的社会化”这样一个发展心理学的框架，对电影中的四个男性做出了分析（如果再加上性别的视角，可能会更有意思），其中不乏令我受到启发的观点，比如她对两种成功者的自我状态的阐述。这篇文章特别值得同学们去学习的，是作者的思维方式，她能够用所学的理论去分析鲜活的故事，从而发掘出角色更深的意义。

谭玲玲则提出，影片中不同的角色，何尝不是我们自己的一个个不同的面向——人生也许就是一个我们不断整合自己不同面向的过程。整合，而不是抛弃。

黄珊的“用生命的渺小诠释伟大，用生命的柔弱诠释坚强”，很有点格言的味道。如果在生命的某个时刻，同学们能感觉到渺小—伟大、软弱—坚强两极共生同在，那将是一种生命的高峰体验！

还有一位同学说，“在这样的痛苦中，我们拥有的可能是内心的宁静，是苦难压不倒我的超人的意志，却不是真正意义上的幸福快乐”——我从中看出了一种警醒，一种对压迫人的教育的不认同，一种对“成功”二字所不能包含的真正幸福的思考与追寻。

最后我想说的是，你们的存在，你们的思考，让我的生命变得更加丰富，也更加快乐！

/ 男人的革命之路 / /
——评《阳光小美女》中的男人们

卢 晗

这部电影堪称学校心理学教学片的典范，从中不难瞥见在儿童成长过程中，家庭作为最初且最重要的社会化代理人所起的作用。尤其是片中的男人们——哥哥、爸爸、舅舅和爷爷，勾勒出了一条男性社会化的主线。

哥哥在片中性格鲜明，和父母的权威做无声的抗争，对琐碎世俗的生活感到厌倦，想要挣脱，有梦想且坚持不懈，应该是个颇受广大青少年欢迎的角色，甚至成年人在他身上也可以看见自己年轻时血气方刚的影子。在大家褒扬他年轻的朝气和梦想时，我忍不住想要泼一盆冷水。哥哥的行为不过是典型的青春期自我中心的表现：执拗地认为自己比周围人高明，把梦想挂在嘴上却没有周密的打算(否则就不会等到几百天以后才发现自己是色盲，不可以当飞行员)，在感情上沉迷于成长的痛苦，缺乏沟通的尝试。哥哥是一个典型的不成熟的青少年，也许这恰是他可爱的地方，谁没有年轻过呢？

如果说我们有多么喜欢哥哥这个角色，那么就有多么讨厌爸爸这个角色。爸爸兜售精神毒品一样的成功学，自己却一塌糊涂，整天强调成功与失败，给孩子带来了巨大的精神压力。但实际上，如果哥哥的成长没有舅舅的点拨以及妹妹和妈妈的爱护，他人生展开的下一站很有可能就是爸爸。他们看似截然相反，本质却都是固执己见且沉迷于自我催眠，只是父子俩坚持的东西不一样而已。作为年轻人，我们可以目空一切地批判爸爸的世俗可笑，我们也可以选择站在一个成年人的角度去体谅他的中年危机。清高的学生可以对成功学不屑一顾，但是不可否认的研究结果是，成功的人都有强大的内心且处于高度的自我催眠状态，而一个时时内省、高度自我觉察的人达到的往往是另一层心灵层面的成长和“成功”，所以我们没有理由因为自己站在价值观的此端就抨击鄙夷彼端。爸爸是一个具有“紧缩建构”人格特点的人物，所以难以采纳他人的意见，或者说具有坚持和顽强的特点，和哥哥这个角色一样，只是中年时表现尤甚。这就是为什么我认为哥哥的正常发展之路就是爸爸。

舅舅这个角色作为失败者出现，学术、爱情毫无收获，甚至想要放弃生命，但是我却认为舅舅这个角色比爸爸更高明。他的生命层次不是简单地追求成功，在求死未遂后，这个人物反而凸显出生命的价值和意义。和爸爸这个角色不同的是，舅舅是一个苦苦探索追问生命意义的形象，不是浑然不知反思地利用生命的长度创造价值，而是寂静地思索生命的苦难和存在。学会发问，是哲学的第一步，因此这个人物身上带有一种悲情的色彩。

最后是爷爷这个角色，我将赋予他社会化最高阶段的地位，但不仅仅是因为年龄。最初看这部电影时，对于结局我抱有一丝理想主义的期待。例如，小美女获得了成功这个快乐的结局，说明一家人的努力最后是有意义的这类主旋律结局。因此看到爷爷的“脱衣舞”训练成果时，我有一种被玩弄的愤怒感。直到第二次看这部电影，我才深深体会到，爷爷虽然“早退”，但却是hold住全场的终极boss。他因为行为不端而被赶出养老院，对着全家咆哮“又吃鸡肉”，在孙女的梦想这件“严肃”的事情上以“脱衣舞”无厘头地终结，可以说是一个为老不尊——除了年龄以外不存在任何别的值得人尊敬的地方——的人。但是转念一想，从青涩幼稚的青春期自我中心到自我催眠膨胀遭遇中年危机，经过痛苦严肃的对于人生意义的思考和探索，爷爷这个角色恰好体现的是人们在社会化过程中最终领悟了生命奥义而返璞归真的状态。此时限制人行为的不是年轻时求而不得的梦想，也不是家庭关系和追求成功的世俗羁绊，更不是受到道德律和灿烂星空引导的哲学迷思，爷爷体现出的是最自然、最融会贯通的“无招胜有招”。所以这部影片最值得玩味的恰好是爷爷最后的安排，用脱衣舞秀“遥控”了整个故事的走向，给了家庭里每个具有明显缺陷的人突破自己局限、悦纳彼此差异的机会，更用美国式的轻松和不羁给所有沉湎于中年时期严肃哲学思考的观众一个出口：我们应该思考这样严肃的问题，但这不是我们人生的终极目的。我们应当在思考过后，过一种经过审视的人生，此时的轻松便是举重若轻。

这部电影以小美女的梦想为线索，恰如其分地展示了处于不同人生阶段的四个男人所表现出来的社会化特点，浑然天成地用美国的娱乐精神浸润了我们痛苦求索的心灵。

//他们正是我们的不同侧面/

谭玲玲

在影片《阳光小美女》中，哥哥的卧室里有一幅尼采的画像。在我看来，这幅画像就是编剧为哥哥这个人物所做的注释。从某种意义上来说，哥哥把他自己当成了尼采。

尼采在世的时候，长期不被人理解，他一个人应该是极其孤独的。

其实任何一个伟人都是超越当时的时代的，必定被当时的人们所不理解。但是伟人的伟大也正在于此，他们比别人看得更长更远。虽然尼采的一些作品给人以尖酸刻薄之感，但是任何一种尖酸刻薄之后，隐藏的都是一颗伤痕累累但却又温情脉脉的心吧！有一本尼采的书，是别人编的，叫作《第一本尼采箴言漫画——站在半坡看世界》，封面上写着“像阳光一样灿烂的尼采，你见过吗?”如果你只读这本书，你见到的将是一个像阳光一样灿烂的尼采，我甚至觉得这本书可以作为积极心理学的课堂参考书。可见尼采的内心深处还是对这个世界充满了希望的，尼采对这个世界还是充满着关切的，但是由于“不合时宜”，他才会感到如此的孤独。

影片中的哥哥有着和尼采一样的性格，他表面上说恨每一个人，其实他还是深深地爱着这个世界、这个家的。有人说，爱的反义词不是恨，而是遗忘。其实没有爱，从哪里来的恨？哥哥由于别人对自己的不理解，而以不说话的方式来表示反抗。表面上看他是一个很无情的人，但是他的内心又有着极大的热情，他还是非常关心自己家人的。例如，影片中第一个发现妹妹不见了的人是他，让妹妹去拥抱妈妈的人 也是他。

其实可以将影片中的几个主人公看作一个人的不同方面，我们每一个人都有一些时候会像妹妹一样阳光，但是也有像舅舅一样抑郁、像哥哥一样沉默、像爸爸一样害怕世俗的失败、像妈妈一样照顾别人、像爷爷一样抱怨世界的时候，整个影片就好像是一个人在不同方面的展现。开始的时候，这个人的各部分之间充满了矛盾，但是最终他们找到了合适的途径，能够为了一个共同的目标而努力奋斗，最终克服了人性中的阴暗面，融合为一个完整的人，一个正常的人。

/ 坚 持 住 ， 扛 过 去 / /

黄 珊

下课回来的时候，打开邮箱正巧收到一封名为“坚持住，扛过去”的邮件。邮件的内容已不重要，但此刻我头脑中的灵光一闪，这封巧合似的邮件也许正好为我的思考题带来了一个思路。

“痛苦的日子是最好的日子”，其前提一定是坚持住，扛过去。只有扛过去了，回首来看的时候，才可以说：“我曾经承受的痛苦塑造了我，那是我最好的日子。”那些陷在痛苦的泥淖里无法自拔甚至葬身其中的人，是无法享有这种荣光的。

我们总是不难想起有一些人是扛过去了的，比如早在我们高中的议论文里便被用滥的了史铁生、张海迪、霍金、海伦·凯勒；再比如，有些时候会从不同的地方听来一些相似却影响力小很多、被人转瞬即忘的事例。他们也许永远不能从身体的伤残中恢复过来，但是伤残让他们更真诚地面对生命的真谛，面对自己热爱的生活，面对自己的爱好与梦想。上帝在他们面前放了一面镜子，有的人只看到了镜中残破的自己，有的人却看到了自己背后的全世界。他们承受的痛苦，正如他们成就的伟大。问他们“你有没有想过死”是没有必要的，他们必然想过，在巨大的痛苦面前，死亡甚至是他们最好的解脱。他们想过，甚至可能实施过，但是无论怎样，他们还是活了下来，支离破碎但是灵魂完整地活了下来，用生命的渺小诠释伟大，用生命的柔弱诠释坚强。

影片中提到，“高中是大好的痛苦时光”。虽然极不愿意，但我也必须承认，这必是我十八年来记得的唯一可以被称为“痛苦日子”的一段时光了。不是我健忘，而是作为“蜜罐里泡大的一代”，为赋新词强说愁都困难了点儿，除了高中(尤其是高三)，我真的没什么感受痛苦的素材。那些日子，我们作为千军万马中的一个无名小卒，究竟是踏破多少人的希望甚至是生命，才终于挤过了独木桥，没有葬身湍流之中？我们是扛过来的一些人，所以才能在走进大学面对迷茫的时候怀念高中，怀念那些在苍白的日光灯下奋笔疾书、为梦想放手一搏的日子，怀念那些曾经并肩作战、共同拼杀、明争暗斗的同学们，怀念那充满挑战、充满遗憾却又一去不回的青春。

但总有些人是扛不过去的。关于那些人，我们常常讳莫如深，仿佛提到他们，就是对我们那不堪回首的“曾经”的沉痛批判，会揭开我们粉饰的太平，逼迫我们直面其下的波涛汹涌。那些日子的痛苦，由于我们已经平平安安地度过，便被我们无限美化，多少年后我们还可能会自豪地对儿女说：“当年你老爸/老妈我的高中生活，真是无比美好啊，每次回忆起来都会笑出声呢！”那些痛苦被刻意地淡化，湮没在我们主动添加、扩大的美好回忆中。

我们告诉自己，也告诉别人：“痛苦的日子是最好的日子。”我们不承认我们自欺欺人，我们是 winner，我们可以以胜利者的姿态回首过往，自豪地说：“我们过去的痛苦塑造了我们现在的光环。”

“坚持住，扛过去。”在痛苦中，我们只能这样鼓励自己，我们知道，只要熬出了头，就可以自豪地回首过往，迟早会有这么一天。可是痛苦的结束往往遥遥无期，我们不知道究竟哪一天才能看到曙光。每一个醒来的早晨，我们被梦想叫醒，却被现实打压。一天，两天，三天，无数天，总有一天到了极限，会有人被打败，一声惨叫，就这么沉沦了。

我们不是loser，至少现在还不是，所以我们在谈到高中时，可以眉飞色舞，完全忘记了当年我们究竟是怎么咒骂这该死的牢笼。只是因为我们扛过去了，我们没有选择从高楼上飞身而下，或者尝试一瓶安眠药的滋味，再或者体验血液从身体里流失。

坚持住，扛过来，仅此而已，谈不上“最好的时光”。

//痛苦的日子才是最好的日子吗？/(匿名)

今天课上的电影中，舅舅说“那些痛苦的日子才是最好的”，对此我持怀疑态度。虽然“因为那些日子塑造了现在的我”，但是那些日子带来的伤害却难以平复。此外，在“那些日子”中，“我”所担的风险也很大，不够坚强的人就难以渡过难关，完成成长。

您今天讲的“危机所导致的四种结果”，让我想起了之前上过的文学院张国龙老师的“成长小说研究”一课。他在课上也谈到了成长中遇到的困境所导致的结果——分别是成长夭折、顿悟和完成成长。(大概是，记不太清了……)

【陆晓娅说】非常高兴这位同学能对电影中的观点提出质疑，也希望这样的质疑能在我们的课堂上多多出现！

的确，不是所有的人都能在危机、挫折中得到成长，说“痛苦的日子才是好日子”也往往是在战胜痛苦之后。我想，这里有两个问题值得探究：第一是痛苦的价值；第二是对于处于痛苦中的人，这样的话是否恰当和有效。

第一，大概没有什么人是希望活得痛苦的，但是人的一生如果真的避开了所有的痛苦，他离开这个世界时会不会觉得此生有点乏味？因为少了痛苦的冲击和挑战，会不会有些潜能被永远埋没了？会不会在精神层面上无法达到应有的深度？有些人可能一辈子也没经历外在的挫折和内在的精神冲突，因此少有苦恼和“病态”，他们被哲学家称为“一度降生”；而那些冲过苦难和精神危机“关口”的人，则获得了“二度降生”。心理学家威廉·詹姆斯认为，这些恶(病态心境)“有可能成为生命意义的最佳钥匙，也可能是那唯一帮助我们看到最深刻真理的途径”。他还认为，“有系统的健全心态，因为它对于悲哀、痛苦与死亡无力给予正面、主动的注意，比起那些尝试将这些成分包括进来的系统，在形式上显得较不完全”①。

威廉·詹姆斯的这些话是在一百多年前说的，或许今天我们可以将它修正为：健全心态并非没有痛苦，而是能够在痛苦中发现意义，进而战胜痛苦。能面对痛苦和在痛苦中发现意义的人，才拥有健全心态！

第二，对于处于痛苦中的人，说“痛苦的日子才是最好的日子”是否恰当和有效？

在电影中，说这话的是正在经历痛苦煎熬的弗兰克舅舅，而哥哥德维恩对舅舅的痛苦是了解的，因此我想这样的分享是恰当和有效的。但是，如果把这句话当作放之四海而皆准的真理，试图用它去帮助陷于痛苦的人，可能是无效的，甚至是不恰当的。正如上面的同学所说，毕竟不是每个人都能战胜危机、获得成长的。所以，当我们将个别经验抽象为宏大真理时，就隐含着一种危险，即否定人的独特性，并将对方置于“被教导者”的位置上。每个人都是独特的，每个人的痛苦也都是独特的(引发痛苦的事情可能相似，但痛苦的体验却因人而异)。当我们用宏大真理来教导别人时，实际上我们可能并不在意别人的感受，只是在扮演拯救者的角色。

如何帮助处于痛苦和危机中的人？或许在后面的课程中，我们还会有机会来探索。

---

① [美]威廉·詹姆斯：《宗教经验之种种：对人性的研究》，蔡怡佳、刘宏信译，桂林：广西师范大学出版社，2008年，第120～121页。

曾经的丧失带给我的成长

/ 自我课：激情与

人不该惧怕死亡，而该担心

自由就是可

绝 望 的 对 决 / /

自 己 从 未 活 过 。

马可·奥勒留

能 性 。

克尔凯郭尔

《死亡诗社》*Dead Poets Society* /

导演：彼得·威尔 / 1989 年

/ 春　风　化　雨　VS.　死　亡　诗　社 / /

《死亡诗社》(*Dead Poets Society*)，是1989年上映的美国影片，由彼得·威尔(Peter Weir)导演，曾在1990年获得第62届奥斯卡最佳原著剧本奖、第43届英国电影学院奖最佳影片。

将这部影片选进生死课，不是因为里面出现了死亡，不是因为它的名字中就有“死亡”，而是因为它涉及了“生”，亦涉及了“死”，并且这个“生”与这个“死”的主角们，都与大学生们年龄相仿，可以为他们提供一个观照自身的镜像。

是的，这部影片太有名了，一些学生在高中时代就看过，并被深深感动过，似乎没有什么悬念了。但看过、感动过，不一定就认真思考过，更不一定共同思考过。我相信共同思考有独特的价值，因为它可以释放出不同的感受和见解，可以让学生从“感动”“扰动”中生发出更理性、更广阔的思考。

有意味的是，这部电影的中译名叫作《春风化雨》，一个很积极很正向的名字。有些学生表示，他们喜欢这个译名，因为它让人感觉到希望；也有些学生表示，他们不喜欢这个译名，它反而降低了他们去观看的兴趣。我是不喜欢这个译名的，我觉得它消解了英文片名的心理张力，无意识中反映出我们中国人对死亡的回避——我们中国人真的就这么害怕和忌讳谈论死亡吗？这种害怕与逃避，是不是因为我们在精神上太过孱弱，不敢面对内心的冲突，不敢面对肉体终将消失的恐惧，宁愿在一种假象之中自知常乐地活着？

回到电影中来。开场，一所只招收男生的大学预科学校里正在举行开学典礼，学生们扛着校训的旗帜“传统”“荣誉”“纪律”和“卓越”鱼贯入场。盛大而庄重的场面宣扬着学校的傲人历史，也悄然把学生的精神纳入到无形却紧绷的约束当中。

已经习惯于规规矩矩听课的学生，没想到会遇到一个新来的奇葩老师：

他吹着口哨，吟诵着惠特曼的《船长，我的船长》走进课堂。这位基丁老师似乎在意的并非成绩，而是学生的生命状态。为了打破对思想的束缚，他要学生撕书；为了激发学生的活力，他让他们大声吼着诗句踢球；为了树立学生的自信心和引爆他们的创造力，他让学生们作诗……学生沉睡的灵魂似乎被基丁唤醒了，他们开始去寻找自己的兴趣和人生目标，甚至违反学校的禁令，复活了基丁当年创办的“死亡诗社”，让生命的激情在诗歌与冬夜中尽情释放。

尼尔是复活“死亡诗社”的发起者，他本来正沿着父亲给他预设的人生道路前行：努力读书，争取考上哈佛大学医学院，然后成为衣食无忧、受人尊敬的外科医生。但“船长”的到来，让他不再甘心为父亲的理想而活，他发现自己喜欢戏剧，也有表演的天赋。他背着父亲去参加《仲夏夜之梦》的演出，还没有来得及和同学们一起庆祝演出的成功，就被父亲带回家去，并被告之明天就转学，绝不允许他玩什么艺术。深夜，绝望的尼尔走进父亲的书房，举枪自杀。

尼尔死了，基丁老师也被开除了。这场因死亡而突然中断的教育实验，带来了什么？又留下了什么？

影片的结束，是思考的开始。

/ / 我想知道谁和我一样 /

为了节省时间，我没有在课堂上放映整部电影，而是让学生提前观看，我只在课堂上播放可以用来“激活”学生情感与思考的四个片段，分别是：基丁老师的第一课、基丁老师的教学方法（由剪辑的片段合成）、尼尔之死和告别基丁。在播放之前，我提醒学生在用“两双眼睛”和“两个频道”看电影时，要特别留意“我的内心在发生什么”这一频道。

我知道，看完《死亡诗社》，学生要说的太多了。他们不仅有许多感受想分享，也有许多困惑潜滋暗长，需要很多时间去探讨。

一般来说，讨论应该以理性的思考为前提。但我非常赞同一些学者的观点：情感和认知不是分立的，情感中充满了认知。① 因此，我觉得可以把学生自身的感受作为思考的出发点，因为“感受”在告诉你，自己的内心正在发生一些事情。这些正在发生的事情是什么？它们从哪里来？它们说明你对什么感到困惑和不快？它们反映你有着怎样的价值观和信念？

从电影中的叙事，走向发现自身的感受，再走向思考和对话，再走向更深入的学习，这是一个从感性出发走向理性的过程，我决定一步步来。

片段播放完，我请学生不要马上开灯，让大家在黑暗中静静地和自己在一起。

① [美]乔纳森·海特：《正义之心：为什么人们总是坚持“我对你错”》，舒明月、胡晓旭译，杭州：浙江人民出版社，2014年，第44页。

我刻意创造这个黑暗中片刻的宁静，不仅因为那时一些学生还泪花闪闪，情绪还在起伏动荡，更因为他们也需要时间来觉察自己的内心在发生什么。学会和自己在一起，倾听自己内在的声音，我想过去大概很少有老师教这个。无声的课堂常会让人感到怪异和尴尬，但是无声之时其实有很多事情在发生，静默也可以创造出意义，屏蔽干扰有助于打开心灵空间和思考阀门。

开灯后，我请大家仍然不说话，每个人用 3 分钟时间，写出刚才自己内心中发生的事情。将看不见的东西写下来，可以使模糊变得清晰，散乱得到梳理。

3 分钟之后，我用一个游戏来促进同学们的分享与交流。游戏的规则是这样的：每个人都可以站起来，用“我想知道谁和我一样”开头，后面加上自己刚刚看电影时的感受和想法。如果其他同学有相同的感受和想法就站起来，大家彼此看看，知道是谁和我有着共鸣。教室中的每个人都可以参与这个游戏，一个人分享完，另外一个人就可以站起来接着说“我想知道谁和我一样”。

我一直很喜欢这个游戏，它很容易参与，不带强迫性，也不用担心别人的指责和评价，因此能带来丰富的分享和很强的联结感，也可以渐渐地展现出团体内的相同与相异，还可以由浅入深，在安全的氛围中让学生适度袒露内心，为后面的深入讨论做一个热身和铺垫。

在这个叫作“我想知道谁和我一样”游戏中，学生们看完《死亡诗社》后产生的丰富情感浮现出来：

“我想知道谁和我一样，看到学生们站到桌子上告别基丁的时候，眼泪一下就下来了？”

“我想知道谁和我一样，看过两次都哭了？”

“我想知道谁和我一样，看电影的过程中，有胸口很憋闷的感觉？”

"我想知道谁和我一样，现在很想吼出'Captain! My Captain'?"

"我想知道谁和我一样，想拥有一位像基丁一样的老师?"

"我想知道谁和我一样，看了这部电影觉得诗歌好伟大啊!"

"我想知道谁和我一样，看完电影后，在网上把 *Captain! My Captain!* 的中文版、英文版全部找到?"

"我想知道谁和我一样，在没有开灯的时候，期望生活停止在电影里面?"

"我想知道谁和我一样，在这帮英雄般的孩子身上看到了希望?"

"我想知道谁和我一样为对文学艺术这些东西被用科学去衡量感到很悲哀?"

而基丁老师，似乎带给学生一些复杂的感受：

"我想知道谁和我一样，如果在学生生涯遇到这样的老师，觉得自己的生命会有所不同?"

"我想知道谁和我一样，认为基丁老师虽然是个悲剧人物，但他的付出是有收获的?"

"我想知道谁和我一样，觉得能让学生学会思考、充满激情，是老师能够教给学生的最好的东西?"

"我想知道谁和我一样，觉得不是每个老师都要用基丁老师这种充满激情的方式来教学?"

"我想知道谁和我一样，觉得基丁老师的教育弊大于利?"

在这个游戏中，对尼尔的自杀，往往也会有不同的声音：

"我想知道谁和我一样，尼尔的死让我觉得不够坚强的人追求梦想要慎重？"

"我想知道谁和我一样，觉得尼尔没有尽到对周围人的责任？"

"我想知道谁和我一样，尼尔不该死，留得青山在，不怕没柴烧？"

"我想知道谁和我一样，认为尼尔的死是对他父母极大的伤害？"

"我想知道谁和我一样，觉得尼尔的死是有价值的，他不一定要委屈地活着？"

"我想知道谁和我一样，认同'不自由，毋宁死'？"

我觉得游戏中最为宝贵的，是一些学生将电影与自己的生活做了联结：

"我想知道谁和我一样，感慨自己为什么变成了现在这个样子？"

"我想知道谁和我一样，对于人生到底是应该追求成就，还是应该去做自己想做的事情，感到很困扰？"

"我想知道谁和我一样，看电影时想起了上中学时自己和家长或者学校的对抗？"

"我想知道谁和我一样，有时候感觉父母的爱给我们带来太大的压力，甚至成为不可承受的负担？"

"我想知道谁和我一样，认为不是每个人都该去追求激情？"

团体诘问

接下来要做什么？我的课堂设计是“团体诘问”。这是我从罗伯特·费舍尔(Robert Fisher)的《教儿童学会思考》中学到的方法。费舍尔说：“如果要培养我们的学生有思想、有理智，如果要培养他们解决自身和社会冲突的能力，我们必须给学校和家庭提供一个充满思考和理智氛围的环境……让他们实践富于思想的、关爱他人的行为。”在他看来，“实现该目标的一个办法是在课堂上实践‘团体诘问’”。他还列出了通过团体诘问，儿童可以学会的东西：

- 探索个人关心的问题，比如爱、友谊、死亡、欺侮和公平，还包括更宽泛的哲学问题，比如个人特征、变化、真理和时间。
- 培养拥有自己的观点，探索并挑战他人的观点。
- 思维清晰，做出基于理由的思考性判断。
- 倾听并尊重彼此。
- 体验思考和反思的静谧。[①]

我真喜欢最后一句“体验思考和反思的静谧”啊！这样的静谧体验，帮助人从日常的、感官的体验中超拔出来，仿佛是打开精神生活之门的钥匙。一旦人拥有丰富的精神生活和思考与反思的能力，就不会轻易被贫困、压迫、丧失和死亡所吓倒，也不容易被功名利禄所诱惑吧。

① [英]罗伯特·费舍尔：《教儿童学会思考》，蒋立珠译，北京：北京师范大学出版社，2007年，第44页。

那，什么是“团体诘问”？这样的团体应该有什么特质？我为什么会把培养儿童学会思考的方法带到大学课堂上？

罗伯特·费舍尔认为，团体诘问和一般性的学习团体不同，在这里，团体表现应该具有双重性：一个达到有效思考最大化的理性结构，一个相互尊重和相互分享民主价值的道德结构。

我将它理解为：在团体中建立一种平等的关系，使得理性的思考得以流动起来，通过相互倾听、相互质疑或者相互激发，让思维得到扩展，同时学会尊重彼此的不同。

从操作上来讲，团体诘问包括这样几个步骤：

• 需要大家共同思考的引子：可以是故事、诗歌、个人经历或者一个开放性的问题。

• 提出问题：让学生对引子加以思考，提出相关的疑问、困惑和看法。

• 讨论选定的话题：让学生列出想讨论的问题，并且用他们喜欢的方法选择出要讨论的问题，根据大家商定的规则进行讨论。

• 延伸思考的活动：在讨论临近结束时，通过一些活动来延伸讨论的话题。

虽然“团体诘问”是发达国家儿童哲学课常用的方法，但我觉得用在我们的大学课堂上一点儿都没有问题。想想看，坐在我课堂中的大学生，在他们的学习经历中，有多少人会有“团体诘问”的经验？他们整天应付标准化考试，有多少机会自己提出问题，并且可以进行自由、平等、公开又理性的讨论？长期的应试教育，已经使得一些学生连提出问题的能力都丧失了。在某次课程中，我请学生提出想讨论的问题，有个小组讨论了几分钟后说，他们没有

要讨论的问题。结果那堂课讨论得极为热烈，“没有问题”的学生非常感慨。

多年来团体心理辅导的经验，无疑对于我在课堂上创建“团体诘问”有所帮助，我很容易理解“团体诘问”价值，也会注意团体动力的营造与把握。不过我面临的一个最大挑战是，课堂人太多，团体诘问一般十几个人最好，我的课堂上常常会有四五十人，围成圆圈而坐？想都别想！

但我仍然愿意尝试，我想把自主权交到学生手中，让他们去真正地讨论和对话，而不是回答老师提出的问题。我觉得只有这样，“生死学”的课堂才不仅是探求学问的课堂，同时也是有生命的课堂，是生命在场的课堂。

所以，当“我想知道谁和我一样”的游戏结束时，我对大家说：“这个活动，只是让我们的感受和想法‘咕嘟咕嘟’冒点泡。在电影中，基丁老师说了一句话：‘读书的时候不要光想作者怎么看，想想你自己怎么看。’关于电影，你有哪些问题想和同学、老师进一步探讨？请写在小纸条上。如果你想分享自己的观点，试着将陈述句改成疑问句，变成可以探讨的问题。”

用小纸条写下问题，方便将问题收集起来，但几十个学生的问题肯定无法都在课堂上讨论，所以必须要选出几个问题。

我曾尝试过几种方法来选择要讨论的问题：

让学生在小组中先选出最想讨论的两个问题，汇总到班级中，通常你会发现，大家的关注点高度重合。

将所有学生的问题纸条收集上来后，就让学生休息，请课代表和我一起将问题分类整理，写在 PPT 上，休息后请同学投票选出最想讨论的问题。

不管用什么方法来选择要讨论的问题，基丁老师和尼尔都是逃不掉的。依我看，这两个人物，一个可以带出“生”的话题，一个可以带出“死”的话题。

/ / 基 丁 老 师 想 要 做 什 么 ？ /

关于基丁老师，学生们提出的问题，归纳起来大致是这么三个大问题：

一、基丁老师想要做什么？

二、如何评价基丁式教育？

三、基丁对尼尔的死是否负有一定责任？

对于第一个问题，大学生的感受似乎多于理性思考。毫无疑问，大多数学生喜欢这样的另类老师，喜欢他的激情，喜欢他充满创意的教学方法，喜欢他给学生带来的那种生机勃勃的状态。甚至与其说是“喜欢”，不如说是“羡慕”“渴望”，因为那正是他们极少体验到的。

基丁老师在第一堂课上把学生带到走廊，让他们“好好看看过去的面孔”。他对他们说：“他们和你们差别不大。同样的发型，充满活力，和你们一样。野心勃勃，和你们一样。世界在他们手中，相信自己能成就伟大的事业，就像你们一样。他们眼中充满希望，就像你们一样……当年的年轻人已经变成花下之尘，但如果仔细听，你们还能听见他们给你们留下的忠告：

Carpe diem. Seize the day，boys. Make your lives extraordinary.（抓紧时间，孩子们，让你的生命不同寻常。）”

这是基丁释放的第一滴催化剂，滴进了虽然年轻但已经有些麻木的生命。

接下来是第二滴、第三滴、第四滴：让学生撕掉教科书的序言，因为欣赏诗歌“不是接水管”；他让学生站上课桌，学会“不要只想作者怎么看，想想你自己怎么看”；他让学生念着诗歌将脚下的足球踢出，去感受对精神与躯体的双重解放；他相信每个学生都有潜能，并用独特的方式将它激发出来……

伴随着这些生动活泼的教学方法，还有那些充满激情和让人深思的诗歌：

呵，自我，呵，生命/这些问题总是不断出现/毫无信仰的人群不断出现/城市里充斥着愚昧/生命在其中有什么意义/答案是：因为你的存在/因为个体和生命的存在/因为伟大的戏剧在继续/因为你可以奉献一首诗/因为伟大的戏剧在继续/因为你可以奉献一首诗/你的诗是什么（惠特曼）

我步入丛林/因为我希望生活得有意义/我希望活得深刻/吸取生命中所有的精华/把非生命的一切都击溃/以免当我生命终结/发现自己从没有活过 （梭罗）

是的，我们不禁要问，基丁老师，你想做什么？你是否知道你在把学生带往何方？

学生们开始“不听话”了，他们恢复了基丁曾经创办的“死亡诗社”，违反校纪，半夜到山洞里聚会；他们开始反抗家长，想要按照自己的意愿去活……

对于基丁老师到底想做什么，我喜欢一位同学的概括，她说基丁是在

"唤醒灵魂"——让学生去发现自己内心的渴望与热情所在，去认识自身的独特与潜能，去追求自我价值的实现，而不是变成一个丧失自我意识的被驯化者。

我想，基丁老师的不同，就在于他真的把生命带入了教育，让教育激活学生的生命，让学生的生命在教育中蜕变、升华。

现代学校制度在发展演变中，渐渐地出现了一种教育与生命不相融的倾向。以知识为中心、以教材为中心、以教师为中心的教育，失去了与完整生命的联结。当"认知"成为教育的重中之重后，情感、动机、需求、人格都只能游荡在教育的边缘，而不再是教育的题中之意。于是，如怀特海所说，"一个人可以理解所有关于太阳的知识，所有关于空气的知识和所有关于地球旋转的知识"，但却"看不到日落的光辉"！①

基丁老师在教学中，把"生命"当作一个重要的工具来引发学生的思考。例如，他在精心设计的第一课中，利用诗歌和校史栏上的照片，让学生觉察生命的有限性。同时，他还用丰富的教学手段，让学生体验到自身活泼的生命力量，不再麻木和被动。可以说，基丁的教学是充满生命感的教学，是为了生命的教学，是尊重生命本身的教学。因此，他才不仅感动了他的学生，而且让银幕下我的学生们也满含热泪，也想吼出"Captain！My Captain"。

是的，基丁老师"失败"了，他被赶出了学校，面对如此强大的保守力量，基丁所点燃的火苗似乎无法变成燎原大火。但正像学生景悦在课后写来的文章中所说：

我们总需要人去点燃这一把小火。即便很快会熄灭，但或许这把

① 燕良轼：《解读后现代主义教育思想》，广州：广东教育出版社，2008年，第132页。

火在那些孩子心中带来的片刻的光明和暖意，会让他们知道这个世界上除了呆板的规则、世俗的成功，还有其他美好的事物值得追随和捍卫。或许多年以后，他们会懂得尊重和守护自己孩子的那束火光，而那样的世界才是一个值得我们热爱的有希望的世界。

不过，从讨论中我也能感受到，对一些习惯了传统教育模式的学生来说，基丁式的教育已经冲破了他们对教育的有限理解，所以他们会提出“基丁的教学方法是不是太随性？有没有一个评价手段来评估他的教学目标是否达到？”“他的教学理念：激发每个人对生活的激情、发现生活中的诗意，是否是一个课程的合理的目标？”

在现代主义教育中，这些的确都是“问题”。但在具有后现代思想的教育家来看，这些非但不是问题，而且符合教育应有的题中之意。教育的工作对象是“人”而不是等待加工的零件，教学也不是工厂的流水线。教学过程如果过分结构化、程序化和精确化，就会与复杂的生活脱节，与活泼的生命脱节。在具有后现代教育思想的老师看来，甚至教学的目标，都应该在教学过程中，即在学生的参与中逐渐生成，而非教师自行设定。

当然，在整个学校的教育理念没有走到这一步时，基丁作为“基因中的变异部分”(我的朋友倪鋆浩如是说)单兵突进，必然会给学校带来相当大的扰动。当他把新的可能性带进学生的生命时，也对打破平衡而带来的危险估计不足，更没能将其转化为新的教育契机。

我感到高兴的是，在讨论中，学生们既看到了基丁式教育的价值，也没有仅仅陷在“感动”中而不能对其教育行为进行分析和质疑。

在讨论中，有同学认为，虽然基丁老师对尼尔之死并不负有法律上的责任，但是作为老师，他还是对生命不够敏感。当尼尔向他诉说自己的苦恼，并且告诉基丁自己与父亲难以沟通时，基丁没有真正倾听尼尔，还是一味继续对尼尔说“去和父亲谈谈”。他未能用同理心打开尼尔的心扉，因此对尼尔的真实处境并不真的了解，错失了挽救一条生命的机会。

还有同学指出，基丁面对的正是青春期的少年，他似乎过多地激发了他们的激情，却很少和他们讨论如何面对现实，如何在理想与现实之间找到一条路。

更有敏锐的同学指出，基丁似乎也制造出了一个压力场，在这个场中，学生的个性和差异被忽略了。例如，在“撕书”那场戏中，这位老师“强迫”每位学生都要把书的前言撕掉，以传授他个人“诗歌欣赏无定律”的思想。显然，班上不是每位同学都愿意的，甚至有人因此十分痛苦，但在基丁的催促下并不心甘情愿地撕掉了书的前言。学生周洋洋认为，“这是对学生个人意愿以及独立人格的不尊重”。“基丁老师希望通过‘撕书’帮助学生找到自我，恢复自我，却以一种不尊重个体差异性的非人本主义方式忽略了学生的‘自我’。”

在后来的作业中，周洋洋还写道：

清晨边踢球边朗诵、托德讲台咆哮，基丁老师旨在引导、帮助学生们及时找到青春的意义，帮助他们在迷惘中突围，帮助他们抓住人

生最精华时刻的每一天。可是，并不是每个人的青春都是激情饱满的，并不是每个人都希望在人前展现自己诗歌的才华，并不是每个人都愿意在操场上呐喊出自己的梦想。有一种青春，她很含蓄，很低调，她的身上散发着朦胧美，像百合，很美，但不张扬。有一种梦想，她很朴素，很隐忍，她想默默地绽放，不被人发现不被打扰，像蔷薇，很坚强，却不迷茫。这样的青春，这样的梦想，难道不需要被尊重，被理解，被呵护吗？基丁老师，他，以“爱”的名义，妄图将自己的青春模式加注在每位学生的身上，但他忽略了，每位学生，都是一个活生生的灵魂。

我的学生们不仅能够感动，而且还能够理性地对基丁式教育进行再批判，令我感到十分欣慰。我想，今天，他们能在基丁这位“理想教师”身上看到生命的激情、教育的激情，看到教育“唤醒灵魂”的可能性，但同时也看到其局限，将来，他们才会更加尊重生命，尊重生命的存在，也尊重生命的不同。

事后我发现一个有趣的事情，就是在我剪辑的片段中，并没有印在电影海报上的那一幕：学生们将基丁老师抬起，随即响起贝多芬的《欢乐颂》。我为什么没有把这一段放进去？或许我在潜意识中，希望好的教育是既有激情又不失理性的吧，那个情境显然是太过煽情，也把基丁放到太高的位置上了！

对于《死亡诗社》的讨论，似乎总是会延续到课下。不仅学生会把意犹未尽的话写出来，旁听的老师们也会贡献他们的观点。对于基丁老师的教育，杨眉教授在课后写来邮件，用“社会化”和“反社会化”两个核心概念进行了讨论，我觉得相当有启发，我将它和学生的文章一起转发给了大家。下面就是杨眉文章中关于基丁老师的部分：

我的观点：虽然基丁老师的教学理念和方法都非常好，但同时，他的教育方法也是有问题的。因为他是老师，他有义务保证学生的安全，这是做老师要遵守的底线之一。我的观点是，基丁老师的问题在于他过度强调了反社会化。

社会化(socialization)是社会学和社会心理学中的重要概念，指限制儿童行为、态度、动机和价值观的过程，直到他遵从普遍的社会秩序为止。但是，在当今世界迅速变迁的社会里，社会化不再局限于童年，而是一个无限的自我定向的过程。

家庭与学校都是促进一个人社会化的重要场所。

人的社会化有很重要的意义，是一个社会能够持续发展的条件之一。与此同时也要注意，社会化也存在一个度的问题，过度的社会化会使个体与社会都处于停滞与僵化状态。因此，一个社会要健康发展，又需要一定程度的反社会化。

这所学校的问题以及尼尔的父亲的问题在于过度强调社会化，忽视个体差异，因此，结果往往是把正版都培养成了整齐划一的盗版。

基丁老师的意义在于他所提倡的一定程度上的反社会化，或者说是反去个性化，这是非常有意义的，可以为一个人充分而自由的发展创造非常宽松的条件，从而更容易培养出有独立精神、自由思想的年轻人。不仅如此，这个世界上所有的创造与进步都源于那些勇于质疑甚至挑战现成规则的人。

但是，这有一个度的问题。尤其对于一个老师而言，为了学生的安全，他首先需要教育学生的是遵守必要的规则，在这个前提下，再去教学生质疑甚至挑战部分规则，这样才可以在保证学生安全的前提下促进学校的变革与发展。只教学生反规则，却不告诉学生规则存在的意义，不同时教育学生懂得遵守必要的游戏规则，那么，他所激活的就只能是学生盲目的冲动甚至反抗，结果往往就是两败俱伤。

所以，社会化，同时注意一定程度的反社会化，把握好两者之间的度，个人与社会才会有更为健康的发展。

/ 不自由，毋宁死？[①] //

尼尔之死，是每次课程学生都想要讨论的问题。他们在看过电影之后，提出有待讨论的问题中，不少和尼尔的自杀有关。例如：这样偏执地死去——纵使是在坚守自己的理想，却仍没能实现它——真的就比迷迷糊糊地跟从社会大流生活更值得吗？选择死亡，是勇敢还是懦弱？像这样以生命为代价做抗争是否有意义？面对理想的破灭和现实的冲击，死亡是唯一的选择吗？尼尔这种为个人而死的行为，我们可以做何评价(对比余华的《活着》)？……

生死课免不了要讨论自杀。自杀，是大学校园中并不罕见的现象。女儿上大学之后，我曾嘱咐她，一旦校园里出现自杀的现象，一定不要到现场去看，免得那些刺激性的画面侵入大脑，留下的印记不断闪回[②]。说了这话没

① “不自由，毋宁死”：来自美国人帕特里克·亨利 1775 年 3 月 23 日在弗吉尼亚议会中演讲的最后一句：Give me liberty or give me death.

② 闪回(Flash back)，是指经历创伤性事件的人，事后仍不断出现事件留下的感官记忆(视觉、触觉、嗅觉、听觉和味觉)。

多久的一天，就收到女儿短信，说真有同学跳楼了。

自杀预防可以说是每个高校都特别重视的事情。正青春年少，生命突然陨落，不仅会让家人遭受重创，而且也会给周围的学生带来巨大心理冲击，给学校带来不良影响。年年“5·25”(大学生心理健康日，谐音“我爱我”)都有高校请我去演讲，但我觉得对着学生说“珍惜生命”一点儿用都不管，因为一个人选择自杀，有着非常复杂的因素。例如，当他感到自己的生命从未得到周围人的珍惜和尊重时，他怎么会觉得生命是宝贵的？与其告诉学生应该珍惜生命，不如和学生讨论，碰到人生的困境，感到绝望之时，可以怎样帮助自己。这个话题，我不仅打算在《死亡诗社》这一单元进行讨论，还准备在后面的课程中继续跟进。

但这样的讨论是有风险的，风险来源于，如果允许学生说出自己内心真实想法的话，一定会有不同声音出来。例如，有的同学可能会赞成自杀。是否应该允许这样的声音出来？当这样的声音出来时，作为老师的我是否应该回应，又该如何回应？

我宁愿面对学生们的真实想法，并希望这些想法可以得到讨论，而不是成为地下运行的暗流。学习叙事治疗给我带来一种能力，就是可以和当事人一起探索观点背后的故事，而不是粗暴地给予评价。如果我们事先预设了某些观点是“正确”的，某些观点是“不正确”的，对话就无从产生。没有双向、多向的对话，我们仍然会处在画地为牢的情境中，没有思维上的突破，也就没有心灵上的成长。

在这样的讨论和对话中，作为老师的我，该把自己摆在何种位置上呢？当学生进行讨论的时候，我该不该表达自己的意见呢？

我想，不管怎样，“老师”的角色都会赋予我更多的权威感，如果我不时在讨论中发表自己的看法，很可能会在无形中压制了学生，特别是在讨论刚刚开始的时候，我的介入很容易形成某种“导向”。但另外一方面，作为老师，我又有责任帮助他们深化思考，让他们对问题能有更全面的认识。也许，我更恰当的位置，是在讨论中当个促进者，通过提问来促进思考，并在讨论结束前分享自己的观点，而不是一开始就给予某种结论性的意见。

但在课堂上，真正克制住自己发表意见的欲望，真是非常不容易。有些时候，我已经忘了自己的站位，忘了自己的职责是通过提问来促进讨论，而是按捺不住要对学生的发言进行“点评”和做进一步“阐释”。当课后反思的时候，我才意识到，习惯于“传道授业解惑”的老师，要克制自己表达的冲动，变成一个提问者，变成一个通过提问来促进思考和对话的人，需要很强的自我觉察能力。

果然，对于尼尔的选择，学生们表达了不同的看法。大多数同学认为，尼尔不应该自杀，他们谈到这样一些理由：

其一，生命只有一次，尼尔放弃了生命，也就放弃了成为自己、实现自己人生价值的机会。活着，生命才有其他的可能性。

其二，在顺从父亲和坚持自己的追求两种选择之外，他不是没有其他的选择。

其三，生命不仅仅属于个人，尼尔的死对于他的父母来说，打击太大了，是不负责任的行为。如果说，他的死是为了报复父亲，那他是否想过母亲会怎么办？

也有同学表示非常钦佩尼尔有死的勇气，认为“一个正常人面对这种情况应该自杀”，“这一刻死去是在生命精彩中死去，而不是在不快中死去”，“他的死具有必然性，自杀不一定能成功地改变他的父亲，但一定可以解脱自己”，“当我们讨论尼尔是不是可以活下去时，我们是把生命视为最高的价值作为前提的。但对尼尔来说，在他的价值观里，生命可能不是最重要的东西，自由才是。对他而言，不自由，毋宁死”。

这种不同观点的呈现，其实也是不同价值观、不同思考角度的呈现。呈现的意义在于，它不仅为讨论提供了可能性，而且本身已经拓宽了看问题的视角。

难以通过文字还原热烈的讨论现场，以下片段或许只能管中窥豹吧。

同学A：自杀是否就是对自由最大的放弃？因为自由就是选择的自由。而自杀会导致失去未来所有选择的自由。

同学B：从生命伦理学的角度来说，人是偶成性的，也是社会性的。从偶成性的角度来说，人似乎是有结束自己生命的权力的；但人又是社会性的人，在社会的框架之内需要遵守某种伦理的规范。这样的规范让我们思考，自己的死对身边的人会产生何种影响？

同学C：尼尔放弃与父亲的沟通，选择自杀，是“习得性无助”的表现。心理学家做过一个实验：将狗关在笼子里，笼子的边缘通上电，每次这条狗想要跳出笼子的时候都会被电击。一段时间后，人们不再给笼子通电，但是狗却不再尝试跳出笼子了。尼尔从小到大一直被父亲控制着，每一次尝试都失败了，自然就产生了习得性无助，就像那条狗，再也不相信可以跳出笼子了。

同学D：电影中有个细节，尼尔的父亲上床前，弯腰摆正了自己的拖鞋，这说明他是一个非常刻板的人，这样的人是很难被说服的。实际上，尼尔生活在一个很刻板的环境中，他的父亲是刻板的，学校是刻板的，而社会文化对于成功的认定，又何尝不是刻板的？尼尔是成绩全A的学生，有很强的学习能力，对于他来说，专业学习和表演不一定就是冲突的，基丁老师也没有排斥对专业的学习，他认为这些专业上的学习与追求是可以和诗、和艺术共存的。但在学校和尼尔的父亲看来，这些是不能共存的，是非此即彼的。这种刻板观念的背后，是对孩子们自我意识萌生的恐惧，恐惧让关心与爱变成了压迫。

同学E：为什么父亲不让尼尔一边学习专业一边学习艺术？因为父亲觉得尼尔的行为侵犯了自己的权威。很多父母没把孩子当作独立的人，在我们的文化中更是这样。哪怕父母很疼我们，他们也会说“你是我身上掉下来的一块肉”“养儿100岁管到99”，似乎孩子就是父母的附属品，必须要由父母掌管，这是父权和子权的差别。

同学F：困难就好像是一堵墙，你想把它推倒，可墙太厚了，你暂时做不到。但在不断推的过程中，可以把我们的手臂练得更粗壮有力，也可以思考还有什么办法可以去推倒这堵墙，慢慢地，就把墙推倒了。

在讨论到尼尔除了顺从和自杀，还有哪些选择时，学生们谈到了N种办法，比如寻找更好的方法去表达自己的愿望和感受，甚至不惜威胁父亲“不自由毋宁死”，让父亲意识到自己长大了，有为自己做出选择的权力；比如排一出戏来表达自己对戏剧的热爱，展示自己未来在戏剧方面的发展，在戏里让父亲看到成功的可能性；比如努力争取母亲的支持；比如等待，等自己长

大之后再去寻找机会实现理想，哪怕需要等上10年……

在讨论的过程中，我问了这样一些问题去促进学生思考：

1. 当认同“不自由，毋宁死”时，你真正看重的是“自由”还是“死”？“自由”对你来说，具有何种意义和价值？争取自由是否一定要以生命为代价？不自由，是否仍然可以活？眼前的“不自由”是不可逾越的，还是可以成为一生追求“自由”、创造“自由”的动力？

2. 如果一个人认为生命仅仅属于自己，自己有权决定自己的生死，这会给他的生命和生活带来怎样的影响？如果你认为一个人生命不应该仅仅属于自己，那么它还可能属于谁？属于什么？谁有权决定一个人该怎样生活和怎样死去？这种生命不完全属于自己的观念，对个人、对家庭、对社会的影响是怎样的？

3. 为什么尼尔没有能力和办法去说服父亲？在受教育的过程中，我们有没有过机会去学习如何说NO，对父母、老师表达不舒服的感受？如何建设性地表达自己的想法和愿望？如何才能让人拥有在压力下表达自我的能力呢？（有同学说，中学时老师让写一封给父母的信，可以写出平时无法说的话，她觉得这是一个很好的训练。）

4. 父母对孩子的担心和关心，本身并不一定是错的，但为什么会变成一种压力甚至是一种压迫？尼尔的父亲为什么会那么强硬地让尼尔去走他为之设计的人生之路？这反映了父亲自身怎样的需求？

大多数时候，讨论是不能够“完成”的，也就是说，不能得出一致的结论。但我一点儿也不为此感到焦虑或遗憾，因为在我看来，讨论的过程本身，已经在发挥教育的功能——通过与自己相同和不同的意见“遭遇”，一些固有的想法松动了，这个松动所带来的空间，可以容纳新的视角、新的观点，也激发出更多的探究欲望。为了让思考继续下去，我还为学生提供了阅读资料：维克多·弗兰克尔的《活出生命的意义》片段和熊培云在央视的演讲《不自由，仍可活》。考虑到学生的思考可能会受到阅读资料的束缚，所以我都是在讨论之后，甚至是下课后才发给学生。

维克多·弗兰克尔的《活出生命的意义》是我学习心理学以来，给我影响最大的书之一。第二次世界大战中，弗兰克尔和家人被关进纳粹集中营，他的父母、妻子、兄弟皆死于集中营。他说，正是为了重新写出被纳粹没收的《意义疗法》，“协助我度过巴伐利亚集中营黑暗的牢房，克服了令人崩溃的危机”——弗兰克尔的故事让我们看到“意义”模式超越“输赢”模式的巨大力量。对于年轻人来说，在痛苦中找到意义，也是避免从激情迅速堕入绝望的途径吧。

/ 你的诗是什么？ / /

从讨论基丁式教育的利弊得失，到探讨尼尔之死，再到阅读《活出生命的意义》片段，对于习惯于系统化、结构化教学的人来说，大概已经感到了某种混乱。如果再看到我给本单元课程起的题目《自我课：激情与绝望的对决》，恐怕很难理解这些活动与生死学是如何挂钩的。

正因为不把“生死学”当成“学问”，而当成一种态度来看，正因为“生死学”不仅要关注死亡，更要关注生命的存在，所以，我才敢在教学中如此地“发散”。但在这种发散当中，我已经埋下了一条暗线：通过与电影文本对话、通过与他人交流讨论、通过阅读文章，让学生思考如何活出“我”自己生命的意义。

我非常赞同维克多·弗兰克尔的观点：“精神健康有赖于一定程度的紧张——即已经完成的和有待完成的任务之间的紧张，或者是当下状态和理想状态之间的差距。”当人去寻求自身的意义和价值时，“可能会引起内在的紧张而非内在的平衡”①。

在我看来，基丁老师就是唤起了学生们在“是什么”和“应该成为什么”之间的紧张，让那些原本在学校循规蹈矩的大男孩，开始探寻自己想成为什么样的人，想要怎样的人生。按照弗兰克尔的“意义疗法”，如果人不能找到自己生命的意义，就会感到生存空虚，就会去寻求权力、感官的享乐，就会罹患神经官能症。而能够体认到生命的意义的话，即使是在集中营那样的绝望环境中，也可以让人不放弃生命，努力活下去。

因为开始探寻“我应该成为什么”，学生们有了某种紧张，也开始滋生出生命的热情。这种热情与其说是被基丁老师点燃的，不如说是在自主自发的活动中升腾起来的。当人意识到生命还有新的可能性，自己可以不再为别人

① [德]维克多·弗兰克：《活出意义来》，赵可式、沈锦惠译，北京：生活·读书·新知三联书店，1991年，第88页。

而活时，热情便会出现在生命之中。找到自己的“在世热情”[1]，人们才能自发地投入到学习和生活中去。这种自发性的激活，可以让我们发现自己的独特和宝贵，感受到自己是活生生的、有价值的，可以让人和这个世界建立起真正的联系，而不是做一个麻木的旁观者、尖刻的批评者，或者怨恨的受害者。相反，如埃里希·弗洛姆所说：“放弃自发性和个性，其结果是生命受阻。从心理角度讲，尽管人仍是个活生生的生物体，但他已经成了一个机器人，在情感和心智上已经死亡。”[2]

在这里，我为何用的是“热情”，而非量级更高的“激情”？

热情，更像一条大河奔腾向前的力量，激情则像河床突然断裂形成的瀑布。瀑布很壮观，很有能量，但它不是河流的常态。激情一旦消失，绝望很容易尾随而至，何况激情的产生有时也是因为被压抑、束缚得太久，物极必反的结果，有时也会有诡异的力量在作祟。在后面的课程中，我们还将会碰到这个“激情”，到时再来讨论不迟。

我希望选修了我的课的学生，与其悲叹“我已经死了，我被中国的教育杀死了”，不如开始思考、探寻自己的生命意义何在，哪怕因此而引起生命的紧张！

课要结束了，正好这一天是 3 月 21 日，既是“World Poem Day”(世界诗歌日)，也是“World Sleep Day”(世界睡眠日)，有好事者将它们合在一起创造了“Bedtime Poem Day”——世界睡读节，意味读一首诗再睡觉。我在 PPT 上打出电影中基丁老师的话：

....

① 史铁生去世后，学者刘小枫建议铁生夫人陈希米重读自己所写的《沉重的肉身》，陈希米在后来写的《让“死”活下去》一书中提到“在世热情”：“每个人的热情，就是他的意义。”

② [美]埃里希·弗罗姆：《逃避自由》，刘林海译，北京：国际文化出版公司，2007 年，第 172 页。

我们读诗、写诗并不是因为它们好玩，而是因为我们是人类的一分子，而人类是充满激情的。没错，医学、法律、商业、工程，这些都是崇高的追求，足以支撑人的一生。但诗歌、美丽、浪漫、爱情，这些才是我们活着的意义。惠特曼曾写道："自我，生命，这些问题总在不停出现，毫无信仰的人群川流不息，城市充斥着愚昧，生活在其中有什么意义？自我，生命……"答案是，因为你的存在，因为伟大的戏剧仍在继续，因为你可以奉献一首诗。你的诗是什么？

是的，你的诗是什么？你如何找到自己生命的价值和意义？这就是这堂课我希望学生们能开始思考和探索的。

就让我们一起读一首诗再结束今天的课程，再回去睡觉吧！

于是，清脆的朗读声在教室响起：

我步入丛林/因为我希望生活得有意义/我希望活得深刻/吸取生命中所有的精华/把非生命的一切都击溃/以免当我生命终结/发现自己从没有活过……

【附录】课后书写与对话

《死亡诗社》是"影像中的生死学"课堂上，与学生的现实生活最为贴近的一部电影，因此课后学生自发写来的东西也最多。现在，当我准备选几篇学生的文章放入书中时，我发现自己面对着数十篇、好几万字的文字有些无从下手。

我很珍惜学生的自发写作，我甚至把它们视为我的课程成败的因素之一。如果下课之后，学生们还在持续思考，并且自愿地写成文字和老师同学分享，我想那至少证明了在我的课堂上“学习”真正地发生了。

这里就选几篇我读后又添加了自己一些话的文章吧。通过文字与学生对话，也是一种课堂的延伸，或曰“教育方式”。

//《死亡诗社》——无厘头的二三思/(匿名)

看完《死亡诗社》后的第一种感受，是难受得不想说一句话。

两个镜头，刺痛了我的心。

第一个镜头：尼尔面对父亲对自己出演话剧的阻挠，隐忍了很久，从嘴角挤出了一句话“Yes，Sir”——认命与服从。

第二个镜头：尼尔与父母正面冲突时，吼出来的一句“我要告诉你们我的感觉”，但他最终说出的感受就是简短且简单的一个单词：“Nothing”。

尼尔到最后仍然没敢找回自我。然后他结束了自己的生命，做了看似最有力实则最无力的反抗。

倘若是我们，我们会选择什么方式去应对重要他人的请求？如果选择绝对的理解与接受，那么是不是意味着我们的生命就不是我们的了？（陆：问得真好。我们的生命和父母的生命之间，究竟是个什么关系？父母给了我们生命，是否就意味着我们只能按照他们的愿望生活?）前几天微博上一直在刷的“你不在家时你知道父母是怎么样的么”主题图，以及托福考试前一周微信朋友圈疯狂刷屏的“父母在，不远游，若远游，必有因”这些，又是不是一种变式的道德绑架？而我这样思考这个问题的同时，又是不是一种没心没肺、不知感恩的表现呢？我们到底被什么所束缚，仅仅是体制么？或许我们同样不能以正确的方式面对尼尔所面对的冲突，只是因为我们还没遇到，或是在我们的生活历程里埋伏着的矛盾与冲突并没有像他的那样剧烈。（陆：看到“感恩”这个词的时候，心里又是一震！作为一个母亲，我知道生孩子是我自己的选择，当我做出这个选择时，意味着我同时选择了承担由此而来的所有辛苦、挑战和风险。孩子并未自己选择来到这个世界上，如果我让她感受到了爱和家庭的温暖，我相信她也会形成对我的自然的情感。但这并非出于外界教化的“感恩”。我一直觉得，亲子之间需要形成的是自然的情感，而不是道德化的“感恩”，道德化的感恩是对孩子的情感绑架。孩子和父母间的关系与情感往往是复杂的，很多孩子受到父母有意无意的伤害，却在“感恩”的教育下无法言说，真的是很痛的事情！这也会给两代人都带来痛苦，如电影中的尼尔一家。两代人之间，能在相互尊重的基础上平等对话吗？我相信能，只是需要很多学习与成长。）

最后要提，在豆瓣上看到后突然泪奔的一段影评，“不要因为这部电影，认为不越雷池半步才是正道。如果这样的话，建议你去看看电影《浓情巧克力》。如上所述，但凡有能力去改变的人，最好还是去试它一试。千万别以为循规蹈矩一点，‘现实一点’，你就会承受地土，得到这个世界。改变是一种冒险，可是将你绑在火刑柱上烧死的时代过去了，如同《局外人》(*Outlier*)一书所示的那样。而今真正改变世界的人，真正的成功者，并非那处在常态分布内的灰色大多数，而是那一个个不愿意默默地、绝望地生活着，而纵身一跳，站到桌子上头，去另眼看世界的人。他们的名字叫异数。”

这段话让我想到：或许现实的残忍就在于，它想扼杀异类从而达到安定的目标，然后教会了被同化者对异类，如普鲁斯特、布鲁诺、哥白尼，零容忍。他们为异类的死而欢呼雀跃，他们继续霍化着这个世界。更残忍的是，我们正在被同化，有些无可奈何，却更心甘情愿。

【陆晓娅说】我不那么悲观，因为在我身边，就有好多这样的“异数”，而且许多都很年轻。他们知道自己的力量很渺小，但是决心将这渺小的生命放在让世界变得更好这一边。他们并不期待一天之内改变什么，却不放弃探索和在力所能及的范围内付出自己的努力。他们正在影响更多人。正因为总会有人勇敢地跳上“桌子”，我们才看到理想是不灭的，才对这个世界仍抱有希望。

当然我也看到一些生命，他们或许因为乐于同化而得到了某种意义的成功，但付出的成本恰恰是生命本身的异化——他们搭上的是生命的尊严、健康的人格，甚至是家庭的幸福。这样的人生，成本是否过高？

/还有什么能激起我对生活的热情？//

（匿名）

在看《死亡诗社》之前，我从未想过自己在十二年的应试教育中失去了什么。考上大学，也只是觉得自己为之奋斗十八年的目标没有了，对未来只是迷茫。然而在看到尼尔自杀的那一瞬间，我才突然意识到我已经失去了梦想。小时候，总是想着自己大了要做什么，那时的自己对未来有无限的期待。然而在成长的过程中，无论是家长还是老师，甚至是周围的同学，全都说着“考一个好大学”。这些话像在催眠，将我的梦慢慢磨平，只剩下高考这一个目标。高考之后还有什么能激起我对生活的热情？

看过《死亡诗社》，我觉得基丁老师的教育方式无论是在电影中的那个年代，还是在现代中国，都是被需要的。每一个人都是独一无二的，而那种死板的应试教育就像工厂里的生产流水线一样，将独一无二的东西变得一样。一个人失去了独有的特点，那还是自己吗？在电影中，基丁老师带领同学们找到真正的诗歌，也找回自我，突破自我。尼尔的死是值得惋惜的，但那只是多重矛盾激化下的偶然结果。人不能因为可能出现的结果就放弃对未来的尝试，因此我们不能因为尼尔的死就对基丁老师的教育方式持否定态度。而现代中国，虽说大学的教育是想培育全方位发展的学生，但已经失去的东西又怎么找得回来？记得第一次上这门课时，有同学在《死亡离我有多远》中写道“我已经死了，我已经被中国教育杀死了”。当时看见这句话时，只觉得惊讶，而现在我突然意识到我也是牺牲品，一个被中国教育杀死的人。不敢在课堂上讲话，遇到问题不愿思考，缺乏想法……这些都是让我害怕却又不知如何解决的问题。

【陆晓娅说】我们人生命中有一个很重要的东西，叫作“自主性”——也就是作为一个人，我们希望拥有主动思考、学习、探索、抉择和行动的能力，从而感觉到自己是自己人生的主人，是自己生命之歌的作者。一个自主性比较强的人，会有明确的目标，有为了实现目标而行动的能力，即便没有外在的压力，也会自发地去行动。非常有意思的是，在《学会提问》这本书中，作者列出的批判性思考的人所拥有的主要价值观中，第一条就是“自主性”①，可见自主性对我们一生的生命质量有着怎样的影响。

孩子从放开父母的双手学习走路开始，就在努力成为一个可以自主的人。在这个过程中，也会因为家庭与社会的规训，不得不放弃一些自己想做的事情，以便能够在社会上生存，比如不能随地大小便。但正像如果父母不放手，孩子永远学不会走路一样，在一个人成长的路上，如果干预和设限太多，他就不能成为一个在人格上独立的人，就会因自主性的丧失，而失去生命的热情和内在的成长动力，变成一个完全靠外部推动和控制的人。

丧失自主性是一件很痛苦的事情。尼尔正是因为不能“我的人生我做主”而选择了自杀。我把这种被外部力量扼杀的自主性丧失，称为“显性的自主性丧失”。相对应的是“隐性的自主性丧失”——当一个儿

① 参见[美]尼尔·布朗、[美]斯图尔特·基利：《学会提问》(原书第10版)，吴礼敬译，北京：机械工业出版社，2013年，第16页。

童在成长的过程中，完全没有自己支配的时间和空间时(比如被题海淹没，被迫参加各种课外班)，他就没有机会去发展自己的自主性，而习惯于被动地生活。这也是很多人进入大学后，突然就迷茫起来的原因之一。

还有一种情况，我把它叫作“内化了的自主性丧失”——因为没有机会去发展自主性，因为习惯了被动地应对生活，久而久之，生命的热情消失了，行动的意志瘫痪了，“我没办法”变成了一种内在的声音，不自觉地将自己本该承担的责任都推卸出去。

回到你的故事中来。你看到了自己“在课堂上不敢讲话，遇到问题不愿思考，缺乏想法”，这种自我觉察已经是改变和成长的第一步，也是你仍然拥有自主性的表现。也许现在要做的，是放下“我也是牺牲品”“我被中国的教育杀死了”的叹息，因为那并不能使你改变。请试着将注意力放到自己身上，不再问“为什么我不会思考”，而开始问“我可以开始学着思考吗?”

学习思考有很多种方法。例如，看完电影(不管什么电影)或做一些事情时，随时试着列出自己的“问题清单”，或许开始时只有一条两条，但渐渐地你就会发现自己并非“没有想法”。还可以尝试从感受中提炼问题，看完一部电影，问问自己心中有何感受，为什么会有这样的感受？或许就会发现“问题”潜伏在那里。还可以从聆听中学习，比如同学是从怎样的角度提问的？又是怎样分析问题的？当然，阅读诸如《学会提问》一类的书籍，也可以帮助我们打开思想的通路，找到提问与分析不同的角度。

在课堂上发言也可以循序渐进。你也许注意到，我们的课上总有一些小的写作，先写下来再说，是不是容易一些？另外，在小组中发言，也比在班上发言容易些。这些都是突破的台阶，可以加以利用。

我很喜欢欧文·亚隆的一句话："当我们限制自己不去经历很激烈很敏锐的生活，也不实现自己的潜能时，我们为自己未被运用、没有活过的生命感到内疚。"①

你的梦想，你的热情，蛰伏在你的内心深处，相信你一定会听到它们的呼唤。

//父母的"支持"造就家庭的港湾/李瑞娜

阿德勒在《自卑与超越》中谈道："父亲对孩子的影响非常大，许多儿童在一生中都把他们的父亲当作偶像崇拜或者视之为最大的仇敌。"我想，《死亡诗社》中的尼尔大概也是这样认为的吧，他的父亲似乎一直都在打击他，而他永远也无法击败他的父亲，为此，他不惜献出了自己的生命。

在人所需要的众多支持当中，朋友的支持难能可贵，但家人的支持不可或缺。父母的支持，是你一旦失去了就会觉得自己无家可归的东西。正是父母那永不停息的"支持"源泉，才造就了儿女们避风避雨的港湾。但是，很遗憾，尼尔并非生活在港湾之中。

再看《阳光小美女》中的奥莉芙，在故事的结尾，虽然她的爸爸和

① [美]欧文·D. 亚隆：《存在主义心理治疗》，黄峥、张怡玲、沈东郁译，北京：商务印书馆，2015年，第293页。

哥哥起初是阻止她上台表演的，但是，当奥莉芙真正站在舞台上表演的那一刻，在众人都对这种“才艺”嗤之以鼻的那一刻，是她的父亲首先登上舞台，与她一起跳舞。紧接着，她的妈妈、哥哥、舅舅全都上台加入表演。那一刻，我心里充满了感动。一同观影的同学们笑声迭起，我的眼泪也像失了控的洪水，周围的笑声越大，洪水就越是澎湃，直到最后打开了教室的灯，我的眼泪才慢慢止住。与此同时，我也看见一个男生和一位旁听的男老师摘下眼镜，悄悄擦拭着眼角。也许，我们三个(或许还有其他的人)都在感叹，奥莉芙是多么的幸运，她生活在支持之中。

没错，孩子有了原则性的错误时父母要帮忙改正，但是，兴趣正当、行为正当的情况下，父母一定要支持孩子。否则，孩子一定会感觉到，自己的双脚已离开结实的大地，像一根无根的野草，飘飘摇摇……

【陆晓娅说】李瑞娜文章最后的“无根的野草”的比喻，特别形象。心理学的“依恋理论”就认为，婴儿会将依恋对象(通常是父母，或者其他的照看者)作为“安全基地”所使用，在面对危险情境和受到惊吓的时候，可以逃向此处。如果他的依恋对象不能接纳他，不能很好地回应他的需要，就可能使他在生命初期无法建立起安全的依恋模式，这会对他未来的发展产生负面影响。

是的，奥莉芙是幸运的，有全家人的支持；尼尔是不幸的，爸爸不能给予他希望的支持，想要给予他支持的母亲又屈服于丈夫的压力。失去了“重要他人”的支持，尼尔对未来感到了绝望。

遗憾的是，在现实生活中，不是所有的孩子都有一个安全基地，一个可以躲避风雨的港湾。有些时候，本应是港湾的家庭，却充满了风雨，甚至本身就是风雨策源地！如果不幸你生活在这样的家庭中，得不到对你来说无比宝贵的支持，怎么办？

抱怨命运、哀叹不幸、进行激烈的反抗，恐怕都不是成熟的应对方式。也许你首先要做的，就是用各种方法给自己建造"港湾"，告诉自己，你不再是婴儿，在成长的过程中，你已经有过许多抗击压力的经验！这些经验有些也许仍然有用，有些也许不再管用或副作用太大需要放弃，你得去发现、创造新的、适合现在的你的、建设性而非破坏性的方法。在你自己建造的"港湾"里，应该有一个新的支持系统，他们是你可以倾诉烦恼、寻求帮助的人，如朋友、老师、心理咨询师等。这个支持系统就像船上的缆绳一样，在你要被风雨吹走时，能紧紧地将你拉住。在这个"港湾"里，你要储备一些可以帮你转化消极情绪的工具，也许是音乐，也许是慢跑，也许是写日记，它们就像灭火器、减压阀，让你不被激烈的情绪所吞噬。在这个"港湾"中，"相信自己"就是那只锚，你要不断加重这只锚的重量，在需要时就可以抛锚，让自己安静下来思考人生的新目标，寻找通往理想的新航路、与父母互动的新策略。在建造"港湾"的过程中，你会发现自己还要不停地学习新的知识与技能，增强驾驭生命之船的能力，应付未来出海后遇到的各种风险——为自己建造港湾的过程，就是你自我成长的过程，你宝贵的生命，就这样被锻造得更有韧性和弹性。

我的诗是什么？

/ 团体课：归属与

狂热是一种灵

学会了怎么死的人们就会

宰制的吊诡//

魂的病。

埃里克·霍弗

忘记如何做奴隶。

蒙田

《浪潮》*Die Welle* /

导演：丹尼斯·甘塞尔 / 2008 年

/ 源 自 真 实 实 验 的 虚 构 电 影 / /

《浪潮》(*Die Welle*)是一部德国电影，2008年上映，并成为当年德国电影的票房冠军，荣获2008年德国电影杰出剧情片和最佳男配角奖。

不难发现，《浪潮》和《死亡诗社》有一些相似的元素：电影中的故事都发生在高中，都有一位对学生影响巨大的老师，最后都有一位学生自杀。但《浪潮》所呈现和探索的问题，却和《死亡诗社》的方向不同。《哈佛通识教育红皮书》中说："一般而言，教育要完成两件事情：其一，帮助年轻人成为一个个体的人，拥有独特的、个性化的生活；其二，竭力使他们能适应公共生活，也就是说，作为公民和共同文化的继承者，他们应该与他人共享文化传统。"[①]如果说，《死亡诗社》引发学生去思考"我应该成为什么样的人"，"我如何才能过上幸福美好的人生"(伦理生活之问)，《浪潮》正可以让学生思考"我们怎样过公共生活"，"我们应该如何在一起"(政治生活之问)[②]——谁说生死学只能探索个体生命的存在与死亡，却忽略每个生命个体都要与他人共存的事实？在21世纪的当下，如何与不同民族、不同文化、不同宗教、不同价值观和不同生活理念与生活方式的人相处，不仅对世界和平是巨大的挑战，也是我们每个人几乎每天都要遇到的现实。这就是我把《浪潮》放到生死学课堂上作为教学影片的原因。

《浪潮》是德国人根据美国发生的真实故事改编的，这颇为耐人寻味。在这里，与其剧透电影情节，不如说说那个真实的故事。

① 哈佛委员会：《哈佛通识教育红皮书》，李曼丽译，北京：北京大学出版社，2010年，第2页。

② 周濂：《你永远无法叫醒一个装睡的人》，北京：中国人民大学出版社，2012年，第252页。

1967年4月，美国加州帕罗奥多(Palo Alto)一所高中的历史教师罗恩·琼斯(Ron Jones)在讲授纳粹德国时被学生问道："为什么德国人声称他们对于屠杀犹太人不知情？为什么无论农民、银行雇员、教师还是医生都声称，他们并不知道集中营里发生的惨剧？"

下课后，他不断思考着这个问题。为让学生切实理解法西斯主义，他开始了一项大胆的试验——成立"第三浪潮"(The Third Wave)。这就是电影《浪潮》中"浪潮"组织的原型，而他的学生们就是"第三浪潮"的成员。同样，他要求学生们说话前必须叫他"琼斯先生"，设计了组织内统一的手势，并且以各种形式向学生们强调纪律与团结的重要性。很快，学生们都成为"第三浪潮"的忠实成员，并坚定地以琼斯老师为组织的领袖。

第三天，琼斯暗中委派3名学生作为"督察"，向他报告那些不遵守"第三浪潮"规定的人以及组织的批评者和反对者。但是，接下来竟有20余人毫无保留地向他告发自己的朋友(只是因为他们说了关于"第三浪潮"的笑话)，甚至是对"第三浪潮"表示怀疑的父母。这时，琼斯感到了事态的严重失控。于是第四天，以组织将在全国范围内被正式宣布成立的名义，他命令学生们次日到礼堂集合，希望设法使学生们从狂热的"第三浪潮"中醒悟过来，最终真正明白法西斯主义的可怕。此时，参加"第三浪潮"的学生人数已由30人(一说20人)左右增至200余人，其中的后加入者大都逃掉了自己本应参加的课程。琼斯宣布，"第三浪潮"是全国性青年运动的一部分，目的在于促进国内政治体制变革，并将于星期五中午12点，由总统候选人正式宣布组织的成立，学校里也会有相应的公告。

星期五中午，在学校大礼堂中，超过200名学生笔直地端坐在那里，天花板上挂满了"第三浪潮"宽大的横幅。琼斯做了简短的致辞，200只手臂对着他举起，做了"浪潮"问候礼。

礼堂内，琼斯打开一台电视，出现的只有雪花。学生们等待着。屏幕上除了雪花别无他物。学生们仍然等待着。他们已经习惯了纪律和服从。几分钟后，终于有人问道："不存在什么领袖，对不对?"礼堂里炸开了锅。琼斯开始讲话，不再大声、严厉，而是柔和、带着自责："没错，但我们差一点就成为了优秀的纳粹。"

琼斯给学生们播放了一部关于第三帝国的影片：帝国党代会、集体、纪律、服从，以及这个集体的所作所为——恐怖、暴力、毒气室。琼斯看着一张张不知所措的脸，最初的那个问题得到了回答。他说："和德国人一样，你们也很难承认，竟然做得如此过分，你们不会愿意承认被人操纵，你们不会愿意承认，参与了这场闹剧。"

"这个实验之所以会产生这样的结果，是因为我们中的很多人孤独，缺乏家庭的温暖、集体的关心，缺乏对一个群体的归属感。即使把这个实验放在今天，也会得出同样的结果……"罗恩·琼斯在某次采访时这样回答。

/ / 没有困惑的青春是多么荒凉啊 /

我知道，对于一些习惯于接受现成的结论，习惯于简单思维的学生来说，要理解《浪潮》可是不太容易，比起《死亡诗社》来，这个电影会带来更多的困惑。所以，一上课我就和学生分享了刘瑜的一句话："没有困惑的青春是多么荒凉啊。"①当时学生们都笑了，他们从中看到了"困惑"的积极意义——困惑，是因为你不再接受现成的观点，而是开始用自己的脑子思考了。困惑能激发人对事物的好奇之心和探索之欲！

不过每到这个单元，我都感到焦虑。虽然让学生提前看了电影，但要在三个小时中，探索这部以死亡结束却可以让我们思考该如何与他人一起活着的电影，实在是一个难以完成的任务。我不断说服自己，下课后许多学生还会思考，我留的中期作业"《死亡诗社》与《浪潮》的对比"，也还会延续他们的思考。课堂上的"整理""讨论"和"解构"，只是学习与思考的出发点。

为了在课堂上整理"浪潮"的演化变异过程，分析里面的团体动力，我按照"浪潮"发展的时间顺序，将电影剪辑成以"天"为单元的六个片段，并设计了一个表格。在课堂上每放完一个片段，我就让学生在表格上填写这一天中的"团体状态"和"变化原因"。在观看电影中，有意识地使用工具，我相信可以使学生比较容易"看到"关键情节和细节，有助于之后分析导致团体动力变化的因素。

时间	团体状态(HOW)	变化原因(WHY)
第一天		
第二天		
第三天		
第四天		
第五天		
第六天		

① 刘瑜：《观念的水位》，杭州：浙江大学出版社，2013年，第235页。

在播放电影的黑暗中，我也在默默地观察学生。当电影在蒂姆开枪自杀、参加“浪潮”的学生在震惊与恐慌中乱成一团、文格尔老师被警察带走……这一串惊心动魄的情节中戛然而止时，我看到他们脸上的震惊和迷惑。我没有马上打开灯，而是给他们一些时间，让他们和自己的感受在一起。

一分钟后，我打开灯，让学生们写下了自己看完《浪潮》后的感受。从学生们的分享中，不难看出电影对他们的冲击：震惊、难以置信、沉重、悲哀、恐惧、担心、痛恨、心痛、疑惑、纳闷、诡异、茫然、遗憾……

我请学生低头，再看看自己观影中写下的笔记，一起整理出“浪潮”作为一个运动的发展轨迹，找到形成情境力量场(situational force field)[①]的动力。学生们从笔记中发现，从第一天起，文格尔就开始通过一系列手段来操控学生了，这些手段包括：

权威与纪律的建立：老师自命“领导”，要求学生必须称呼自己为“文格尔先生”；发言必须得到老师允许并站起来；同学按照要求一起踏步至“步调一致”；重新排座位，将原来的小团体打散，使个体“原子化”……

树立敌人与排斥异己：告诉学生楼下是“无政府主义课”，挑动学生的对立情绪；将不服从的学生赶走；故意冷淡穿红衣服的卡罗；在最后的大会上，将觉醒的马尔罗作为“叛徒”进行审判……

仪式化行为：为增强学生对“浪潮”的认同，完成“去个人化”的过程，鼓励学生穿统一的服装，给团体起名字，设计 LOGO 和手势，做网页贴标识……

思想上煽动：从开始的“团结铸造力量”，到最后的演讲，用宏大的叙事

① 参见[美]菲利普·津巴多：《路西法效应：好人是如何变成恶魔的》，孙佩妏、陈雅馨译，北京：生活·读书·新知三联书店，2010年，第5页。

和煽动性的语言，让学生以为自己在参与正义的行动……

在后面的“解析”中，我分享了美国心理学家菲利普·津巴多的发现。他曾经主持过著名的“斯坦福监狱实验”①，在他的《路西法效应：好人是如何变成恶魔的》一书中，津巴多分析了另外一位心理学家米尔格伦的“权力服从研究”(Obedience to Authority Study)②，找出了让人们落入邪恶的十种方法③，学者徐贲称其为“权威引诱普通人作恶的十个特点或条件因素”④。用这十条对比一下电影《浪潮》的情节，学生们就能更清楚，在“浪潮”中，“好人”是如何在情境压力场中产生“恶行”的：

---

1. 营造束缚性的契约关系。
2. 设计“有意义”的角色。

① 1971年，为了探究社会环境对人的行为究竟会产生何种程度的影响，以及社会制度能以何种方式控制个体行为，主宰个体人格、价值观念和信念，斯坦福大学的社会心理学家菲利普·津巴多主持了“斯坦福监狱实验”。经过一系列医学和心理学测试，24名身心健康、遵纪守法、情绪稳定的年轻人入选。他们被随机分成三组：9名犯人，9名看守，6名候补，接着被置身于模拟的监狱环境。实验一开始，受试者便强烈感觉到角色规范的影响，努力去扮演既定的角色。到了第六天，原本单纯的大学生已经变成残暴不仁的狱卒和心理崩溃的犯人，原定两周的实验不得不提前终止。

② 米尔格伦的权力服从研究，开始于1961年7月，也就是在纳粹分子阿道夫·艾希曼被抓回耶路撒冷审判，被判死刑后的一年。米尔格伦设计了这个实验，便是为了测试“艾希曼以及其他千百万名参与了犹太人大屠杀的纳粹追随者，有没有可能只是单纯地服从了上级的命令，我们能否称呼他们为大屠杀的凶手”。在实验中，米尔格伦用电击唤醒了普通人心中“平庸的恶”，证明“那些只做着分内之事，从未质疑自我角色的普通人，可能会在可怕的毁灭性活动中充当帮凶”。

③ ［美］菲利普·津巴多：《路西法效应：好人是如何变成恶魔的》，孙佩妏、陈雅馨译，北京：生活·读书·新知三联书店，2010年，第315～317页。

④ 徐贲：《人以什么理由来记忆》，长春：吉林出版集团有限责任公司，2008年，第315页。

3. 制定保证服从的基本规则。

4. 装饰起冠冕堂皇的说辞。

5. 预留推卸责任的后路。

6. 诱人步步陷入。

7. 加害程度逐渐加强。

8. 悄悄从“正”转“邪”。

9. 高筑有进无退的门槛。

10. 强调宏大的高尚理想。

上述第1条、第3条、第9条，属于组织上的措施；第2条、第4条、第5条、第10条，是心理上的操控；第6条、第7条、第8条则是策略。几乎每一条，我们都可以在《浪潮》中找到对应。

学心理学的同学发言了：“我们在做团体辅导的时候，有时候也会让参加者起组名、设计LOGO什么的。”还有同学问：“一般的社团和‘浪潮’有什么不同呢？”“‘文化大革命’中，红卫兵们也穿着军装，戴着红袖章，是否与‘浪潮’中的白衬衫异曲同工？那么校服呢？”

这让我想起一件有趣的事情：有一年，我们歌路营[①]组织公益青年领袖成长营，每个营员都被发了两件T恤作为“营服”，在初期的团队建立过程中，我们也让大家做了一些设计LOGO之类的活动。营会结束前，一位营员分享说：“我看过电影《浪潮》，当营会开始的时候，我看到大家要穿一样的衣服，还要设计LOGO，心里就在想：哼，这是在洗脑吗？少来这套！”我问她：

① 北京歌路营教育咨询中心是我退休后和原“青春热线”志愿者杜爽共同创办的公益机构。

"那么，后来你的看法有什么变化？在你看来，这个成长营和'浪潮'一样吗？"她笑了，说："当然不一样！"

同样是团体，为什么会不一样？什么样的团体才是健康的？我们怎样才能防止一个团体演变为"浪潮"？这些正是我想和学生们一起探讨的。

/ "浪潮"有没有积极的意义？/ /

"浪潮"从发生到结束只有六天。但我的许多学生和电影里的学生一样，只有到第六天，才惊觉"浪潮"的可怕。而在前面的五天里，他们看到了原来彼此对立的学生开始团结，原来因种族、阶层差异形成的歧视被抹平，原来被称为"软脚虾"的蒂姆变得勇敢，原来感到孤独的学生仿佛找到了归属，原来终日迷茫的学生似乎有了方向感……这个团体到底是怎么回事？

在学生提问和讨论环节，他们提出了许多困惑："浪潮"这样的团体和制度，有没有积极的意义？"浪潮"提供的整齐划一和归属感，是否是民主制度没有的优势？"文化大革命"是错误的，但那时人们却有一种单纯的激情，现在我们似乎只信仰自己，难以合成一股力量发展成强大的集体，"就像学校里很多名存实亡的学生社团一样"。发展个性和融入集体，似乎都能给人提供生命的意义，这两者的关系究竟怎样？

在这些提问中，我看到了学生的某种渴望，这样的渴望也曾出现在电影《浪潮》中的学生身上。

这是一种怎样的渴望？它又来自何方？我和学生分享新精神分析学派的主要代表卡伦·霍妮的观点："通过把自己消融在某种更巨大的东西中，通过消除自身的个体性，通过放弃自我以及它所拥有的一切怀疑、冲突、痛苦、局限和孤独，来获得最后的满足。这正是尼采所谓的从'个体的原则'中解放出来；正是他称为‘酒神精神’的那种东西。他把这种倾向视为与‘日神精神’——它致力于积极地塑造和掌握人生——恰恰相反的一种人类基本追求。”“这两种倾向本身并不都是病态的；无论是保持和发展个性，还是牺牲和放弃个性，都是解决人类问题的合理目标。”①

那，人类要解决的问题到底是什么？

心理学家戈登·盖洛普在20世纪70年代做了一项研究，发现在动物王国里，只有少数“精英”，如黑猩猩、海豚、逆戟鲸、某些大象，能认出镜子里出现的是自己。科学家们发现，正是这些有自我意识的动物，面对失去生命的同类动物尸体时，会表现出某种“慌乱不安”的行为。黑猩猩以及一些种类的大象象群中，还存在“守灵葬仪”现象，它们在同伴死亡后，会在尸体旁边伫立直达数日。“对于死亡的知觉似乎是智力发展的一个必然结果”②，他们得出结论说。

毫无疑问，在所有动物中，人类的智力发展水平是最高的，是人类彻底改变了我们这颗星球的面貌。不过，因为在动物中智力超群，拥有强大的自我意识，人类便会通过他人的死觉知自己的死。“这种面对死亡时的高度敏感状态常常被看作是我们这个种族真正的印记，是将我们区别于其他动物的最主要特征。”③

原来，人之为人，是因为我们拥有自我意识和死亡意识！或者说，因为

① [美]卡伦·霍妮：《我们时代的神经症人格》，冯川译，贵阳：贵州人民出版社，2004年，第187页。

② 参见[加]理查德·贝利沃、[加]丹尼斯·金格拉斯：《活着有多久：关于死亡的科学和哲学》，白紫阳译，北京：生活·读书·新知三联书店，2015年，第58～59页。

③ [加]理查德·贝利沃、[加]丹尼斯·金格拉斯：《活着有多久：关于死亡的科学和哲学》，白紫阳译，北京：生活·读书·新知三联书店，2015年，第59页。

我们是人类，所以会不可避免地从他人之死中，觉察到自身生命的短暂、渺小与孤独，会产生“这尘埃般的生命究竟有何意义”的困扰，也会为“我”死后究竟去了哪里而焦虑。

怎样处理这样终极性的问题呢？为了摆脱生命无意义的困扰和死亡焦虑，人类找到了不同的方法。亚隆在《存在主义心理治疗》中，认为人们面对死亡焦虑有两种主要的防御方式：“凸显”与“嵌入”①。“凸显”即相信个人的独特性，努力活出自我；“嵌入”即相信终极拯救者，努力将自己融合或嵌入到自身之外更大的力量中。它们正对应着尼采说的“酒神精神”和“日神精神”。

亚隆在临床实践中看到，倾向于“凸显”的人，可能会自恋，常常是强迫性成功者；倾向于向外直接攻击，可能自信到拒绝他人必要且适当的帮助；

① 参见[美]欧文·D. 亚隆：《存在主义心理治疗》，黄峥、张怡玲、沈东郁译，北京：商务印书馆，2015 年，第 110～159 页。

断然拒绝自身的失败或限制；容易表现出自我膨胀甚至夸大的倾向。

那么“嵌入”，“相信终极拯救者”，“把自己消融在某种更巨大的东西中”，如宗教、神圣的使命、盛大的狂欢、伟大的事业等，又如何呢？

的确，在“更巨大的东西”中，如我的朋友，心理学家杨眉所说，人们可以获得“我们感”、归属感、安全感和力量感。《浪潮》中的蒂姆，就是一个很好的例子。一位同学在课后写来的观影感想中这样描述蒂姆：“蒂姆好像有一点把集体的力量和个人的力量混淆，认为集体的力量就是个人的力量，从而使自己有一种从未有过的强大的感觉，并借着这股力做自己想做的事、成为想成为的人。”

但当人们放弃自我，让自己嵌入、消融在“巨大的事物”中，臣服于“终极拯救者”时，是否又产生了另外一种危险：变成被别人操纵的木偶，丧失了自我的独立性，在群体力量的宰制之下，在一种不自觉的状态下作恶，就像《浪潮》中的学生们？

我想，不管是让学生们建立“第三浪潮”进行课堂实验的美国老师，还是将此事改编成电影的德国导演，他们都是想借此再一次探索和认识20世纪人类最大的悲剧：为何原本善良的人们，会被希特勒迷惑，会被纳粹裹挟，参与对犹太人的屠杀？而身为中国人的我们，也需要反思，为什么在“文化大革命”中，几乎一夕之间，一些戴上红袖章的青年和少年就变成了暴徒？

我想和学生们一起，不仅探索“文格尔”们是怎样操纵团体的，也探索“浪潮”形成的更深层的因素——从我们自身的角度。

/ / 对替代品的渴望 /

在这一课中，我从埃里克·霍弗(Eric Hoffer)的《狂热分子》中做了一些摘录，作为阅读材料发给学生。

埃里克·霍弗是一个传奇人物，他父母早逝，自学成才，长期从事码头搬运工作。1964年成为加州伯克利大学高级研究员后，他仍未离开码头，因此被称为“码头工人哲学家”。他同卡伦·霍妮一样，认为人们可以“通过认同于一件神圣事业而获得自豪、信心、希望、目的感和价值感”①，但长期与下层民众打交道的他发现，积极投身群众运动的往往是一些失意者。

人类作为“社会性动物”，为满足自身各种需要，会结成“群”，发展出很多正式的非正式的组织。霍弗注意到，“群众运动”和“实务组织”(practical organization)的吸引力是非常不同的。“实务组织可以提供人自我改善的机会，故其吸引力来自它可以满足个人利益。反之，一个群众运动，特别是当

① [美]埃里克·霍弗：《狂热分子》，梁永安译，桂林：广西师范大学出版社，2008年，第28页。

它还处于生机勃勃的积极阶段时，吸引到的并不是那些珍爱‘自我’、想要把它加强加壮的人，而是那些渴望可以摆脱他们可厌‘自我’的人。一个群众运动会吸引到一群追随者，不在于它可以满足人们追求自我改善的渴望，而在于可以满足他们自我否定的热望。”“对失意者来说，群众运动是一种替代品：要不是可以替代他的整个‘自我’，就是可以替代一些能让他的生活勉强可以忍受的元素。”

霍弗看到了“失意者”与“群众运动”的关系，被称为“20世纪最伟大、最具原创性的思想家”的汉娜·阿伦特，则看到了“自尊需要”与“服从”的关系。她指出一些人“在精神上和社会上无家可归的情况下，就无法以一定的尺度来深刻洞悉任意性与计划性、偶然性与必然性之间相互依存的关系……要么面对混乱的发展和完全任意性的衰落，要么服从于最严格的、异想天开的意识形态虚构的一致性”，而“群众可能永远只会选择后者……这并不因为他们愚蠢或邪恶，而是因为在总体的灾难中，这种逃避至少给予他们一种最低限度的自尊”。①

阿伦特所提到的“精神上和社会上”的“无家可归”，是一个理解“浪潮”非常重要的切入点，在电影中，学生们很容易找到类似的痕迹：

“软脚虾”蒂姆虽然家境较好，但觉得在家中“没人在乎我”；被同学叫作“东德佬”的丹尼斯，被低人一等的感觉所折磨；卡罗希望马尔科退出“浪潮”，马尔科却告诉她，“你有个幸福的家庭，我没有”，因为有了“浪潮”，水球比赛时“看台上第一次坐满了人，我第一次成为众人的焦点”……就像有同学总结的：浪潮好像是精神的狂欢，平时失败的人在群体里找到成功感、自豪感。

① [美]汉娜·阿伦特：《极权主义的起源》，林骧华译，北京：生活·读书·新知三联书店，2014年，第453页。

我邀请学生把目光从银幕上移到现实生活中，想一想我们身边有没有“精神上和社会上”的“无家可归者”，课堂的气氛开始变得凝重。我的学生对“浪潮”中学生们的感觉并不陌生，从小很多人都有过被歧视、被孤立、被贬损，得不到关心和重视的经历，也看到身边许多类似的故事在发生。出身于富裕的家庭也罢，考入名校也罢，甚至学业上一时的成功也罢，这些似乎都不能完全填补“精神上无家可归”的空虚。

如果说，这样的“无家可归感”与个人际遇有关，那么从社会发展的角度来看，似乎还有更深的来源：在传统的农耕社会向现代社会的转型中，原有的血缘地缘联结松弛了，宗教也在“上帝死了”的慨叹中让人远离，人似乎拥有了更多的自由。具有哲学家和心理学家双重身份的埃里希·弗洛姆，在《逃避自由》中说：“对现代人来说，自由有两方面的含义：他冲破了传统权威的束缚获得了自由，并成为一个‘个人’，但他同时又变得孤立、无能为力，成为自己之外的目的的工具，与自我及他人疏离；不仅如此，这种状态伤害到他的自我，削弱并吓坏了他，使他欣然臣服于新型的奴役。”[①]在这本出版于 1941 年的著作中，弗洛姆就从心理学的角度对纳粹主义做了深刻的分析，指出“权威主义性格的本质就是同时具有施虐和受虐冲动。施虐冲动的目的在于拥有控制另一个人的无限权力，其中多少夹杂着破坏欲；受虐冲动的目的在于把自己完全消解在一个强大权力中，借此分享它的力量与荣耀。施虐和受虐倾向的原因都在于个人无法忍受孤立，需要借共生关系克服这种孤独”[②]。

在个人成长的微环境和社会转型的时间流之外，我们还要看到，有时制

① [美]埃里希·弗罗姆：《逃避自由》，刘林海译，北京：国际文化出版公司，2007 年，第 182 页。

② [美]埃里希·弗罗姆：《逃避自由》，刘林海译，北京：国际文化出版公司，2007 年。第 149 页。

度也会制造出“社会性无家可归者”。在社会的快速发展中，尤其是在以GDP为导向的发展中，弱势群体可能会不断被抛出共享发展成果的轨道，如那些站在被关闭的打工子弟学校门口伤心欲绝的孩子。当我们仅仅从管理层面来解决问题的时候，我们可能已经在心理和社会层面制造着“无家可归者”。

所以，“浪潮”仅仅是电影吗？它离我们真的很远吗？当社会上存在着很多归属和自尊需要得不到满足的、在“精神上和社会上”感到“无家可归”的人时，一有机会，他们就会去寻找和拥抱“浪潮”式的替代品。就如霍弗警告我们的：“当我们的个人利益与前途看来不值得我们为之活下去时，我们就会迫切需要为别的事物而活。所有形式的献身、虔诚、效忠和自我抹杀，本质上都是对于一种事物牢牢攀附——攀附着一件可以带给我们渺小人生意义和价值的东西。因此，任何对替代品的拥抱，都必然是激烈和极端的。”①

/ 青 春 是 一 个 可 怕 的 东 西 ？ / /

“浪潮”中的那些半大孩子，都正处于青春期、后青春期，按照心理学家埃里克·埃里克森(Erik H. Erikson)的人生发展阶段理论，他们这个阶段要应对的是“同一性危机”——青春期的身心发展会带来同一性的混乱(青少年企图重新认识自我而产生的自我意识混乱)。如果不能够克服同一性危机，获得积极的同一性，就会产生角色混乱(不知何去何从)，或者消极的同一性(认同主流社会所不认可的角色，如少年团伙)。

········

① [美]埃里克·霍弗：《狂热分子》，梁永安译，桂林：广西师范大学出版社，2008年，第31页。

“青春”，是一个常常被美化了的词，那是因为人们害怕衰老，害怕跟随衰老而来的死亡。其实，很多研究都发现，人生十几岁二十几岁的时候，往往是内心拥有最多痛苦和困惑的时候，也是许多能量需要发泄而无处发泄的时候。“青春”并不像诗人们讴歌的那样美丽和美好，特别是当社会阻塞了“青春”积极创造的空间和能量，或者社会本身已经失控、疯狂。这时青春期的自我认同危机，就不仅仅是少数人加入“少年团伙”的问题，而是会被人利用，变成残酷的破坏性力量。

这堂课我给学生的另外一篇阅读资料是钱理群先生的《可怕的青春》。在这篇文章中，钱先生讲了一个故事，这个故事中的年轻人，比我课堂上的学生们年龄还要小，他们是北京101中学的红卫兵。1966年8月18日，他们刚刚从天安门广场游行回来，正“激情满怀地要干一番惊天动地的革命大事业”。怎么干呢？斗坏人！于是，一群红卫兵把出身于旧军阀家庭，因画过裸体像又因“侮辱女同学”等罪名被判过刑的美术老师陈宝坤揪了出来，从腰上解开牛皮武装带，劈头盖脸地冲他抽了上去。打得半死之后，这群红卫兵又将他扔进学校莲花喷泉池里。遍体鳞伤的陈老师在污泥中挣扎着，全校红卫兵与师生里三层外三层地围观着，一群十多岁的孩子围在池边狂喜地笑着，一边叫嚷着“造反有理”“痛打落水狗”，一边扔着石块，直到把陈老师活活打死。

现实是不是比电影还要可怕得多？对于“文化大革命”缺乏直观认识的我的学生们，是否能从这个故事中明白，“浪潮”并非无中生有的虚构，而是上演过无数次的现实？是否可以直面自己：当某种恶行出现的时候，我是否可以不从众？

青春有的时候真的很残酷。我在微信中看到一个女孩说，宿舍里七个女生，其他几个人一起欺负一个女孩，自己很想站出来，却又害怕被孤立，被打击——很多时候，正是强烈的自我认同需要，让我们屈服于群体压力。站在水池边上观看陈老师被打致死的师生如此，在宿舍里不敢站出来的女孩也是如此。所以，钱理群的文字很沉重：“我们从来都是说：‘青春是美丽的’——这是作家巴金的名言，也是中国作家、现代知识分子的共同信念，甚至成为中国现代文学的基本主题。但是，现在，我们必须正视：‘青春是可怕的’——连同所有与‘青春’相联系的乌托邦幻想，一切非理性‘抒情诗’都有导向‘专制’的可能。”

我要提醒我青春年少的学生们，青春的能量，青春的激情，青春对自我认同的强烈需要，都可能转变成“浪潮”那样的负性力量。当你放弃独立思考，当你不尊重常识，当你把某些东西看得比人性更加重要的时候，你的青春就可能会成为恶的力量。

/ / 健康的个体与健康的团体 /

如果说，越没有归属感，越没有自我认同，越感觉到被不公平对待的人，就越容易被操控的话；如果说，青春年少也是最容易被裹挟被利用的年龄，那么我们必须思考，作为个人，我们如何才能避免被卷入非理性的“浪潮”，才能不成为极权主义作恶的帮凶。

一位同学研究了“浪潮”中不同的人物，她发现，同样的环境，每个人身上不同的特质导致了不同的选择。卡罗在整个活动以及生活里都是一个有着自己的判断和选择的人，尽管最开始她同意了文格尔的观点和措施，但当她发现不对劲的苗头时，勇敢地站出来进行了阻止，说明她是一个自信、能动性很强的人。“我想在生活中保持着判断力和选择力是很重要的，万一我们不幸判断错了，也至少要有马科尔那样的觉悟，发现不对劲马上停下来，至少给自己一个反思的空隙，不要被社会压力冲昏头脑，不然就可能像蒂姆那样被‘燃成灰烬’。”

赵婧同学则认为，只有当个体感知到了自我存在的价值，才能够产生出自由的思想，找出自己的人生方向。否则，所有的力量都会被用来寻找社会依附，迷茫慌张。

我觉得他们说到了点子上，也说到了中国文化与中国教育的痛处：当我们不能把孩子当作独立的个体来尊重，当我们不能给孩子探索世界、表达自我的机会，当我们以学习成绩作为衡量孩子的唯一标准，当我们习惯于把现成的结论灌输给孩子，将孩子的脑袋当作知识的存储罐而不是思考的发动机时，自尊与自信便难以生长，独立思考的能力也难以提升，“迷茫慌张”，“寻找依附”，便会长久地徘徊不去。

只有在家庭生活中，在学校教育中，父母、老师这些“重要他人”，能给予孩子无条件的积极关注，帮助孩子建立积极健康的自我认同，才会让一个人减少去寻找“替代品”的可能。

从另一个方面来说，人如果只是努力发展自我，是否会变得极端孤立和自私，就像亚隆对过度“凸显”者所描述的那样？当我们警觉在群体中被操纵时，也要看到，人是社会性动物，人类以血缘、地缘、业缘、趣缘、志缘，组成各式各样的社会群体，在满足自身不同需要的同时，促进了人类文明的发展。群体，提供了比个体更大的力量，也为个体提供了心理上的归属，它并不必然走向恶。

但是，什么样的群体会演变成“浪潮”，让人们丧失独立思考的能力，被非理性的力量所宰制，使好人也变成恶魔？什么样的群体，既满足了人们归属的需要，又能让个体在其中发挥潜能，从而给社会做出积极的创造性的贡献？

思来想去，我觉得很重要的一条就是“不排斥异见”。虽说人以群分，物以类聚，群体本身就有或清晰或模糊的边界，但在一个利益多元、文化多元、价值多元的社会中，不同群体之间学会对话与共存，而不是对立和对抗，在“共和”中获得“双赢”与“多赢”，是文明发展的大方向。在群体内部，不同意见的对话、交流，也是保持群体活力和创造性的有效方法。歌路营举办的“公益青年领袖成长营”，虽然主张大家穿统一的“营服”，虽然也有LOGO设计之类的团队建设活动，但是它与“浪潮”根本不同的一点，就在于允许不同意见的存在。在讨论中，学生们还进一步提到，在一个群体中，形成分权、监督、制衡的机制，求同存异才会成为可能，“共和”的局面才能出现。

然而对话与共存并不是人类习惯的方式，前现代社会用暴力解决冲突的模式，已经有成千上万年的历史，人们更习惯如津巴多所说的：“在善恶之间，我们竖立一道看似穿不透的藩篱，以简化人类经验的复杂性。在善这一边的，都叫‘我们’、‘自己人’、‘同类’，而在恶那一边的通通归成‘他们’、‘别人’、‘异类’。”[①]既然是“异类”，就可以党同伐异，如电影中，文格尔对穿红衣的卡罗刻意冷淡，让学生把马尔科当作“叛徒”揪斗。将与己不同之人视为“他们”，视为“异类”，还可以将其非人化[②]从而进行清除、消灭，无论是纳粹将犹太人视为“蟑螂”，还是“文化大革命”中被批判的“走资派”“黑五类”“牛鬼蛇神”，都是这样。

所以，当一个群体用排除异见来保持“纯粹”时，恐怕就要警惕了，特别是某些人有意制造情境压力场的时候。

那么，当一个群体发生这样的事情时，如何抵抗？津巴多认为，关键在于三个方面能力的发展：自我觉察力(self-awareness)、情境敏感度

① [美]菲利普·津巴多：《路西法效应：好人是如何变成恶魔的》，孙佩妏、陈雅馨译，北京：生活·读书·新知三联书店，2010年，第250页。

② 参见[美]大卫·利文斯顿·史密斯：《非人：为何我们会贬低、奴役、伤害他人》，冯伟译，重庆：重庆出版社，2012年。

(situational sensitivity)和街头智慧(street smarts)[①]。津巴多还列出了既能“抗拒有害社会影响力”，同时可以促进“个人的弹性和公民的德行”的十个步骤。有意思的是，津巴多是用十句自我对话来概括十个步骤的。自我对话，正是自我觉察和自我决定的重要的工具。

这十个步骤和十句话是[②]：

步骤一："我犯错了！"

步骤二："我会很警觉。"

步骤三："我会负责任。"

步骤四："我会坚持自己的独特性。"

步骤五："我会尊重公正的权威人士，反抗不义者。"

步骤六："我希望被群体接受，但也珍视我的独特性。"

步骤七："我会对架构化信息维持警觉心。"

步骤八："我会平衡我的时间观。"

步骤九："我不会为了安全的幻觉而牺牲个人或公民的自由。"

步骤十："我会反对不公正的系统。"

而我的朋友杨眉，在通过写作《告别 11 岁》来自我疗愈“文化大革命”创伤的过程中，也总结出了“能够帮助一个人抵御制度所造成的恶的最重要的个人因素”，就是尊重常识、独立思考、忠实于自己和自由选择。

① “街头智慧”是指在复杂的实际生活中获得的生活技巧，是在书本上和课堂中学不到的。

② 参见[美]菲利普·津巴多：《路西法效应：好人是如何变成恶魔的》，孙佩妏、陈雅馨译，北京：生活·读书·新知三联书店，2010 年，第 504～508 页。

我也很欣赏我的学生提出的一些办法。例如："怀疑，当你怀疑的时候就去质问"；"离开这个集体与圈外的人交流，看看别人怎么看"；"经常用'如果今天是我人生最后一天我还会这样做吗？'发问自己，自省"……

我希望我的学生，能够在公共生活中，学会倾听不同的声音，学会和不同诉求的人对话交流。这样一种态度和习惯的养成，非常有助于我们抵御情境力量场的诱惑和压力。

为了帮助学生认识"我"与他人的复杂关系，理解独立思考与群体智慧的关系，我还做了两件事。

在课堂讨论中，我设置了一个特别的环节：在讨论开始之前，先给大家一分钟时间进行独立思考。

这一分钟有何意义？这个设置来源于《思考，快与慢》一书中提到的一个实验：向大量的观察者展示一些装有硬币的玻璃罐，让他们估算一下每个罐里硬币的数量。实验发现，一个人单独完成这个任务的效果并不理想，有些人高估了硬币的数量，有些人低估了硬币数量。但一群人共同做出判断时准确率就很高，因为对所有估算得出的平均值就会趋近正确值。然而，只有在每个人的观察相互独立，每个人所犯错误不相关联的情况下，降低错误率的奇迹才能出现。如果观察者持有相同偏见，就算将他们的观察汇总起来也难以降低错误率。

这个实验说明了独立判断的价值。所以该书作者建议企业高管们："在开始讨论某个问题之前，先让与会的每一位成员各自写下简短的意见阐明自己的观点。这个过程很好地利用了小组里不同知识和见解的价值。而开放性讨论这一常规做法总会注重那些发言早而又强势的人的意见，使得其他人一味附和他们的观点。"①

另外，我在课后还为学生提供了另外一篇文章《我们都是一小撮》。作者周濂用非常贴近青年的故事，让人了解我们其实都是"一小撮"，只有意识到这一点，才能避免"自以为是的道德优越感"以及"不自知的恶与暴力"②。

在"凸显"与"嵌入"的两种防御中，何者更为有效？人与群体的关系，是否可以做到津巴多所说的"熟练自如地摆荡于完全沉浸与适时抽离的两极间"③？人是否可以既让自我得到充分发展，又能对社群有所贡献？

用"凸显"和"嵌入"的模式来分析，电影《死亡诗社》中尼尔的自杀可以说是个体化失败，即不能按照自己的愿望去活；而在《浪潮》中，蒂姆的自杀则是因为他对"终极拯救者"的期待破灭了，"嵌入"失败。看上去，这两种防御

① [美]丹尼尔·卡尼曼：《思考，快与慢》，胡晓姣、李爱民、何梦莹译，北京：中信出版社，2012年，第69页。

② 周濂：《你永远都无法叫醒一个装睡的人》，北京：中国人民大学出版社，2012年，第89页。

③ [美]菲利普·津巴多：《路西法效应：好人是如何变成恶魔的》，孙佩妏、陈雅馨译，北京：生活·读书·新知三联书店，2010年，第502页。

方式都有问题。但欧文·亚隆指出："总的来说，终极拯救者的方式不如个人独特性有效。不仅因为它更容易破灭，而且也因为它所固有的对人的限制性。"①

或许，人生之难，就在于要在"凸显"与"嵌入"的两极间不断调整，通过成长，获得如弗洛姆所说的，在一种"积极的自由状态"中，"人可以自由但并不孤独，有批判精神但并不疑虑重重，独立但又是人类的有机组成部分"②。这是一种非常理想的人格状态，也是一个极为艰巨的成长任务。而这条成长之路，在弗洛姆看来，却是要以人的自发性为开端："人只有实现自己的个性，永远不把自己还原成一种抽象的、共同的名称，才能正视整个普遍人的经验。人一生的任务恰恰是既要实现自己的个性，同时又要超越自己的个性，达到普遍的经验这样一个充满着矛盾的任务。"③

对于年轻的大学生来说，如何实现自己的个性，又如何超越自己的个性，在社会发展进步的历程中，找到自己的生命价值和意义，这不仅是一个需要思考的问题，也是一个只能在与现实世界的互动中，去探索和解决的问题。生死学课堂所能做的，或许就是给他们经历多年教育形成的不习惯独立思考的大脑松松土，觉察到自己在以什么样的模式活着，并且保持着警觉和成长的愿望。

① [美]欧文·D. 亚隆：《存在主义心理治疗》，黄峥、张怡玲、沈东郁译．北京：商务印书馆，2015年，第139页。

② [美]埃里希·弗罗姆：《逃避自由》，刘林海译，北京：国际文化出版公司，2007年，第174页。

③ 冯川主编：《弗洛姆文集》，北京：改革出版社，1997年，第556页。

【附录】课后书写与对话

【陆晓娅说】

赵婧和潘越的两篇文章虽然不长，但我却觉得非常有分量。这分量首先是来自于对问题的深入思考，来自自己和自己较劲。这样的一种较劲，或许是心智发展的一种动力，在较劲中产生疑问，也产生新的思想。

赵婧较劲的对象是自由的基础。我特别喜欢她的一句话“自由是建立在一个已知的安全基地之上的社会创造性活动的源泉”。这句话有两个重点，一个是“自由是社会创造性活动的源泉”，另一个重点是“自由是建立在安全基地之上的”。这个“安全基地”是什么？是童年的安全型依恋所发展出来的健康人格，还是团体的归属感？抑或两者都有？我是倾向于两者都有的。因为人的价值感虽然不完全依赖于关系，但是全然孤立的个人，恐怕还无法发展出生命的价值感和意义感，他拥有的“自由”又如何成为创造之源呢？

拥有自由意志，但同时又能融入人类为社会进步的努力中，或许将这两者整合在我们的生命当中，是我们一生都要面对的课题吧。那些真正的自我实现者，便是将这两者整合起来的人。

潘越的文章非常有想象力，他想象“浪潮”可以继续发展，但不是朝着极权的方向，而是在文格尔先生的带领下，逐渐从极权过渡到民主，学生们因而可以学习到如何过民主的生活。是的，从臣民到公民，从专制极权到民主宪政，会有一条非常艰难的路，没有具有良好民主素养的公民，也不可能有健康的民主社会。但是，民主素养这玩意儿，真不是靠读书就能提高的，非得在民主实践中去学习，去培养。也许，我们无法将这个过程变成一个大型的体验式课程，变成从“浪潮”到“反浪潮”，但民主素养的训练场其实就在我们身边。任何有利益冲突的真实的生活场域，都可以转化成民主素养的训练场，如我们的宿舍，我们的学生社团，我们的班级。有兴趣的同学，我还是极力推荐大家看看《可操作的民主：罗伯特议事规则下乡全纪录》一书（寇延丁、袁天鹏著），看看农民们怎样去学习运用民主权利。

/ 我们真的向往自由吗？ / / 赵婧

不自由，毋宁死。尼尔用他的自杀捍卫了他的梦想，保住了心理的自由——求我所求，而不是任人摆布的棋子。但是，我们又有从众的心态，在群体中获得安全感和价值感，在群情激奋之中基本丧失了个人的意志，并且甘之如饴，轻易就能成为别人的傀儡。

当我们脱离了一切社会层级关系，达到真正的完全的自由的时候，真的还会甘之如饴吗，我们真的向往纯粹的自由吗？

我觉得自由是建立在一个已知的安全基地之上的社会创造性活动的源泉。这个安全基地我不太确定是否会出现性别差异，我个人感觉是一个已知的涵盖安全依恋对象的或者共同高级层次追求的、平等的小团体，如家庭、密友圈。当个体在复杂的社会关系网中占据了一席之地，感知到了自我存在的价值，才能够产生自由的思想，找出自己的人生方向。否则，所有的力量都会被用来寻找社会依附，迷茫慌张，让生命呈现一种弥散的状态，自我同一性也无法很好地建立起来，更无法认识自己。

但这是为什么？从进化的角度来说，人类是群居的动物，男人们一起出门打猎，女人们一起去采摘果实，我们需要分工合作才能获取足够的食物抵抗强大的对手。脱离了群体便很难生存，基因很难遗传下来，所以进化到现在的我们骨子里有一种聚拢的本能，需要一个不自由的“束缚”来提供足够的安全感。

这种对社会关系的渴望成为一种基础，甚至无意识。当它无法被满足时会产生焦虑、不安全感，无法进行更有价值的社会生产活动。

而我们所谓的自由，即通过个人意志选择自己的生活、自己的交往环境，凭借自己的意志创造自己想要的生活，这一切的活动追求，都是在对自我生活有坚定的价值感之后，革命者坚信自己秉持的思想可以拯救这个国家，个体相信通过努力自己的梦想可以实现。在较低层次的需要被满足之后(即温饱和安全感)，人就有了自我实现的欲望。

但是，是不是有人在群体归属感之上发展出个人的自由，最后脱离最初的归属基础，只保留上层的自由呢？有些人就是不在意和社会之间的关系，内在即世界，他的自由的力量源自内心的稳固，这种稳固，不是社会关系归属带来的，而是对真理最自我的信心。这种基础，又叫不叫不自由呢？

现在的我并不能感受到何谓自由何谓不自由，无法剥离开判断两者的关系，自由的基础是否真的必然需要社会群体的归属感，抑或只是和人格特质有关？我们究竟是不是名为自由的傀儡，拖着束缚的枷锁去渴求自由？那些不可承受之重是不是我们甜蜜的负担，让我们甘之如饴？

//假如“浪潮”没有戛然而止/

潘越

我之前也看过这部电影，但没有在教室中看的时候感觉这么震撼。当影片结尾的时候，看到蒂姆饮弹自尽，文格尔先生也被关进监狱，我就在反思为什么会出现这样一个结果。这种实验性的教学一定会出现这样一种结果吗？一定是一场悲剧吗？我们不妨设想一下情节还有可能怎样发展。

回到文格尔先生在大礼堂中激起学生们的斗志和改变历史的激情的那一幕，如果他之后不是将这一运动戛然而止呢？那是不是就不会发生之后的一连串悲剧？如果在这之后，文格尔先生不是直接停止“浪潮”运动，而是听到同学们反对的声音之后将其继续下去，是不是会更好一些呢？同学们提出希望留下“浪潮”，也提出之前他们犯的错误都可以改正。如果他们把所有错误都改掉了，那这个组织既有团结性和凝聚力，又对其他人没有什么不好的影响，为什么不能继续下去呢？

我由此又想到，为什么专制主义和极权主义一定是错的？能不能克服这些错误继续存在呢？如果我是老师，我想我不会让这次运动戛然而止。我会首先告诉学生们，极权主义之所以危险是因为所有权力都集中在一个人的手中，而在“浪潮”运动中就是集中在文格尔先生的手中。政治学中有一句名言：绝对的权力导致绝对的腐败。就算文格尔先生心地极其善良，在这一运动的不断发展中，也难保他不会出现失误。例如，文格尔先生让学生把反对者押上来时，学生们会毫不犹豫地照做，如果要求伤害这名反对者，恐怕他们也会照做。但在这一行为中他们是无意识的，这也就是为什么当年德国的纳粹士兵，很多都宣称他们对纳粹残害犹太人的行径毫不知情。在告诉学生们极权的危害之后，文格尔先生可以循着历史发展的途径，逐渐改掉极权的错误，让同学们提出改革方案。比如，不能让文格尔先生一个人专权，应该设立监督机制，还可以设置领导集体，等等。这样逐渐地就可以实现极权向民主政体的转变，同学们可以在这样的过程中理解历史政治发展的历程，也可以认识到极权的危害。我认为这是更好的方法，可以避免戛然而止所导致的悲剧性结果。

/ 作为教师的“快感” / /
——答一封来自某旁听研究生的信

陆老师：

关于上节课，我有一个疑问：文格尔先生对于“浪潮”究竟是什么态度？刚开始，他是为了让同学们体验到，在现代，法西斯主义也是可以实现的；结尾处，他再一次劝说同学们时，也表明了自己发动“浪潮”的初衷。但是中间有好几个细节，似乎体现出他也沉溺在“浪潮”之中：

1. 当马尔科的女朋友卡罗私下找文格尔，劝说他停止“浪潮”，他却威胁卡罗“给我离开这个课堂”。如果文格尔真的仅仅想让同学们体验到“浪潮”，那么对于私下里这么善意的劝言，他为什么不听？

2. 文格尔看到报纸，明白“浪潮”的严重性，他在课堂上批评了同学们，而当蒂姆主动向他认错时，文格尔却对蒂姆说："你参加这个活动，怎么还不明白不能出卖其他人。"这句话又再一次加深蒂姆心中对"浪潮"的认可。如果文格尔真的想降低同学们对"浪潮"不可理喻的狂热，他应该及时地找蒂姆谈谈。而且在第四天、第五天里，校园里"浪潮"的风靡程度这么严重，文格尔先生肯定是知道的，为什么他不及时降低运动的热度？

3. 第六天时，如果他换一种方式结束，会不会有另外一种结果？

所以我在想是不是文格尔先生也是沉浸在"浪潮"带给他的快感里。还望您替我解开疑问。谢谢！

某某同学：

非常高兴你在与电影文本对话时，产生了丰富的思考。我之所以选择电影作为本课程的媒介，就是因为电影文本具有开放性、丰富性和复杂性，每个人都会带着自身拥有的知识与经验，来和电影文本对话，被激发出不同的感受、想法与困惑。如果能对这些真实的想法和困惑进一步思考与对话，学生就不再是知识的旁观者，而是真正进入了学习的过程。

言归正传。如果你从头到尾看过《浪潮》，就会发现电影给文格尔设置了这样一种身份：体育教师、水球教练、文凭不高，在学校比较边缘，他自身也比较自卑。《浪潮》的高明之处，恰恰是不仅展现了"浪潮"这件"事"，而且也展现了参与这件事的"人"(包括学生们)各不相同的生命状况，让我们看到个体的人与群体运动之间的关系。

我个人觉得，在"浪潮"中，文格尔的情感应该是复杂的。作为"教师"的他，也许开始时没想太多，就是希望通过体验式课程，让学生理解什么是极权主义，极权主义是怎样产生的，从而完成教学任务。但随着课程的进展，作为“人”的他体验到了“快感”，这种快感不仅是他在“浪潮”中所获得的不容置疑的领袖地位，也包括在自己的操纵下“浪潮”快速发展让他获得的“成就感”。或许他暗暗预期，这样的教育活动将会大获成功，让学生得到永生难忘的体验，也成为自己教师生涯中的一座高峰。是不是这样的快感和期待（背后的潜在动机是证明自己不那么糟糕，一种匮乏性动机），让他在“浪潮”已经显示出失控迹象时，仍然不愿意听从理性来刹车，仍然冒着风险将“浪潮”推向戏剧化的顶点——他精心设计的最后一堂课，给予“浪潮”拯救德国的宏大意义，直至将“叛徒”马尔科押上台？

在《死亡诗社》和《浪潮》中，我们都看到了作为“人”的教师，不管是有意识还是无意识，他的生命状态都会影响到教育的过程。教师，从来都不是“裸”的，他会带着自己的“三观”进入教育过程，更会带着他的人格，包括过往人生中没有被满足的需要（如被认可）甚至心理创伤，来和学生互动。教育的复杂性、不确定性，不仅因为学生们性格各异、需求各异，也因为作为“人”的教师，从来都不纯粹。

一个教师，如果从未在教育教学活动中感到满足和快乐，恐怕他的职业生涯是黯淡的、悲惨的。但是，作为教师，却要警觉自己的满足和快乐到底来自哪里？在师生关系中，教师因为其地位，无疑拥有某种“制度性权威”（尽管这种权威在进入现代社会特别是信息时代后有所降低）。他可以凭借自己的优势地位，操控学生，将学生的命运玩弄于自己的股掌之中，从而获得在其他地方很难得到的满足感。教师，也可能因为自身的人格魅力、渊博学识，得到学生的崇拜。若教师沉迷其中，也是危险的，因为如果你需要不断地通过崇拜来被认可，你真正关心的就不再是学生的成长了。在以前的课程中，有学生说也想叫我“船长”，但我很清楚地知道，这种被崇拜是危险的，它将构建出一个虚假的我，也将构建出一种不平等的精神关系。也许，作为教师，健康的快乐和满足，应该来源于学生的成长，来源于自己富于创造性的工作吧。

如果文格尔不是受匮乏性的动机驱动，我想他一定会用更加缓和的方式结束“浪潮”，设计出一个重要的回顾、反思环节，和学生一起探索“浪潮”是如何一步步演变的，健康的群体生活应该是怎样的。

就写到这里，真心感谢你，带给我这么多新的思考！

陆晓娅

2014 年愚人节

我所拥有的自由及其责任

/ 逆境课：绝望中

我一定会死。我一定会被囚禁。我一定会遭受流放之苦。但是我必须

懂得为何而活的人，几乎任何

的希望之光//

呻吟着死吗?我也必须发出哀鸣吗?

爱比克泰德

痛苦都可以忍受。

尼采

《美丽人生》*La Vita è bella* /

导演：罗伯托·贝尼尼 / 1997 年

/ / 被花房一分为二的故事 /

我想，讲授其他课程的老师在安排授课内容和进度时，大概不需要考虑学生的情绪，只要按照知识结构，先易后难、循序渐进就好。但我的生死学课程不同，它不是一门只诉诸理性、只传授知识的课程，而是一门会挑起情绪的课程，一门体验与思考兼具的课程，因此课程内容的安排、影片的选择，都需要仔细斟酌。就像要谱一首乐曲，在一些低沉的段落之后，也需要有不同的变奏，拉起听众的情绪。

所以在课程中段，我选择了意大利电影《美丽人生》。毕竟，生死课的目的不是要把学生推到沉重中去，而是让他们感受到死亡虽然不可避免，但生命仍然可以如朝霞般绚烂。

我曾在百度上输入"《美丽人生》的故事是真的吗"进行搜索，答案是：

不是，是罗伯托·贝尼尼按照童年时的记忆编写的故事，但不是真事[①]。

故事不是真实的，但电影发生的背景是真实的。

这反倒激起了我的好奇。如果这个故事并未真实发生过，能写出这样的故事，拍出这样电影的人，他们内心一定拥有了不起的力量——我说的"力量"不是想象力。富有想象力的人不少，凭着想象力可以把电影拍得花哨，却不一定能有触动人心的力量，就像张艺谋后期的一些电影。我想，能拍出《美丽人生》的人，一定相信在令人绝望的黑暗中仍然有光明存在，他们让想象力在这份"相信"之上驰骋，因此才能够表现黑暗中的光明，展示绝望中的希望，发掘人的可能性和力量。

"力量"，抵抗生命中逆境的力量，就是我们要在教学中寻找的。

① 百度百科"罗伯托·贝尼尼"词条中说，贝尼尼的父亲曾在纳粹集中营中生活过两年。

《美丽人生》的电影将近两个小时，可以很清楚地分为前半段与后半段。

如果用很长的一句话来概括影片的前半段，或许我会这样说：一个很“二”的犹太青年(他叫“圭多”)抱着开一家书店的梦想来到小城，邂逅了非犹太人且家庭地位悬殊的年轻女教师(她叫“朵拉”)，他用很不靠谱的行为(这些行为却恰恰体现了他的自信、幽默、机灵和丰富的想象力)打动了她，于是在订婚晚会上，她让他“带走”了自己……

他们来到了圭多的住处，很“二”的男主角却发现没带钥匙。当他试图用铁丝把门打开时，羞涩的朵拉悄然走进了旁边的花房……

镜头似乎没有切换，我们看到的仍然是这个花房，但随着女主角一声呼唤，里面竟然跑出一个男孩，那是他们的爱情结晶——已经快五岁的儿子乔舒亚！

这些年里，仿佛发生了很多事情：圭多梦寐以求的书店开业了，又有了可爱的儿子。每天，他把太太和儿子驮在一辆自行车上，送太太去上班，送儿子去上幼儿园，在欢快的音乐中穿街过巷。但是，街道两旁贴着的通告，背着枪列队走过的党卫军，橱窗上“犹太人与狗不得入内”的告示，都提示着社会环境对他们来说已经越来越险恶。

终于，在乔舒亚五岁生日这天，纳粹抓走了圭多的叔叔、圭多和乔舒亚，强行把他们送往犹太人集中营。朵拉回到家里，看到家中一片狼藉，知道最担心的事情发生了。不是犹太人的她，立即赶到车站，坚持要求和丈夫、儿子一起走。隔着车厢上的栅栏窗，乔舒亚看到穿着红衣服的妈妈上了另一节车厢。火车冒着黑烟开走了……

如此可爱的一家人，他们的人生会就此被毁灭吗？这部叫作《美丽人生》的电影，将如何讲述集中营里的故事，如何诠释“美丽人生”这样一个片名？

/ 残 酷 与 美 丽 / /

用电影作为教学手段，让我对电影的表达方式变得敏感多了，过去不太重视的片头和片尾，都让我重新发现了意义。

这堂课开始后，我先播放了《美丽人生》的片头，希望将学生从日常生活，快速带进影片所营造的心理氛围中：

厂标过后，银幕出现了短暂的黑暗，一阵呼啸的风声，传达出寒冷的感觉。接着，银幕上出现了一片浓雾，画外音响起："这是一个简单的故事，但不易说。像寓言，有悲有喜。像寓言，不可思议。"雾中，一个抱着孩子的男人，背对着观众慢慢前行，又慢慢隐没在浓雾中。

接着，我用14张影片截图串讲了一下电影的前半段(我也要求学生课前观看全片)。当然，挑选的截图交代了关键故事情节并体现了主角性格特征，它们是解读后面故事的钥匙。

之后，我完整地播放了影片的下半部分。播放之前，我给学生布置了任务。

第一，睁开你的两双眼睛(一双眼睛看电影中的故事，一双眼睛看导演怎样讲故事)；打开你的两个频道(银幕上在发生什么，你的内心在发生什么)。

第二，在电影后半段中，这个家庭将面临巨大的磨难。认真观察圭多是怎样处理这些挑战和磨难的，至少记住其中的一个细节。

为什么强调要"记住细节"？因为我希望通过电影中的细节，和学生一起分析，让一个人在生命的困境中撑住的，到底都是哪些东西，又怎样把这些东西迁移到自己的生活中。我不喜欢媒体中常见的"现在的孩子挫折承受力太差"之类的观点，通常一出现青少年自杀之类的事情，这种声音就会出来。我觉得这种抽象的、模糊的表达，既掩盖了问题形成的原因，也对青少年没有什么实际帮助，因为它没有提供可以提升"挫折承受力"的着力点。

放完影片的后半段，仍是用一个小小的整理作为沉淀。这次，我让学生用一个句子写下自己的观后感，之后在班上做分享。他们写下：

最美丽的谎言。

父爱如山。

不要有战争。

对苦难的赋义很美。

我愿用一生编制一个美好的童话……

此时，我才告诉他们“美丽人生”这一片名的来源。导演贝尼尼说，片名来自利昂·托洛茨基(Leon Trotsky)所说的话。托洛茨基在墨西哥流放时期，得知要被斯大林暗杀时，他看着花园中的妻子写出了这样的话：“无论如何，人生是美丽的。”

我提出了第一个问题：影片的结尾带给你什么感受？尝试给这部影片设计新的结尾，并对不同的结尾加以比较。

在电影中，圭多最终未能躲过一死。这样一个结局，让一些学生感到很沉重，很不愿意接受，他们多么希望这个充满爱和智慧的爸爸能够活下来。有学生问：为什么电影安排了圭多死去，而母亲和孩子却活了下来？有学生说，第一次看电影的时候，觉得是圭多杀死了那个党卫军，换上他的衣服走出来……

好吧，如果按照这个愿望改写电影的结局，会怎么样？

沉默片刻，有几个学生发言了：

学生A：这样的结尾太神话了，集中营是很残酷的，孩子活下来已经不容易了。

学生B：如果都活下来，电影就应该改名“美丽”而不是“人生”了。

学生C：导演就是要让我们去面对真实。

那么，除了真实性以外，电影中的结尾还有别的意义吗？

学生E：我觉得如果是圭多杀死了党卫军，一家三口都活下来，这个结局不如电影里的结局有分量。电影里的结局可以让人沉浸在里面，意犹未尽，想得更多。

学生F：牺牲换来的希望更让人珍视。

学生A：圭多为找妻子死去，凸显了爱的伟大；虽然圭多死了，但他的人生是饱满的、丰富多彩的，怀着大爱死去，这个生命是有意义的。让母亲和孩子一起活下来，会让观众心里更加温暖一些。

也许我们可以说，导演给了电影一个残酷的结尾，却让人生显得更加美丽！

//我们需要真实还是谎言？/

我的第二个问题是：圭多为什么要让儿子生活在一个巨大的“谎言”中？

这个“谎言”对孩子有意义吗？你在生活中看到、听到过一些类似的“谎言”故事吗？它们的价值何在？怎样区分给人带来保护的谎言和带来伤害的谎言？

我之所以提出这个问题，是因为我们每个人长大的过程中，都被教导“不能说谎”，这是一个非常绝对的道德律令。但是在生活中我们却看到谎言无处不在，从家庭中的小谎言，到社会上的大谎言。在某些历史阶段，谎言甚至大行其道，即便完全脱离了常识，也仍然可以被当作“真实”来接受。所以，“谎言”这件事，似乎并不那么简单的，是需要辨识和讨论的。我希望就此进行的讨论，能帮助学生打破“非黑即白”的思维模式。

下面，就是第三轮课上我和同学们，也包括助教老师就此进行的讨论，因为既有学生也有老师，所以统称为“发言者”。

发言者A说：电影中，圭多让孩子生活在谎言中，但是我们到底需要一种真实警醒我们，还是需要谎言帮助我们？宗教似乎也常常会给我们一些美丽的憧憬，虽然我们不能确证，但所有民族都有这样的东西支撑着人们。

陆晓娅：会不会有些谎言是恶意的、邪恶的、出于某种私利而制造的？说到宗教，虽然可能无法确证死后的世界究竟是怎样的，但宗教建构出死后的世界，对活着的人是不是有所安慰？这算谎言吗？过去我们听到的是“宗教是人民的鸦片”，但在多元的社会中，有很多人信仰宗教，我看到台湾的临终关怀机构，也会设立不同的宗教场所，让临终之人得到安慰。

发言者B说：人民有时候也需要鸦片，我小时候肚子疼就吃过鸦片，精神上也是一样，太痛苦了就需要麻醉剂。

发言者C说：从历史和政治的角度看，如果让人民将谎言当作真实，是有害的。

发言者D说：有些谎言就和美图秀秀一样。

发言者E说：圭多告诉儿子这是一个游戏，一个是制造希望，一个是传递温暖。他用来制造希望的是谎言，但传递的温暖是真实的。真实和谎言也可以同时使用，不一定是割裂的。

发言者F：谎言中也会有真实的情感。

发言者G：不在于是真实还是谎言，而在于你选择相信哪一个，就像故事中的孩子，他也听到另一个版本，纳粹拿人做纽扣、肥皂，也听到了父亲的说法。“大跃进”时也一样，你可以选择相信，也可以选择不信。

陆晓娅：儿子愿意相信爸爸，第一是有亲情的联系；第二是爸爸不断告诉他是个游戏，小小的乔舒亚选择相信爸爸。我想爸爸是完全知道集中营的残酷，以及死亡随时可能降临，未来是不确定的，电影中也充分表现了这一点。我相信爸爸心中也充满了担心和恐惧：可能有一天一家三口都会死。但他为什么选择要制造一种游戏？为什么要在那么绝望的地方通过“谎言”制造希望？

发言者E：真相对一个五岁的孩子来说，太恐怖了，而且未来是未知的、不可控的，父亲的说法给乔舒亚带来安全感，也让孩子把被动的忍受变成了主动的参与。这个游戏让爸爸在孩子心中的形象始终没有崩溃，这样的爸爸形象，可以帮助孩子不被吓坏了。

陆晓娅：还有更深的意义吗？

发言者H：虽然圭多并不知道自己和孩子会活多久，但我想他希望孩子在死去之前当作游戏好好过完人生，而不是像刚进来时看到的那些目光呆滞的人。

陆晓娅：集中营的痛苦不仅是身体的，还有心理上极度的不安全感，还有人性中的阴暗。孩子看到，同样是人，一些人却那么残暴，会不会对人性失去希望？圭多甚至把那些喝喝呼呼的士兵都说成是游戏的一部分，这是不是一种更深层次的保护？如果一个人从小就看到人性中恶的东西，会不会对人失去信任？

发言者J：片名是“美丽人生”，这是爸爸的愿望，即便他和孩子马上死去，也有过美丽人生。

同学H：爸爸有奇怪的幽默感，他把被涂上“我是犹太人”的门关上，就变成“你来晚了”，玩文字游戏。还有对儿子解释“犹太人和狗不得入内”，说人各有各的喜好，有的店铺“不欢迎西班牙人和马进去”，有的地方“华人与袋鼠不准入内”……他可能对诋毁、践踏不在乎，可以玩味这些。

发言者G：我有点不同意见，父亲知道这些话是种族歧视和排斥，他内心未尝不感到痛苦和愤怒，但他选择用幽默来承担，因为不希望孩子来承受他所不能理解的屈辱与排斥。

为什么这位父亲不希望孩子承受被歧视和排斥的屈辱？为什么圭多在集中营里为孩子建构了一个玩游戏的故事？

心理治疗家欧文·亚隆说，儿童必须以与内在资源相匹配的速度处理各种问题，“过多，过早”显然都会造成失衡。在发展出适当的防御机制之前就面对死亡的残酷的孩子，可能会承受过大的压力。[①]

我的朋友、心理学教授杨眉则从一生发展的角度提出了她的看法：那个父亲精心呵护的不仅仅是孩子在集中营时的处境，更是孩子的一生。他在最黑暗的时候给孩子留下的却是最光明与温暖的回忆。他在守护中帮孩子维护并且发展了最重要的内在资源——希望与乐观。

杨眉教授并非仅从心理学的理论推出这个观点，她自己的亲身经历，更是让她深感当现实无比黑暗时，保护孩子的希望与乐观是多么重要：

杨眉刚刚出生20多天，她的爸爸就因为曾向胡风约稿而被审查。她两岁多的时候，爸爸又被打成“右派”，并被开除出党。但是为了保护她幼小的心

① 参见[美]欧文·D. 亚隆：《存在主义心理治疗》，黄峥、张怡玲、沈东郁译，北京：商务印书馆，2015年，第111页。

灵不受伤害，全家人一直向她隐瞒了爸爸是右派这件事，外婆和妈妈还努力在重重压力下，让孩子感觉到生活一切正常。“他们从来不当着我的面窃窃私语从而引起我的好奇和猜疑，我醒着的时候，也从来没有听见家里的大人谈过任何家中的变故，因此我对家里发生的重大变故没有任何印象”，直到“文化大革命”开始她们连自己也无法保护的时候。即便是这样，当杨眉问妈妈，爸爸为什么会被打成右派时，她的妈妈都坚定地回答：“他们搞错了！”

应该说，杨眉的家人并没有对她说谎，而是保守了一个巨大的秘密，这使得童年的杨眉可以生活在快乐之中，并因此拥有内心的安全感。正是这样的人生“底色”(杨眉称其为“阳光基调”)，让她虽然后来经历“文化大革命”的创伤，却仍能在一定程度上保持自我，仍能相信好人的存在，而不是彻底沦入对自我的否定和对人性的怀疑。这种来自童年早期的安全感，也是她后来在专业领域发挥创造性的基石。

非常宝贵的是，旁听生死学的杨眉老师在课后写来一篇文章，题目是《给准父母的一封信》，专门论述了“希望”的意义有多大。为了保持它的完整性，就放在附录里吧！

也许，从保护孩子的心灵角度说，我们不应该把圭多创造的游戏叫作“谎言”吧。从根本上说，他的确创造了一个游戏，一个用智慧与幽默和邪恶斗争的游戏，一个用善良战胜邪恶的游戏！

/ 你的抗逆故事 / /

当我和学生一起通过电影中的细节，去整理圭多的特质，以及他是怎样应对集中营的绝境时，我们发现，每个人说到的也许是自己最珍视的，也许是自己最渴望拥有的。我们对电影的反应，何尝不是我们内心的投射啊！

把这些细节放到“抗逆力”的框架中，我们就可以看到，让圭多能够成为集中营真正“赢家”的那些因素是什么。

抗逆力(resilience)，也有人译为“复原力”或“心理弹性”，原意是弹性、弹力的意思，即某物质能在弯曲、伸展或收缩后恢复原先的形状或位置的物体的性能。引申到心理学上，就是指一个人在处于困难、挫折、失败等逆境时的心理协调和适应能力，即一个人遭受挫折后，能够忍受和摆脱挫折的打击，在逆境中保持健康、正常的心理和行为能力。更为学术化的说法是：抗逆力作为优势视角①的理论内核，是当个人面对逆境时能够理性地做出建设性、正向的选择和处理方法。抗逆力是个人的一种资源和资产，能够引领个人在身处恶劣环境下懂得如何处理不利的条件，从而产生正面的结果。同时抗逆力也是一个过程，可以通过学习而获得并且不断增强。抗逆力高的人能够以健康的态度去面对逆境。②

忘记我是什么时候知道“抗逆力”这个概念了，只知道20世纪末的某一天，我在香港买到一本叫作《生命轨迹》的书，作者区祥江是香港著名的青少年服务机构“突破”的心理辅导总监。在这本书里，作者引述了弗雷德里克·弗拉施德(Frederic Flashd)“抗逆力十二因素”③，我读到后才感到“抗逆力”是

① “优势视角”(Strength Perspective)是一种关注人的内在力量和优势资源的视角。意味着应当把人们及其环境中的优势和资源作为社会工作助人过程中所关注的焦点，而非关注其问题和病理。优势视角基于这样一种信念，即个人所具备的能力及其内部资源允许他们能够有效地应对生活中的挑战。

② 参见田国秀：《抗逆力研究：运用于学校与青少年社会工作》，北京：社会科学文献出版社，2013年，第21页。

③ 参见区祥江：《生命轨迹：助人成长十大关键》，香港：突破出版社，2000年，第82页。

一个真正有帮助的概念——当抽象的概念具体化时，也就提供了发现问题和解决问题的着力点。这十二条是：

1. 健康的自我形象。
2. 有独立思想和行动的能力，但又不怕向人求助。
3. 有良好的支持系统及倾诉对象。
4. 有高度的自律及责任感。
5. 对新事物开放，容易吸收。
6. 敢于梦想。
7. 有多样的兴趣。
8. 有幽默感。
9. 了解自己及别人的情绪，并能做出合宜的表达。
10. 认识及懂得发挥自己的才干。
11. 能忍受不快。
12. 对生命有热诚，有一套了解人生意义的哲学。

这十二条带给我两个很强烈的感受：一是这些可以帮助青少年走出人生困境的因素，在我们的学校教育当中，几乎是被忽略，甚至是被完全排斥掉了；二是其实决定一个人是否会“垮掉”的，不是单一因素，或者反过来说，在逆境中不被打垮的人，都有一张由心态、能力、资源等因素共同结成的保护网。

后来，有学者将抗逆力的构成要素，总结为“3I”结构，即外部支持因素

(I have)，内在优势因素(I am)以及效能因素(I can)三个部分[①]。现在，我们就可以把电影的细节，整理到这“3I”的结构中了。

I have(圭多拥有哪些外部支持因素)：他的妻子朵拉不仅打破社会偏见毅然嫁给了他，而且在他们被送往集中营时，选择了和他们患难与共，哪怕可能牺牲自己的生命。这对于圭多来说，是最重要的支持力量。还有可爱的乔舒亚，无疑他是让圭多能在绝境中支撑住的直接原因。还有曾经收留了圭多的叔叔，还有集中营的难友，比如配合圭多的“游戏”，说自己挣了20分的巴图……

I am(圭多的内在优势因素)：不自卑，表现在他对朵拉的追求上，即便自己是一个犹太人，来自乡村，没有钱，他也敢于去追求家庭优越的朵拉。浪漫而富于想象，比如他把朵拉叫作“公主”，用车上的红布给朵拉铺成红地毯；当然最大的想象，是进入集中营后告诉儿子这是一场“游戏”。敢于冒险和尝试，比如假冒督学闯到朵拉的学校，看完歌剧把朵拉“劫持”，直到后来直接把朵拉从订婚晚会上带走。有同理心，能够理解年幼的乔舒亚面对纳粹时可能产生的恐惧。有责任感，比如最后时刻仍然冒着危险去寻找妻子……

I can(圭多的效能因素，包括人际交往和解决问题的能力)：他特别善于用幽默来转化儿子的担心，细节很多，比如他向儿子解释为什么会有“犹太人与狗不能入内”的告示时，创造出了“哥特人和蜘蛛不准入内”；比如当乔舒亚告诉他有人被送进毒气室时，他对儿子说：“没听说过用人当燃料。我没有柴了，抓个律师去烧吧！律师太湿，烧不着，只会冒烟……”面对危险，他会快速地想到解决办法，比如当集中营的看守怀疑乔舒亚是混进宴会的孩子

① 参见田国秀：《抗逆力研究：运用于学校与青少年社会工作》，北京：社会科学文献出版社，2013年，第21页。

时，圭多马上教孩子们用不同语言说话骗过了看守。他善于利用机会和资源，比如刚进入集中营时，主动要求当“翻译”，给孩子传达出这是一场游戏的信息；比如通过集中营的大喇叭，告诉朵拉自己和孩子还活着，让她也能为了一家的团聚坚强地活下去。他能快速地转换自己的情绪，不让孩子看到自己的脆弱，他还善于寻求难友们的帮助……

经过这样一番整理，“抗逆力”这个词就不再抽象了。“3I”的结构不仅便于理解和记忆，也便于学生迁移到自己的生活中。我还让他们对照弗拉施德的“抗逆力十二因素”，逐条给自己打分，看看自己已经拥有什么，比较薄弱或欠缺的是什么。

但是，我仍然在想，我的教学如何与学生自己的生命故事贴得更近，如何帮助他们发掘出自己的抗逆力？所以，在第五轮教学中，我又加了一个环节，让学生在课堂上分享自己的抗逆力小故事。而我，则会在他们分享的时候，用叙事疗法[①]的理念和方法，帮助他们重新建构自己的故事，从而发现自己的抗逆策略和方法。

黄甜同学分享说，高三那年腿骨折了，医生让她住院三个月，当时她非常崩溃，觉得自己有可能要复读了，但她不想复读。在听取了其他医院医生的建议后，她没有选择住院，而是每天照常上学，只不过坐到了后面的位置上，以便安放伤腿。开始时她很烦躁，会对妈妈发脾气，但是很多同学会给她发幽默的短信，逗她开心。

这时，我开始提问了。我问她：“你身上有什么样的特质，让同学们愿意在你需要的时候关心你？”

① 叙事疗法是麦克·怀特等人发展出来的一种后现代心理治疗方法，它强调“人不是问题，问题才是问题”，通过“外化”“解构”“丰厚”等一系列技术，帮助当事人从“问题故事”中摆脱出来，建构起与问题做斗争的新故事。

黄甜说："自己平时就很关心同学，同学情绪有了波动很快就能注意到，然后主动去关心。所以自己有了困难的时候，别人也会关心自己。"

我通过自己的回应，提取出黄甜故事中的抗逆力因素：原来，平时关心别人的人，在自己遇到困难时也容易得到帮助。所以，那个"I have"与我们平时怎样做是有关系的，我们要让自己的支持系统更多更牢固，就要像黄甜同学那样，也关心别人、帮助别人。我还注意到，黄甜同学碰到问题时，不是一条道走到黑，而是先多收集一些信息，对信息进行评估后再做出选择，这是解决问题的重要方法，可以放到"I can"当中。一般来说，当我们面临一个需要解决的问题时，如果你手里只有一个方案，就暂时不要做决策。方案肯定不止一个，如果你能想到另外的方案，并且评估了不同方案的利弊得失，再去做决策，这样的决策质量更高些。

戴思云同学分享说，自己属于比较内向的，喜欢一个人学习，结果在初中时被其他同学排挤、讽刺，心里很难过。但接近中考了，她要求自己把这些负面的信息都加以屏蔽，专心复习。同时她也知道，每个同学压力都很大，他们议论、嘲讽自己，也是为了给自己减轻压力。

我这样回应她：戴思云想了两个方法帮助自己，一个是屏蔽负性的信息，不让它们干扰自己，把注意力集中在当下；第二是理解这些同学行为背后的原因，将他们的攻击性行为解释为给自己减压，这样心里就少了很多怨恨，避免了情绪上和行为上的对立。在戴思云的故事里，我看到了她有控制自己情绪的能力(I can)，同时也看到她是一个能从心理层面理解别人行为的人(I am)。

还有其他同学的分享说，自己的兴趣爱好可以减压，比如喜欢体育的同学说，会在情绪不好时去踢球、跑步，出一身汗的同时坏情绪也降低了；也有同学说，父母是自己最好的朋友……

我希望通过同学们讲的抗逆故事，让他们感觉到自己的力量，强化他们"我有能力"战胜困境、逆境的意识，看到自己是一个有价值的人。如果通过这个课堂，能让他们在那个“I am”上增加一点点分量，我会感到十分欣慰。实际上，我确实在课程中看到了学生的成长，有学生告诉我，自己从初中就不再在课堂发言，但在生死课上她打破了自我限制；有学生告诉我，高中紧张的学习让他不得不放弃了绘画，但现在他重新拿起了画笔，因为他感觉到内心有一种想要通过画笔表达的愿望，也觉得画画可以帮助自己稳定情绪，减轻压力……

/ / 怎样才能心怀希望？ /

“3I”似乎是发掘既有的资源和能力，但如果人对未来感到绝望，这些资源和能力就可能被冷冻而无法激活。在面对困境时，对未来怀有“希望”才能给人支撑下去的勇气，才能主动去调动那些资源和能力。

“希望”这个词在心理学家马丁·塞利格曼(Martin E. P. Seligman)看来，似乎“已经变成说教者、政客和广告商的专用语了”，但他告诉我们，是否觉得有希望，取决于两个维度的共同作用。找到好事的永久性和普遍性的原因，和对不幸的事情做出暂时性和特定性的解释，是希望的两个支柱。对不幸事情做出永久性和普遍性的解释，以及认为好事情是暂时的和特定的，则是绝望的原因①。

不难理解，被关进集中营的圭多，如果认为一些人对另一些人的迫害和屠杀是永久的，他就不可能仍然对未来抱有希望，就不会想出一个“游戏”来帮助年幼的儿子渡过难关——他深信儿子绝不会永远生活在那样一个地狱

① 参见[美]马丁·塞利格曼：《真实的幸福》，洪兰译，沈阳：万卷出版公司，2010年，第99页。

里！虽然，一个个难友倒下，一个个难友被赶进毒气室中，但他相信善良会战胜邪恶，因此他希望自己能够活到那一天。即使自己不能活着出去，也希望儿子能够活到迎来自由的一天，并且在那一天到来时，仍然拥有感受生活美好的能力。

我曾问一位在“文化大革命”中被关进牛棚、被殴打和受尽羞辱的老人，是什么让他能够活下去而没有去自杀。他说：“我就是要活着看他们怎么收场!”这位老人和圭多一样坚信，自己所面对的残酷是不义的，这样的不义不会永久地在人们的默许中存在，因为它是文明的倒退。

这堂课我提供了阅读资料《超越当前的困境》，还为学生提供了另外一个范例：被纳粹集中营吞噬了四个亲人的心理学家维克多·弗兰克尔的故事。这段故事来自《活出生命的意义》一书，曾带给我极大的震撼和启发[①]：

① [美]维克多·弗兰克尔：《活出生命的意义》，吕娜译，北京：华夏出版社，2010 年，第88～89 页。

因为老穿破鞋，我的脚伤得很重。有一天，脚疼得厉害，我一瘸一拐地跟大家走了几公里，从集中营到工地干活去。那天非常冷，寒风刺骨。我不停地想着悲惨生活中的琐屑之事。今晚吃什么？要是能额外得到一根香肠，要不要拿它去换一片面包呢？要不要用最后一根香烟去换一碗汤喝？去哪里弄一根好点儿的鞋带？到工地后是跟原来的小队一起干活呢，还是会被派到其他凶恶监工的小队去？怎样跟囚头搞好关系，让他帮我在营里找个活干，而不用走那么远的路到工地上？

我对时时刻刻想着这些琐事的情况感到厌烦了，就迫使自己去想别的事。突然，我看到自己站在明亮、温暖而欢快的讲台上，面前坐着专注的听众。我在给他们讲授集中营心理学！那一刻，我从科学的角度客观地观察和描述着折磨我的一切。通过这个办法，我成功地超脱出当时的境遇和苦难，好像所有这些都成了过去。我和我的痛苦都成为自己心理学研究的有趣对象。斯宾诺莎在《伦理学》中谈道，“作为痛苦的激情，一旦我们对它有了清晰而明确的认识，就不再感到痛苦了”。

弗兰克尔似乎用自己创造的“意义疗法”挽救了自己！

早在1926年，弗兰克尔就通过自己的心理治疗实践，提出了“意义疗法”的概念，但在集中营里，他已经写完而尚未出版的书稿被没收了。他说：“那时我最深的心愿是要再次写出这本书，而这竟帮助我活着度过了集中营的严酷。”

如此看来，维克多·弗兰克尔也是一个不相信未来永远黑暗无边的人，正是对光明未来的想象，让他获得了在集中营的绝境中一定要努力活下去的勇气。同时，我们也从他身上看到，一个知道自己人生使命的人，一个拥有生活目标的人，一个了解自身的价值的人，才是一个更能够战胜困境的人。

正是在这一点上，《美丽人生》中的圭多，似乎比余华的小说中那个无论如何也要“受着”“熬着”的福贵，多了一点儿什么。①

/ 美丽人生，还是活着？/ /

我问学生：与余华的小说《活着》对比，你有什么感受？同样都把孩子作为支撑下去的力量，这两部作品让你感觉到了哪些不同？你更喜欢哪一部作品？为什么？

有同学说，《活着》从头到尾都让自己感到很压抑，《美丽人生》不那么压抑，因为里面始终有希望在。

有同学代表小组说，我们都更喜欢《美丽人生》。《活着》对我们来说虽然更真实，但《美丽人生》更有艺术感，触动会更多。

但也有同学表示，对我来说，看《美丽人生》比看《活着》更加压抑，因为我会想到自己的父亲。父亲不管自己扛着多少痛苦，也会给你一个笑脸。小时候我们没有多少食物，他总会把好的给我吃。我问他吃了吗，他说自己吃了很多……

有同学说，《美丽人生》是“没有眼泪的死亡”，三个人都没有流泪，但给我们的触动特别大。

这样的讨论不会也不必得出一个“结论”，我只希望在人生的某个脆弱的

① 小说《活着》是本课程的漂流书之一。

时刻，学生们能记得有个叫福贵的人，有个叫圭多的人，有个叫维克多·弗兰克尔的人。

【附录】课后书写与对话

/ / 致 准 父 母 们 /

杨 眉

课堂上大家就乔舒亚的爸爸是否该给孩子那样的希望有很多精彩的发言，另外，晓娅老师又将《美丽人生》与《活着》并列，要大家讨论。

因为在座的绝大部分同学都是准父母，所以，特别想与大家讨论以下两个问题。

一、希望的意义究竟有多大?

我想从反例说明这个问题。心理学中有个概念，习得性无助，指的是由于重复的失败或惩罚而造成的听任摆布的行为，或者说是指通过学习形成的一种对现实的无望和无可奈何的行为、心理状态。

现在我们来看希望对人们，尤其是希望对孩子的意义究竟有多大。

我认为，对孩子而言，大人所给予他的希望是他未来人生的阳光基调，而阳光基调对人的重要性究竟有多大？我的观点：大到能够决定一个人是否愿意活着以及活着是否具备体验幸福的能力！

有阳光基调的孩子是能够经风雨见世面的孩子，因为他对这个世界有信心，所以他就敢于去闯这个世界；因为他相信人生的美好，所以他就能够发现甚至创造美丽人生。

关于真实，心理治疗学中有个观点：我们所针对的从来都是心理现实，而不是客观现实。因此，即使从客观上看，集中营就是人间地狱，但是，在乔舒亚爸爸的顽强坚持与努力下，集中营在幼小的乔舒亚眼中，则是一个游乐场。而他，则是一个只要守游戏规则就可以得大奖的孩子之一。

稍微说远点，现在很多年轻人中流行一个算数：要多少钱才可以养(好)一个孩子。很多人被那个结论吓得不敢要孩子。我想，除了拿此做借口满足其做丁克族愿望的人以外，那些被吓着的大多数是不是反映了一种习得性无助？

……

集中营尚且可以创造出美丽人生的信念，这世界还有什么困难是不可以克服的，包括做成最好的自己、找一个满意的工作、创造一个美满的家庭并且养育一个健康向上的孩子?!

所以，我个人观点，父母所能够送给孩子的最美好的礼物，就是帮助孩子建立阳光基调，至于孩子未来的成长大家不必担心(有同学担心如此单纯的孩子会不会在日后的成长中被欺骗等)。人有无限的适应和成长能力，更何况以乔舒亚这样单纯而乐观的孩子，他最懂得信任并且欣赏别人，而被他信任与欣赏的绝大多数人也一定会回报他信任与欣赏。

这样的人，才最容易拥有可以持续发展的良性循环——美丽人生。

二、两个爸爸的比较。

1. 他们的相似之处。

他们都爱自己的家庭，他们都爱自己的孩子，他们都希望保护自己的孩子(有庆爹为了让孩子多睡几分钟、少累一点，背着孩子上学，乔舒亚的爸爸就不用举例了)，希望孩子的未来美好。他们都对未来充满希望。

面对社会悲剧，作为小人物，他们都没有从时代和社会角度去寻找解决办法，他们都是从自己做起。

有庆爹没有做好，就找自己个人的原因。看起来很愚昧、很无力、很软弱，但是，这几乎是每一个小人物在社会悲剧中唯一有可能超越环境的做法！比如我们中国“文化大革命”中大批上山下乡的知识青年，1977年恢复高考后能够考上大学的人几乎都是那些在插队时从未放弃希望、总是坚持自学的人。这样的例子数不胜数。

所以，社会悲剧中的个人归因也是有其重要意义的，并不仅仅是病理性社会适应，也是个人有可能超越环境的首要前提。因为只有这样归因，才有希望继续活下去，而只有活下去，才有希望看到或者等到好日子。并且也只有个人归因、内在归因，个人才存在突围和超越时代悲剧的可能性。

2. 他们的不同之处。

有庆爹只是忍耐和服从。

而同样不怨天尤人，同样是注重从个人做起的乔舒亚爸爸最值得学习的地方在于，他采用了更为灵活而且有效的应对措施。他不是简单地忍耐和顺从(这也是解决问题的方式之一)，他是积极地更是智慧地采取了一系列非常有效的方法，他是一个问题解决高手。他为我们揭示了这样一个真理：如果一个人能够在纳粹集中营这样集人类不幸之大成的地方，让自己的孩子保持对美丽人生的信念，那么这个世界上还有什么苦难与不幸是无法超越的呢?!

社会悲剧中，普通人的力量看起来几乎可以忽略不计。但是，也正是每一个从不放弃希望的普通人的普通坚持，才是社会悲剧有可能被终结的最本质的原因。所以，活着并且活下去，是一个人能够为这个世界所做的最首要的贡献。

而乔舒亚爸爸让我们知道，原来除了忍耐、除了做内在归因和做自我调整之外，我们还可以有更丰富而富有创造力甚至是幽默的方式去应对我们所面临的苦难，让我们即使在灾难之中也不仅仅只是活着，而是可以充满希望甚至幸福感地活着！

/ 致亲爱的乔舒亚 / / 袁宇飞

亲爱的乔舒亚
我们的火车有一些拥挤
我们的同伴有一些焦虑
我们的旅途有一些匆忙
但是别怕
这都是爸爸送给你的惊喜

亲爱的乔舒亚
你看见爸爸胳膊上印着的数字了吗
这是我们游戏领先的标记
你看见爸爸举着的钢材了吗
那些东西会被送到熔炉里去
坦克会从那黑暗的出口开出来

开到灿烂的阳光里
然后带着你离去

亲爱的乔舒亚
待在那柜子里
这是我们最后的游戏
今晚的雾很大
但是没关系
安心地睡下吧
明早雾就会散去
爸爸会像从前一样把你叫起
端着妈妈刚烤好的面包和蘸着果酱的曲奇

亲爱的乔舒亚
再对爸爸眨一眨眼睛
再让爸爸看看你这个小淘气
爸爸要到很远的地方去
不要害怕，不要哭泣
你要在心底里欢喜
因为你会坐上那胜利的坦克
感受明媚的阳光和新鲜的空气
你会看见春天柳树上翠绿的新芽
你会听见夏天草丛间清脆的虫鸣
你会闻到秋天麦田里那淡淡稻香

你会触到冬天庭院中那银霜遍地

亲爱的乔舒亚
你看，人生是多么的美丽
就像一场永恒的游戏
每个人都会离去
爱是我们唯一能带走的东西
答应爸爸
每个夜晚都要带着微笑睡下
每个清晨都要怀着希望爬起
然后亲一亲妈妈的额头
替我告诉她
我的公主，我爱你

//何谓美丽人生？/韦听原

怎样的人生可称得上美丽人生？被爱，以及能够投入全心去爱。

罗曼·罗兰那句广为人知的名言是这样说的："世界上只有一种英雄主义，看清这个世界，然后爱它。"对世界承受苦难，明明白白知晓世界丑恶残忍，但有韧性，对世界给予的无尽可能性怀有信任，去乐观肩负这些东西，接纳世界所给的刻薄荒芜和慷慨繁华。在我看来，这便是对世界的爱。

电影讲述的是一个平凡的小人物的故事，但，他是英雄。“爱”是永远不竭的艺术主题。甚至可说，一切震撼人心的东西，其根源皆可最终追溯到“爱”这一字。

主人公圭多的一生是饱满的。拥有自己的书店，自己所爱的人，一个幸福的家庭，这些对于幸福生活最普通最平凡的追求，在他身上都一一实现。但这远非他一生可称为美丽人生的原因。另三个更重要的原因是：全心去爱，被爱，具有面对苦难的乐观与令人惊叹的韧性。

这电影适合一再欣赏。了解结局后，再看圭多的一生，会获得更大震撼。朵拉明知危险巨大，仍决然登上父子所在那列火车；圭多绞尽脑汁使孩子相信这是游戏；最后一夜圭多去找朵拉，叮嘱孩子：“如果我很久都没有回来，你也不要从里面出来”；被纳粹士兵发现带走，路过孩子所藏的铁柜，知道孩子在看自己，他迈起既可笑又令人心酸的步伐……天啊，当时的他心里明知道自己将永远离开，仍笑着迈步，他的韧性是多么令人惊叹！爱在惨绝人寰的环境的对比之下，更加凸显力量。战争造就大规模而惨烈的死亡与分离，而因为直面死亡，又因为对于死亡的思考，必由爱与责任，人们才得以摆脱肤浅无知。

关于何为美丽人生，我想起另一部片子《本杰明·巴顿奇事》。电影比原著小说所表达的东西要宏阔深邃得多。仍然是爱，被爱，与韧性。

记得里面一段对白：“我们可以办好这件事却也可以把它搞砸，但我希望最终你能成为你想成为的人。我希望你有时能驻足于这个令你感到惊叹的世界，体会你从未有过的感觉；我希望你能见到其他与你观点不同的人们；我希望你能有一个值得自豪的一生。如果和你想象的生活不一样，我希望你能有勇气，重新启程。”

还有令人印象深刻的片尾：

“有些人注定可以于河边闲坐。

“有些人被闪电击中过七次。

“有些人对音乐有着非凡的天赋。

“有些人是艺术家。

“有些人是游泳健将。

“有些人懂得制作纽扣。

“有些人懂莎士比亚。

“有些人具有母性。

“还有些人，是舞者。

“我们注定要失去我们所爱的人，

“要不然我们怎么知道他们对我们有多么的重要。”

描绘了许许多多人的美丽人生，他们无一不活得饱满。

两者的共同点在于，明知道最后的结局会是无可奈何地走向死亡，仍然去爱，去感受被爱，去以韧性面对结局，肩负着责任。而说到这里，这些不正是每个人必须去面对的事情吗？平凡人里有太多英雄。

我们正是处在这样一种明知结局的境地中。爱与韧性，能够让我们成为一个完整的人。

“一件事无论太晚，或是像我太早，都不会阻拦你成为你想成为的那个人。这个过程没有时间的期限，只要你想，随时都可以开始，要改变或者保持现状都无所谓，做事情本不应有所束缚。”

圭多明知结局，仍竭尽全力地保持着孩子童真的世界和纤尘不染的希望。本杰明明知结局，仍追求爱，在生命所剩无几时活得丰盛。用英语来说，是make a difference。很可惜，中文里好像找不到这样一个专门用以展现每个平凡生命的韧性的动词词组。

【陆晓娅说】

听原在这篇文字中，用了“饱满”和“丰盛”来形容圭多和本杰明的人生。比起“成功”“完美”来，我觉得“饱满”和“丰盛”更有质感，它们指向生命的过程而非结果。

一个人怎样创造“饱满”“丰盛”的人生，听原在最后用了一个英语词组 make a difference。我想了想，也许在两个层次上可以去努力。

首先是发现自己的天赋，发掘自己的潜能。就像《本杰明·巴顿奇事》那段对话中所表现的，每个人都有自己的天赋，这些天赋各不相同。如果一个人能在人生中把这些天赋发挥出来而不是浪费掉，能把潜能挖掘出来而不是让它沉睡，也许就创造了属于自己的人生。

第二，是找到自己的人生使命。“使命”这个词很大，有点吓人，似乎只有政党、组织才会用到，但我们也确实看到一些人拥有自己的“使命”，不论是乔布斯的“活着就是改变世界”，还是让有人尊严地死去的特里萨嬷嬷。“使命”和“天赋”“潜能”的不同在于，它不仅是对个人的发现，更是建立起个人与这个世界的联系。正是使命感，让维克多·弗兰克尔能战胜集中营非人的生活和由此带来的恐惧与绝望——make a difference!

/ 保留童话般的心智 / /

飞燕

《美丽人生》结束了，但又没结束。每每回想圭多的灿烂笑容，我都会觉得人生不再有任何事情会让人感到痛苦，纳粹集中营中的残酷似乎不复存在，原来灭绝式的屠杀可以被这样解读，人生如何能不美丽？影片看似是在描述一个不可能的童话，但是换一个角度想一下似乎也可以讲得通。陆老师在课上说导演是从一个孩子的视角来看这一场大屠杀，如果这是真的，那么我也许如这部电影描写的一样，也还保留着一个儿童般的心智。我丝毫没有怀疑这部电影里看似漏洞百出的情节，这也证明了我为什么能很自如地面对生活中的喜怒哀乐，现在看来也没有什么不好。

这让我想起《活着》，其实，对于里面的情节我是很不愿回忆起的。如果多年之后让我回忆这两部作品，我会自然而然地将《活着》的很多片段选择性地遗忘，而对于《美丽人生》中的很多片段依然记忆犹新，我也会更倾向于将《美丽人生》放给我的孩子看。这是为什么？人类不缺痛苦，特别是作为一个人，生下来注定可能就是悲催的一生。如果这么想，生活中有点阳光反而也许会让我们真的灿烂起来。如果我们一开始把生活想象得过于美好，就会出现如《活着》中的“牛之后是什么呢”的疑惑，那反而让我们好不容易建立起来的自我意义，受到一次次的冲击，剩下的可能是抱怨，还不如苦中作乐。人连选择死的权利都没有，那生命从一开始就会被封闭起来，这样哆哆嗦嗦地过一生，到底是为了什么？而《美丽人生》让我们看到了另外一面，诠释生命的方式原来可以这样简单，这样真实，这样荒诞，这样让人忍俊不禁，这样令人感动，这样自然而然地享受快乐、悲伤。面对摧残，不是无助和绝望，而是生命的绽放。这样的一生即便早逝，也没有什么可遗憾的，对于还活着的人也一样，我想朵拉和儿子后面会生活得很快乐。

看过关于《美丽人生》的一些影评，大家的角度多停留在男主人公身上，或谈论影片如何描述爱情和亲情。我强烈建议还没结婚的女性和男性将其列为婚前必看影片之一，而结了婚开始怀疑自己能否成为一个好父亲的男人也需要看看。我觉得该片让我们看到了生和死只是一种态度，如果老天爷不幸就让我快要结束生命，什么对于我来说是最重要的，我要想办法好好珍惜它。如果明天我可能会死于非命，那么此时此刻我要做些什么呢？是悲观绝望，还是多想想什么重要的事情想做还没做？如果此生不做此事将是莫大遗憾，那么生的动力就会产生：把原先的顾虑和理由统统抛开，做一天舒舒服服的自己。如果有幸第二天还存在，那我可以大声地对自己说“早上好，飞燕！”原来这样活着、保持童话般的心智活着，不是不可以。

//希望之光，穿透黑夜的力量/（匿名）

“人就是这么奇特，他必须瞻望永恒，才能够活下去。”

——维克多·弗兰克尔《活出生命的意义》

不知怎么回事，这句话一瞬间就抓住了我的眼睛。然后，《美丽人生》这部电影在眼前重现。从头到尾，记忆最深刻的便是父亲的微笑和孩子天真无邪的双眼，觉得那个笑容、那双眸子里跳动着某些摄人心魄的东西。刚开始并不能明确地说出这种感觉，直到后来有同学提到了一个词——希望。

于是，恍然大悟。

一直在讴歌着希望是多么的美好，从小学的作文中便是如此，可是自己对那种感觉却稍显模糊。毕竟是没有经历，也没有见到过绝望的人，直到2008年。柴静说得好：“只有同样经历过无边黑暗的人，才有资格说，我理解你。”虽然我是四川绵阳人，可对于地震，我也没有资格说理解。

记得地震的那一刻，我正在操场上准备上体育课。没有待在教学楼里，当然也没能体会到那些从楼上飞奔而下的同学心中的恐惧。当同学们全部都跑到了操场，乱作一团的时候，恐惧便真正开始蔓延，如同斩杀不断的藤草。手机信号的瞬间切断，让恐惧成为了无边无际的黑暗，浓密而无法穿透。

这便是地震后我的第一感受。

那些日子看新闻，眼泪哗哗地流，似那拧不住的水龙头。

后来，我去了市中心医院做志愿者，我们一家人也去九洲体育馆送了物资。其实，绝望的气息早已散去。在体育馆，我看到大家排队领物资，眼睛虽然有些红肿，身上虽然有擦伤，手脚虽然缠着绷带，可是眼神里却有着一股韧劲儿。人人如此。我想，那是一种对活下去的无限希望，对未来生活的憧憬。那一双双瞳孔里跳动的希望之光，如同深埋在泥土里坚韧的种子，只等一场磅礴的春雨。

后来的学校生活，是在板房里度过的，也有好些同学去了北京、上海。

人们的生活恢复了正常，家园已开始重建。

一点一点希望的光芒，汇聚成燎原的熊熊大火，把绝望的黑夜照得透亮。

我们坚信，黑夜之后，便是闪耀的黎明，而希望之光，是穿透黑夜的利刃，指引我们走向前方。

我的"I am""I have""I can"

/ 伦理课：每个人的

一个人的死更多的是活着的人的

疾痛不仅属于身体，而且

生死权利//

事情，而不是他自己的。

托马斯·曼

连接着自我与社会。

阿瑟·克莱曼

《姐姐的守护者》*My Sister's Keeper* /
导演：尼克·卡索维茨 / 2009 年

/ 当 “ 她 ” 被 制 造 出 来 之 后 / /

1987年，中国社科院哲学所的邱仁宗先生出版了《生命伦理学》一书。那时，我是《中国青年报》科学部的编辑，很自然地“发现”并阅读了它，深深被生命伦理学的前沿性、复杂性所吸引。因此设计生死学课程时，我就一直想找一部与生命伦理学相关的电影。邱先生的书出版以来，与生命伦理相关的冲突与争论，早已走出学术殿堂，成为发生在我们身边、随时会触动我们神经的事情，然而公众对生命伦理学似乎知之甚少。我很希望能通过一部电影，让学生们了解世界上有这么一门学问，并且通过这门学问，认识生死问题的复杂。

第一轮教学，我选择的电影是《死亡医生》(*You Don't Konw Jack*)，电影主人公的原型是杰克·凯沃尔基安(Jack Kevorkian)医生。这位退休医生在不到10年的时间里，用医疗手段帮助150多位受病痛折磨的人结束了生命。1999年，他终因在电视节目中展示了协助安乐死的过程而被判二级谋杀入狱，直到2007年才获得释放。

安乐死是生命伦理学探索的一个重要领域，选择它作为生死课的单元议题好像挺合适的。没想到对于学生们来说，这部电影似乎过于沉重了。尽管我剪辑的片段已经回避了刺激性的镜头，仍有学生课后说自己看片子时不由地“心跳加速”，还有学生戏称自己得了“周五综合征”——虽然渴望每周五一次的“思想洗礼”，可又开始“有点抵触对生死的思考”。很庆幸学生让我知道了他们的感受，我决定在第二轮课程中进行一些调整，适当减轻学生们的情绪压力，至少不让情绪阻碍思考。

后来，女儿给我推荐了一部电影《姐姐的守护者》(*My Sister's Keeper*)，它改编自朱迪·皮考特的同名小说，拍摄于2009年。这部电影通过一个家庭的故事，表现了现代医学的发展对人类生命与死亡的深刻影响。看过以后，我觉得它虽然涉及的不是安乐死问题，但带出的生命伦理问题更加复杂，家庭成员围绕两个孩子所做的选择，也更让人痛苦和纠结——这意味着，相比《死亡医生》，《姐姐的守护者》离学生们的生活可能更近，能开辟出的思考空间可能更多。

电影开始，是一个女孩的独白，随着这段独白，一个既普通又特别的家庭出现在银幕上：

当我还是个小孩子的时候，我妈妈告诉我，我是一小块的蓝天，因为爸爸妈妈太爱我了，所以我才来到了这个世界。直到后来我才了解并不完全如此。大部分婴儿的诞生都是出于巧合。我是说，在遥远的天堂里每个小小的灵魂都飞来飞去，寻找可以寄宿的身体。而在人间，两个人做了爱之类的事情，然后咣当一下，巧合就发生了。当然人家都会说一家人都是怎么为家庭发展精心计划好，但实际上大部分的宝宝的降生，却要归咎于一夜宿醉，未能采取生育控制。他们都是意外的产物。只有那些有生育困难的家庭才会真的计划生宝宝这件事儿。然而我呢，却不是因巧合而生。我是被制造出来的，为了一个特别的理由而出生。一个科学家把我妈妈的卵子和我爸爸的精子结合起来，为了造出一个特定的基因组合。他这么做，是为了救我姐姐。有时候我会想说，如果凯特身体健康的话会怎么样，大概我还在天堂或者哪儿里等着人间一个寄宿的身体吧。不管巧合与否，我却已经在这世界上了。

现在，这个为救姐姐而“制造”出来的女孩已经11岁了，她叫安娜。这天下午，安娜下课后没有回家，而是穿过马路，敲开一位律师的办公室，递上

一个厚厚的文件袋，告诉律师自己要和父母打官司，争取对自己身体的支配权，希望得到律师的帮助。

这个家庭原本很幸福。妈妈莎拉是一个律师，爸爸布莱恩是个消防员。在安娜出生前，他们已经有了一儿一女。不幸的是，女儿凯特两岁时得了白血病。决心挽救女儿生命的莎拉，毅然辞去高收入的律师工作，专心在家照顾女儿。但是凯特的病情并没有得到有效的控制，骨髓移植也因为家庭成员都不符合配型而无法进行。医生告诉他们，等待合适的捐献者出现的时间可能很长，凯特很可能等不了那么久，并“私下”给了他们一个建议：在基因工程技术的帮助下，再生一个孩子，用脐带血来治疗凯特。

这个“被制造”出来的安娜，从一出生开始，就不断地为姐姐凯特的生存贡献自己：从脐带血开始，白细胞移植、骨髓、淋巴细胞，直到凯特失去了肾功能，妈妈要求她给姐姐捐肾。这次，安娜不干了，她不想再当姐姐的“备用零件”，决定通过法律来保护自己。在家庭会议上，安娜对爸爸妈妈说：“先不提手术有多么危险，有多么疼，也不提我不希望从身上割下一块肉来，假如我只有一个肾，我会怎么样呢？我就不需要了吗？我就没有进行体育运动、进舞蹈队或者怀孕的机会了……我不能像其他孩子一样参加聚会，去海滩玩……”

她反复地质问父母：“我就不重要了吗？我就不重要了吗？”

这场官司安娜会赢吗？打官司会让整个家庭分崩离析吗？当凯特病得越来越重，渐渐走向死亡之时，她和她的家人又经历了什么？道德、伦理、爱与法律，该如何梳理这纠缠在一起的乱麻？

就让我们走进课堂去探讨吧。

/ / 假 如 我 是 …… /

这部电影没有让学生提前观看，我希望在教学中保持悬念，因为我想在故事的发展中，带学生做一些重要的思考。

我通过剪辑的片段和截图，播放了影片的第一部分，截止到冲突已经呈现、所有的人物也都出场了：

决心挽救女儿凯特生命的妈妈莎拉；

担心家庭随时可能崩溃的爸爸；

身染沉疴的姐姐凯特；

有诵读困难但不在父母“优先名单”中而被忽略了的哥哥杰西；

被“制造出来”挽救姐姐生命的安娜；

决心帮安娜打官司的律师；

刚刚失去爱女的法官。

他们，眼下面临着一个巨大的冲突：凯特已经失去了肾功能，如果妹妹安娜不愿意将自己的一个肾移植给姐姐，凯特就可能死去。但是安娜却向法院提出了诉讼，要求“我的身体我做主”。

好吧，现在请用“假如我是(电影中某个角色)……，我……”的句型进行课堂写作。

学生们会思索片刻，然后开始低头写作。

让学生把自己代入角色，是为了让他们能够站在不同的角色上思考，同时听到其他角色的感受和想法。有趣的是，小说也选择了用第一人称给每个角色写一段故事的手法，这样他们就都有机会用“我”来表达自己的想法和感受——生命伦理学的问题，往往不是“我对你错”“非黑即白”，而是各有各的道理。

课堂写作完成后，我请学生们按不同角色进行分享。在某一轮教学中，学生们做了这样一些分享：

假如我是妈妈莎拉，我……

·爱我的三个孩子别无选择。

·不会选择做试管婴儿，不会让另一个孩子出生就带着任务。

·很纠结，我知道对安娜不公平，但我很难放弃凯特。

·绝不会放弃，但也不会那样偏执。

假如我是妹妹安娜，我……

·我会像机器一样生活，没有勇气反抗。

·我会离开，自生自灭，不会做这个家庭中的一员。

·我不会眼睁睁地看着姐姐死，我会自愿尽全力地救姐姐，这是我的选择。

·愿意救姐姐，但不愿意被强迫。

·我会恐惧、矛盾，不知道该如何拯救这个家庭。

·我既爱姐姐又恨姐姐。

·我要认真地问我的父母："我把生命还给你们好不好？"

·我要给父母写一封信，好好与他们沟通。

·我一定要给姐姐需要的一切。我害怕亲人离开，为了家人的幸福我愿意奉献一切。

假如我是姐姐凯特，我……

·我会感到愧疚，我会要求自己的生活有尊严，有品质，自然地离开。

·我要说："对不起，原谅我，谢谢！我要做我自己，而不是病人。"

· 选择一种让妈妈不遗憾的方式离开。

· 我不想死，装作什么都不知道。

· 接受别人而不是妹妹的肾，延续生命。

· 我不害怕离开，我害怕妈妈会受不了，我要努力帮妈妈适应和接受我的离开。

· 选择自然死去。两个人都小心翼翼地活着，不如一个人去死另一个健康地活，这样就不那么伤心和痛苦了。

· 我觉得自己太自私了，我要支持妹妹起诉。

假如我是爸爸布莱恩，我……

· 我会尊重安娜自主平等的选择。

假如我是律师，我……

· 免费支持安娜打官司。

· 帮助安娜，通过安娜使家庭每个人承担起责任，让他们看到想要拥有的与失去的同等重要。

同样的角色，不同的选择，这里面已经反映了学生们不同的价值观，也在一定程度上投射出他们自身的成长经历。所以，在学生分享过程中和分享结束后，我做了两件事情。

在分享的过程中，我有意识地通过提问，帮助学生看到自己的选择与自己生活的关系，并且挖掘出正向的资源，作为人生潜在的支撑力，也为其他学生提供榜样。例如，在第五轮的教学中，王璞珏同学说，他选择的是哥哥杰西，虽然哥哥在家中是最受忽略的，他也没有能力像父亲一样，担起维持家庭生存的担子，但是哥哥可以成为家庭的润滑剂。他可以告诉妹妹凯特，你生病不是你的错，我们是一家人，你不必为此感到内疚；他可以告诉安娜，

你很勇敢，你可以按照自己的愿望去生活；他可以告诉妈妈，你的努力、付出，我们都看到了……

作为老师，王璞珏的这段分享很让我感动。我问他："哥哥杰西本是全家得到最少关注的一个人，但你觉得如果自己是他，你不会为此抱怨，而是担负起润滑剂的角色。如果哥哥这样做了，他会觉得自己是怎样一个人?"王璞珏说，是一个有价值的人。他还说，自己看《阳光小美女》时就被影片中的哥哥触动，虽然那个哥哥有自己的问题，但他还能在妹妹需要时帮助妹妹。可见一个人可以突破自我的藩篱，有很多的可能性。

我请同学们把"突破自我的藩篱"写在自己的笔记本上，又分享了自己的感受："王璞珏同学的发言让我想到，也许我们从小在家庭中得到的关爱和肯定不够，也许我们曾在童年被重要他人(父母或老师)伤害过，但我们可以在成长中积聚起自身的力量，去突破自我的藩篱，活出新的可能性……"

这段话，我相信很多同学是听懂了的。在过去的作业中，在他们写给我的邮件中，我看到了一些悲伤的故事，我知道这些考进了名牌大学的"幸运儿”，并非都感到幸福。他们有的自我价值感很低，有的感到迷茫无助，甚至怀疑无法改变由童年经历所塑造的自己。电影中的故事，同学们的分享，都在开启一扇扇新的视窗，让他们看到童年的经验可以被重新建构，在大学不仅要学习知识，也要勇敢地“突破自我的藩篱”，为自己创造新的可能性。

除此之外，在同学们分享之后，我又给学生出了三道思考题：

---

1. 刚才你写下的那段话说明你最重视的价值是什么？

2. 这样的价值观是怎么形成的？

3. 在听了别人的分享后，你觉得哪些与你不同？这些不同让你对问题有新的认识吗？

通过设置“回归性反思”，可以让学生的注意力回到自己身上，对自身产生更多的觉察。这个回归性反思的结果，我没有让学生再做分享，不仅是时间不允许，也是因为这种反思会带出很多深层的个人问题。例如，同样选择了安娜，但是有人愿意牺牲自己的健康，给姐姐捐肾；有人则会质问父母；有人会索性离家出走……这不同选择的背后，都与学生自己的生命故事有所勾连。如果是团体辅导，就可以进行深入的探索；如果是教学，就不易进入太深，毕竟课堂是开放的，课时是有限的。虽然没有分享反思的结果，但我相信它还是有效用的。这不，一下课就有学生跑来说，这样的反思很棒，她立刻就产生了很多自我觉察。

从无意识到有意识，我渐渐摸索着地把心理教育和个人成长融合于生命教育中，希望生死学课程带给学生的真的不仅仅是知识，而是增加一些他们未来成长的动力。

/ 令 人 纠 结 的 母 爱 / /

在用剪辑加截图的方式放映完第二部分之后，电影中的人物角色变得更丰满了也更复杂了。我们看到了安娜和姐姐的亲密无间，看到了凯特离开世界前享受到了爱情，看到了她为妈妈做了一本图册，来表达自己对妈妈的感谢与爱。我们也知道了是她要安娜去起诉，因为她不想再这么痛苦地活着了。我们看到爸爸终于愤怒了，为了让凯特能去海边，他不惜威胁莎拉要离婚。我们看到哥哥杰西，在法庭上勇敢地说出真相……

但最让我们感到复杂的是妈妈莎拉。

当凯特觉得化疗造成的光头很丑时，她毅然剃光了自己的头发，与女儿携手出行。

她拒绝承认治疗已经无能为力，拒绝与“许愿基金会”①的人接触。

为了让能让凯特和病中结识的男友泰勒一起参加医院的晚会，她为凯特买了漂亮的裙子。

当丈夫开车将不久于人世的凯特带到大海边的时候，她像疯了一样追赶汽车，要求把凯特送回医院。但之后她又来到海边，默默地坐到丈夫和女儿身边。

凯特的大限终于来临了，莎拉爬到女儿的病床上，蜷缩在女儿的怀中。那一刻，她变成了需要抚慰的婴儿，而女儿变成了给予抚慰的妈妈……

我在 PPT 上打出小说中莎拉在法庭上的一段告白：“我的人生仿佛一场火灾，一个女儿被困火里，唯一能救她的机会，是派我的另一个女儿上场，

① 许愿基金会(Make-A-Wish Foundation)，一家全球性机构，致力于帮助生命垂危的儿童达成心愿。

因为只有她认识路。我知道我在冒险吗？我当然知道。我了解那可能导致我同时失去两个孩子吗？是的，我了解。我知道要求她这样去做，或许是不公平的吗？我绝对知道。可是我也知道那是我唯一可以同时保住她们两个的机会。那合法吗？那合乎道德吗？那是疯狂的、愚蠢的还是残酷的主意？我不知道。可是我衷心相信那是对的。”

我请学生进行第二次课堂写作，表明自己是支持还是反对莎拉的观点。

学生们分为了三派：

---

1. 支持！虽然厌恶，但换作是我，我也会那样做。
2. 支持！那是母亲唯一能看到的希望，没有道理可讲。
3. 支持！母亲不愿意看到任何一个孩子死去。
4. 反对！火灾不是真实的，是自己的内心。
5. 反对！活着或者死应该是凯特自己的选择，强求不来。
6. 反对！强权的母爱，以爱的名义强求女儿，根本不了解女儿的感受。

7. 说不上支持和反对，该努力时努力，该放手时放手。

8. 支持安娜，也支持凯特，支持所有人自己的选择。

有位同学说，我支持莎拉再生一个孩子的决定。因为我是独生女，我知道如果我真的死了的话，爸妈就没有寄托，没人陪着了。我是想着，让新的孩子出生，然后慢慢长大，他不用为我做什么，他只用负责长大然后陪我爸妈就好了。我相信我的妈妈也会同意医生的建议，理由很简单，因为她爱我，而且除了一些对我不好的事(比如坏习惯什么的)，她基本会完全听我的。她相信我，就像我相信她一样，而且我相信她也会好好对待新生的那个孩子。而如果我是母亲的话，我也会选择听医生的意见，因为就像小说里说的那样，我不可能眼睁睁地看着自己的女儿就这样死去。所以对于电影里妈妈的选择，我真的不能说她错了，因为换作是我，我也会这样做。但是这样挺残酷的，我觉得凡是和疾病沾染上的事情都很残酷……

在这段话中，我听到了独生子女的焦虑：如果自身不存在了，父母将老无所依。在另外的课堂中和学生的作业里，我也曾感受到另外一种焦虑：学生们(他们基本都是独生子女)对于父母的衰老，似乎也格外敏感和担心。如果不幸父母早逝的话，这意味着他们在还没有做好准备、没有建立自己的家庭之前，就要孤独地留在天地之间。

三十多年的独生子女政策，影响到几代人和他们之间的关系，这些在数据上都是看不到的。我能够做的，只是从正面给予学生一些回应：“当你说，你是个独生女，因此愿意让父母再生一个时，我看到的是你对父母的爱和体贴，你不希望他们在晚年感到孤独。如果你的父母知道你这样想，他们一定会感到很温暖很欣慰吧！”

学生们也逼问我：“老师，如果是你，你会如何选择？”

我坦诚地和同学们分享："我现在只能说'不知道'，也许我会尽量去救自己的孩子，但我可能真的不会用再生一个来救她。我很多时候是比较理性的，我或许会通过咨询和思考，去看到再生一个会带来什么问题。看着自己孩子死去，真的是肝肠寸断的事情，但与其再去伤害另一个孩子，我更可能会接受这残酷的命运，努力让孩子在最后的时光里活出质量，并帮助她以最小的痛苦离开。这也许已经不是一般意义上的'眼睁睁地看着她死去'了，我会做很多事，让她快乐，减少她的痛苦。"其实，在生和死之间，还是有一些选择的空间的。例如，在西班牙电影《永生之法》中，山姆和菲利克斯是两个白血病末期病人，他们和凯特年龄相仿，却选择了在家里度过生命的最后一年。两个男孩的家长专门请了家庭老师辅导他们，安排每天的学习活动。老师鼓励他们写日记，列出愿望清单。不管是成为科学家、看第一部成人恐怖片、跟女生接吻、搭乘飞船……山姆和菲利克斯都不畏病痛，一个个去实现，同时还从自己的视角探索生与死。山姆曾这样对父母说："我不希望你们为我伤心，因为——如果每次想到我都伤心，你们要怎么好好地记得我呢？"

《姐姐的守护者》中，有一位坚强而固执的母亲莎拉，她出于爱和心疼，几乎控制了凯特的一切。让我有些没想到的是，这个复杂的母亲形象，带给学生许多触动。有学生课后写来邮件，专门分析自己与母亲的关系，分析母爱中的“自私”与“强迫”。

如果将其纳入生死学的视角，我们就可以看到，生殖，这一人类延续后代的行为，被学者们称为人类战胜死亡焦虑的“生物学模式”[①]——不管你意识到还是没有意识到，你的基因通过孩子让你可以继续“活下去”(我在美国盐湖城的家谱图书馆，看到我们家长达2300多年的家谱时，忽然有一种死亡没什么可怕的感觉)。从这样一个角度看，母爱很难说是纯然“无私”的。当这样一份母爱，加入了“含辛茹苦”的养育过程，浸染了“回报父母养育之恩”的孝文化，体验了作为“家长”的责任感、权威感、力量感，以及随着压力而来的无助感，它一定不再是一份纯粹的“爱”了。在央视的公益广告中，常常会看到这样一个片子：一个日益老去的母亲，在唠唠叨叨地说“等你长大了，妈妈就享福了；等你考上大学了，妈妈就享福了；等你有了孩子，妈妈就享福了……”这个短片展现给我们的是一个不断盼望、不断失落的母亲形象，她的盼望和失落，来自于有所求：我养育了你，是等待“享福”。基于回报的母爱是无私的吗？是健康的吗？在这样的亲子关系中，我能否“享福”不再是我自己也要同时承担的责任，而全部成为你的责任——在这种亲子关系中，“爱”是不是已经变得有些酸涩，是不是已经从一种自然的情感变成了道德上的要求？当然，在生产力水平低下的传统社会中，通过生育养育孩子来获取晚年的老有所依，这没

① 美国精神病学家罗布特·杰伊·利夫顿归纳出几种人类获得象征性永生的模式：生物学模式；神学模式；创造性模式；永恒自然主题和超验模式。参见[美]欧文·D. 亚隆《存在主义心理治疗》，北京：商务印书馆，2015年，第45页。

有什么不对。但在今天，两代人之间的关系如果还停留在这样一种回报(而且是被涂上道德色彩的回报)模式上，恐怕会给双方都带来很多失望和怨恨。

很多年前，我曾经和王小波等人一起作为嘉宾录制过一期《实话实说》节目，主题是“要，还是不要孩子”，后来节目没能播出。在那期节目中，王小波曾对我等“要孩子派”的人表示，生孩子是一种动物的行为，是很原始的。嘴拙的我当时未能及时地告诉他：作为人类，我不否认自己的动物性；但同样作为人类，我与动物不同的是，我可以学习怎样做一个更好的母亲。在这个学习的过程中，我不仅丰富、扩展了自己的生命，也有信心培育出比我自身更健康的孩子。

不否认本能，又努力超越本能，作为家族链条上一个健康的存在，同时作为一个有所创造、对社会有所贡献的独立个体(而不是把自身的幸福寄托于孩子身上)，这是我这个凡人战胜死亡、超越死亡的方式。

//选择、权利与公正/

现在，我们需要从电影的具体情节，去探索背后的生命伦理学问题了。

当我们挚爱的亲人患了危及生命的病时，谁有权力决定他是否应该接受治疗和应该进行怎样的治疗？对当事人隐瞒病情，是否是不尊重他的权利？

当一个人到了生命末期，无论怎样都要让他活下去，是不是一定正确？这种选择的背后，个人的驱力是什么？社会文化又产生着怎样的影响？

这些问题并不好回答，在不同的社会文化中，选择的出发点和落脚点也会有所不同。有同学举例说，自己有一位高中同学因为肝癌晚期而去世了，他的妈妈一直到他去世之前都没有告诉他真实病情，去世前不久，他还在离家有四小时车程的城市读大学，而没有和家人一起度过。“这件事在同学中引起了挺大的争议，因为大家都觉得他有知道自己身体状况的权利，应该让他在生命的最后时光做自己想做的事。但当我和妈妈讨论这件事时，妈妈却给了我一个解答：也许，他的妈妈觉得让他面对生命即将结束这一现实太残忍，这是出于一个母亲对孩子的保护，你能说这是错的么？是啊，我们不是他的妈妈，无法理解她的苦楚。也许这个决定能够让最关心他的活着的人无怨无悔地度过余生，尽可能收获心灵上的平静，这样就够了……”

在这个案例中，母亲为了保护孩子，不让他面对即将死亡的“残忍”现实而选择了隐瞒病情。母亲做出这个决定的理由，是讲了真话会增加孩子的痛苦。但作为一个已经成年且心智上不糊涂的人，是否有权利知道自己生命的真相呢？如果不知道，是否会减少了在有限的生命中活出自己的机会呢？如果你是那个大学生，希望还是不希望知道自己已经生命无多呢？

大多数同学的选择是：希望知道。知道了，会好好地利用这段时间，做自己想做的事情，包括为父母做些事情，向他们表达自己的爱与感谢。

难题，悖论，挑战，权利，尊严，公正，责任，价值，可能性，限度……当我们打开生命伦理学的大门，这些词汇扑面而来。限于时间和我在知识上的有限性，我只能选择给学生做一个简单的介绍，让他们能够管中窥豹，产生继续研读的兴趣。

生命伦理学是 20 世纪 70 年代首先在美国、随后在欧洲产生发展起来的一门新学科，也是迄今为止世界上发展最为迅速、最有生命力的交叉学科。

据说，是三件事情催化了生命伦理学的诞生。第一件事是 1945 年广岛原子弹爆炸。制造原子弹本来是许多科学家向美国政府提出的建议，其中包括爱因斯坦、奥本海默等人。他们的本意是想早日结束世界大战，以免旷日持久的战争给全世界人民带来无穷灾难。但看到原子弹给数十万人造成的巨大灾难后，许多当年建议制造原子弹的科学家改变了态度，投入了反战和平运动。第二件事是第二次世界大战后在德国纽伦堡对纳粹战犯的审判。接受审判的战犯中有一部分是科学家和医生，他们利用集中营的受害者，在根本没有取得受害者本人同意的情况下对他们进行惨无人道的人体实验。第三件事是1962年《寂静的春天》一书的出版，在这本书中，作者蕾切尔·卡逊(Rachel Carson)揭露了杀虫剂DDT大量使用引起的严重后果，包括使一些物种濒于灭绝，食物链发生中断，生态被破坏，人类受到疾病的威胁，从而向人类敲响了环境恶化的警钟。

当然不止这三个故事，第二次世界大战后层出不穷的新技术，摇撼着人们固有的道德观念，让不同的价值发生冲突，令人无所适从，也令人忧心忡忡。所以，生命伦理学，这门“帮助人们做出正确的合乎道德的决断”①的学问，就有了快速成长的需要。

邱仁宗先生在他的著作中说：“生命伦理学的生命主要指人类生命，但与之有关地也涉及动物生命和植物生命。”作为一门多学科交叉的边缘学科，“现在生命伦理学已经成为医学家、哲学家、生物学家、社会学家、宗教界人士、新闻界人士、立法者、决策者和公众共同关心的问题”②。

对于我来说，生命伦理学的魅力首先来自于它的复杂性——它让我们的大脑和心灵不再偷懒，不再接受非黑即白的单一思维模式；其次来自于它处于自然科学与人文科学、社会科学的交叉地带——经过几十年的发展，生命伦理学已经从生物学实践领域(包括医学、卫生保健职业)扩展到环境伦理学(包括环境污染和人与动物及自然界中其他部分之间的关系)，性、生殖、遗传和人口中的伦理问题，各种社会政治道德问题，如失业、贫穷、歧视、犯

① 邱仁宗：《生命伦理学》，北京：中国人民大学出版社，2010年，第16页。

② 邱仁宗：《生命伦理学》，北京：中国人民大学出版社，2010年，第3页。

罪、战争和迫害对人群健康的负面效应。很显然，它需要穿越不同的学科，需要不同领域的学者进行对话。这种打破框框、不画地为牢的状态，是我特别喜欢的。

好吧，就让我从这么一个巨大庞杂的体系中，捞出几颗珍珠和学生们分享吧。它们是生命伦理学的几个基本原则，可以为我们提供一个评价行为对错的框架，也是各项伦理准则、法规和法律的依据。不过，我也会随时抛出问题来让学生了解，面对具体情境，原则的边界并不一定非常清晰，“原则”与“原则”之间也可能“打架”。

这几条生命伦理学的基本原则是①：

尊重原则

“尊重”(respect)是个大词，貌似我们从小就很熟悉它，比如我们总是被教导说要尊重老师、尊重父母。但这个大词在生命伦理学中到底意味着什么？

在生命伦理学家看来，尊重是要落到的一些实处的，包括尊重他人的自主性、自我决定权，贯彻知情同意、保护隐私、保密等内容。但尊重还有一个更高的层面，它指的是尊重人的或人类生命的尊严。尊严基于人或人类生命的内在价值或对其的认同。人不能被无辜杀死、被伤害、被奴役、被剥削、被压迫、被凌辱、被歧视、被打骂、被利用、被当作工具、被买卖、被制造等。换言之，人具有主体性，不是东西，不仅仅是客体，不能仅仅被当作工具、手段对待。

如果用这样的定义来看，安娜的出生是为了挽救姐姐的生命，并在出生后成为姐姐的“备用零件”，安娜作为生命的主体，是不是在一定程度上被客体化，被当作“工具”了？是不是与生命伦理学的尊重原则相悖？

① 参见邱仁宗：《生命伦理学》，北京：中国人民大学出版社，2010年，第231～246页。

从操作的层面看，尊重还意味着尊重人的自主性(autonomy)。自主性又称自我决定权，是指一个人按照她/他自己的选择的计划决定她/他的行动方针的一种理性能力。但自主性不是绝对的，一个人的自主性受内在和外在的限制。例如，未成年人、精神病人、失智的老人，受内在的限制，监狱里的犯人受外在的限制。安娜作为未成年人，她的自主性在很长时间内受到限制，所以在面临要给姐姐捐献肾脏的情况时，她才需要通过法律，要回自己的自主权。

我问学生："如果说，'尊重'意味着要尊重人的'自主性'的话，对自杀者是否要进行干预呢？"

有学生回答说，很多自杀者自杀时并非处在理性的状态下，而且生命只有一次，失去了就不能再得到，因此对自杀行为要加以阻止。

的确是这样。早年在"青春热线"服务中，我们曾经挽救过一些想自杀的人。有些人度过心理危机后，发挥了自己的生命潜能，出版了小说，创办了企业，拥有了幸福的家庭。这些"后来"的故事，是处于极度抑郁、绝望和混乱中的他们无法想象的。

与尊重相关的另一个操作是知情同意(informed consent)。在纽伦堡审判后，知情同意成为生物医学研究中最受人注意的伦理学问题。知情同意不仅仅意味着信息的告知，还要追问：当事人能够理解这些信息吗？她/他是在自由的状态下同意的还是被胁迫同意的？当事人是否拥有同意的能力？

在《姐姐的守护者》中，父母在要安娜给姐姐提供脐带血、白细胞、骨髓、淋巴细胞时，即便告诉了安娜，她因为年龄幼小，是无法理解这些信息的。

保密(confidentiality)／保护隐私(privacy)，也是将尊重落到实处的具体操作。例如，在心理咨询与治疗工作中，为当事人"保密"是一条非常重要的原则。但是，如果一个同学在心理咨询时说他想自杀，咨询师该不该为他保密呢？

从原则上来说，如果当事人正处于危险中，保密就需要被打破，这点在一开始进行心理咨询和治疗时，都会对当事人进行说明。但在具体操作上，何时启动危机干预，怎样进入干预现场，需要在做出危机评估后慎重考量。

公正原则

公正(justice)这个概念与"应得赏罚"有联系，如果一个人辛苦工作却拿不到工资，那就是没有被公正对待。公正包括分配公正、回报公正和程序公正。

但究竟什么才算公正呢？就拿分配公正来说，在医疗资源有限的情况下，医疗资源是根据个人需要，还是根据人对社会的贡献、根据支付能力、根据救治成功的几率来分配？例如，2015 年 6 月，台湾新北一家游乐园发生粉尘爆炸，近 500 人烧伤，200 多人生命垂危。在医疗资源不够的情况下，有人提出应先抢救生存可能性高的病人。这是否符合伦理呢？

不伤害原则/ 有益原则

不伤害(non-maleficence)原则要求医务／研究人员，培养为病人／受试者的健康和福利服务的动机和意向；提供病情需要的医疗护理；做出风险或伤害／受益评价(风险／受益比)。有益(beneficence)原则比不伤害原则更广泛，它要求人们所采取的行动能够预防伤害、消除伤害和确有助益。

在具体的实践中，什么是不伤害？如果对一方有益(如电影中的姐姐凯特)却可能对另一方造成伤害(如电影中的安娜)，又该怎么办？“风险/受益比”该如何评量？例如，在电影中的法庭辩论中，医生就曾经说安娜会因为救了自己的姐姐而在心理上获益，虽然安娜会在身体上受损。从时间的角度来说，某项医学研究不确定一定能让当前的病人获益，但将来可能使大量病人、下一代获益，这又是否符合伦理呢？

这些问题足够烧脑!

在著名的网络公开课“公正”中，哈佛大学教授桑德尔讲了一个代孕母亲的案例：一对年轻的职场夫妇威廉和伊丽莎白·斯特恩，与玛丽·贝思·怀特黑德签署了一份合同，由斯特恩夫妇支付一笔钱给玛丽·贝思·怀特黑德，后者用威廉的精子人工受孕后，将孩子生下来交给斯特恩夫妇。但是，孩子生下来后，代孕母亲改了主意，她要求解除合同，不把孩子送给斯特恩夫妇。

桑德尔请学生们表达对此事的看法。

赞同继续执行合同的学生认为，这是几个成年人自愿达成的合同，在法律中，感情因素是不需要考虑的。

反对继续执行合同的学生则提出了这样一些观点：

孩子出生前母亲并不知道自己对孩子有何感受。

拥有自己的母亲，是孩子不可剥夺的权利，通过血缘建立的关系胜过一切通过合同建立的关系。

有些方面是市场的力量无法渗透的。

代孕这件事情，从人性的角度是不对的。

女人孕育孩子投入时间，和男人捐精子给精子银行是不同的。

……

桑德尔告诉学生，下级法院判决合同继续执行，即代孕母亲要把孩子送给那对夫妇；新泽西州最高法院则判决合同无效，他们将孩子的监护权判给了作为父亲的斯特恩，因为他们认为这是符合孩子利益的，但他们也恢复了玛丽·贝思·怀特黑德作为母亲的权利，探视权应该交给谁，则由下级法院决定。高级法院援引的两个理由是：第一，合同签订时没有提供充分的信息，是亲生母亲知道她和孩子之间纽带关系之前签订的。在婴儿出生前，她做的任何决定都不是真正自愿的、知情的。第二，这像是贩卖小孩，至少是在出售母亲对小孩的权利。利益的因素最终主导着、渗透着并最终支配了这个交易。在文明社会中，有些东西是不可以买卖的。

桑德尔引用哲学家伊丽莎白·安德森(Elizabeth Anderson)的话说：某些东西不应该开放使用或被用来营利，某些东西的价值高于它的使用价值。还有哪些对待和衡量东西的方式是不应该开放来使用的？安德森说有很多这样的东西：尊重、感激、爱、荣誉、敬畏、神圣，有许多看待事物的方式，而不仅仅是使用它。而且有些东西如果被简单地当作物品使用，就意味着没有被正确地对待。

桑德尔问："效用，是看待事物的唯一方式吗？包括生命、征兵、生育、养育。如果不是，我们如何计算？”

利害得失，的确是人们做出选择时经常权衡的。但生命伦理学告诉我们，无论对利害得失做出怎样的权衡，都需要记住“效用原则不能压倒其他原则”[①]（如尊重原则、不伤害原则、公正原则等）。如果破坏了其他原则，效用原则也不能实现，社会的利益会受到更大的损失。

/ 让烧脑来得更猛烈些吧 / /

我深知，若生命伦理学专家听了这堂课，大概会大摇其头，因为我对这门学科的介绍实在是简化得不像样，很多术语也没有给出准确的定义。可是对于学生来说，这堂课已经足够烧脑了。在他们过去所受的教育中，标准答案大行其道，那才是对真实生活的粗暴简化。我的目标，并非是让学生掌握知识，而是通过生命伦理学，让他们认识生命和生活的复杂，从而把烧脑视为一种认真对待生活的方式，一种更有效地应对挑战的办法，甚至是一种思维的乐趣。

为了让学生继续烧脑，继续认识事物和人性的复杂，我下课前推荐了一本叫作《洞穴奇案》[②]的小册子。这是一本非常奇特的书，源于美国法律学者富勒 1949 年提出的一个假象公案：五名洞穴探险者受困山洞，水尽粮绝，无法在短期内获救。为了维生以待救援，大家约定抽签决定吃掉一人以救活其他四人。威特摩尔是这一方案的最初提议者，但他在抽签前又收回了意见。

① 邱仁宗：《生命伦理学》，北京：中国人民大学出版社，2010 年，第 242 页。

② ［美］萨伯：《洞穴奇案》，陈福勇、张世泰译，北京：生活·读书·新知三联书店，2009 年。

其他四人抽签，恰好抽中了威特摩尔。获救后，这四个人被以杀人罪起诉并被初审法庭判处绞刑，富勒还虚构了五位大法官对此案的判决书。1998 年，法学家萨伯延续了富勒的游戏，假设五十年后这个案子有机会翻案，另外九位大法官又针对这个案子各自写出了判决意见……

我之所以要给学生们推荐这本书，是因为我相信，面对未来，学生们不仅需要知识，更需要思想的能力。我希望他们可以通过生死课，也通过大量阅读，去经历思想上、精神上的探险，在人类思想起伏的波涛中和生活的密林里，寻找真正有用的罗盘和前行的工具。

【附录】课后书写与对话

//杨眉教授关于“自杀”与“保密”的反馈/

在谈到对自杀咨询的保密问题时，课堂中间最后一排有位男同学提出：如果自杀的想法被咨询师说出去，那么某人就一定会实施自杀，因为“面子被撕破了，就没有办法活下去了”。

我想有必要做一下澄清。课上我们说了，心理治疗的伦理中有一条要替当事人保密，但是有两个例外，一是他要自伤，二是他要伤人。

生命高于一切，尤其在一个年轻的生命做出一个有关自伤的决定时，很有可能，那并不是一个由自由意志所做出的决定。正如晓娅老师所说，有时候，他可能是不由自主的——他体内神经生化方面的变化，使他根本无法行使自由意志——这样的时候，唯有药物加上心理治疗才能够帮助他重新恢复理智。因此，这时的干预是非常重要的。而此时的干预，不是心理治疗师一个人可以做到的，因此，就需要调动一切可能的社会资源。

与此同时，我们仍然会非常注意保密，会最大限度地让尽可能少的人了解真相。如果某个治疗师没有做到这点，让某个要自伤的人的情况暴露在很多人面前，那么只有两个可能：他的专业水准不够，或者他违背了伦理守则。

除此之外，还请有相应担心的同学换位思考。如果我们是某个有自伤冲动的同学的舍友，这位同学的家长还没有赶到之前或者老师又有其他紧急情况要处理，在这样的时候我们被委托暂时陪伴这位同学(通常治疗师和老师都只是自己处理，因此，同学很少会知道)，这样的时刻，我们自己是不是也会非常自觉地替当事同学保密，并且会尽最大可能保护并安抚这位同学?

想自伤不是丢面子的事，是一个人想要解决问题而不成时采取的一种解决问题的方法。不到最绝望的时候，一个人是不会采用这种会产生很多恶果的破坏性解决方式的。相信绝大多数人都能够设身处地体谅对方，并向当事人伸出援手。因此，如果我们遇到了自以为难以解决的问题时，请记着向周围人尤其是专业人员求助，而每一次对困难的积极解决，都会提升我们处理问题的智慧与能力。

……

当一个人要伤人时，我们治疗师也有义务要告知有关人员。我们每一个人首先是一个公民，然后才是治疗师，因此，公民责任高于治疗师的责任。

另外我有一篇博文《自杀怎么可能仅仅是个人的事?》，请大家有时间去读一下。

/这个世界是？//

汪理达

生命伦理的讨论很矛盾，其实也在意料之中，生活中许多事情，本来就没有一个绝对正确的判断。我也不再像中学阶段，碰到这样无法回答的问题，内心就无比纠结。我相信，绝大多数二十多岁的人，心中都有一堆没有坚定答案的问题。面对问题，我曾经花费很多精力去思考，试图找寻正确答案，大部分的时候，却都“无功而返”。自认为幸运的是，我并没有因为这种纠结而深陷下去，虽没有找寻到正确答案，我却渐渐明白，或许本来答案就是不确定的。我相信，大部分人也是处在这样没有答案的状态，但是当某一天真面对这些问题时，大家还是会做出自己的选择。想起微博上的一段话：“小的时候，我们认为这个世界是{0，1}，除了对就是错；后来，我们觉得可能是[0，1]，除了对和错，可能还有很多似是而非；最后啊，我们发现世界是(0，1)，只有离错近一点或者离对近一点。”好吧，原谅我是一个不坚定的不可知论者，不过既然世界本来就是这样不可知，生命伦理学里的这点纠结也就不算什么了。

回到电影中，影片最主要的矛盾是妈妈和小女儿之间的诉讼。不过稍微想想，我发现一家人中，其实只有妈妈一个人是坚持想通过小女儿捐肾帮助大女儿活下去的。在整个观影过程中，其实无论是爸爸、哥哥、姐姐还是安娜，他们的行为我都是十分理解的。对于爸爸，就像电影中他说的，“我们早就违背了自然，这一切，就当是惩罚吧”，这样的想法和我是完全一致的；对于姐姐，这么多年来肯定对妹妹有许多歉意，最后编剧又让她拥有了一份爱情，男主已走，自然更是少了一份对生的期待，虽然人生还有很多事没体验，很遗憾，但谁的人生又没有遗憾呢？至于妹妹，能这么勇敢地配合姐姐，表现得那么无情，倒的确让人吃惊，不过考虑到她11岁，也就不那么奇怪了。

只有妈妈，我一直难以理解为什么她那么强烈地坚持，牺牲一个女儿的健康，延长一个本来早就可能逝去的生命——为了拯救一个生命而去伤害另一个生命，这并不能那么理所当然。在观影过程中，我甚至少不了恶意揣测，在两个女儿之间，她是不是存在严重的偏颇？试管婴儿和自然孕育的女儿，从一开始在她心中就是不同的。安娜是她的小女儿，但首先是她大女儿的守护者。所以当大女儿需要一个肾时，安娜必须捐出一个来，而且，安娜“你爱你的姐姐”，而你姐姐现在有生命危险，你不救她怎么叫作“爱”？还有，她这种坚持，是不是也有一部分原因是她自己根本无法面对大女儿离去后自己的伤心。如果所有人，包括大女儿自己，都认为这样小心翼翼地活下去并不好，妈妈的这种坚持，是不是有点自私？

当然，我并不是当事人，我永远无法明白一个母亲的想法。老实说，我生性凉薄，对情感这类事情不是那么相信。无论是朋友还是家人，可能他们在我心中，类似于责任和契约精神等所占的比例比情感更大。不过我并非冷笑的、只有理性的人。作为一个哥哥，我对于妹妹，有着完完全全的情感关注，因为她是我妹妹，所以我愿意做所有为她好的事。这所有的事中，自然有许多不符合理性。同样，对于这位妈妈的行为，大概也只能解释为，在感情面前，是没有道理可讲的。

//谈家长的“专制”/
——观《姐姐的守护者》有感

（匿名）

课堂上看了《姐姐的守护者》这部电影，周围的同学感动得流下了眼泪，我却心怀愤怒，一直到影片结束都未平静。我几乎要将这个家庭所有的矛盾源头归于母亲。这位母亲专制地要求大女儿活着，专制地要求小女儿为大女儿捐献肾脏。可能很多人会说母亲这样做是因为爱女儿，然而我怀疑这份沉甸甸的爱到底有几分纯粹。

不是不相信母爱，只是不相信纯粹的母爱，就如我一直坚信家长对子女的爱是自私的一样。为什么会形成这样的观念呢？我好好地回想了以往的生活经历。

我的一位堂妹，准备初中毕业后读技校，然后直接工作。她的母亲非常不同意她这样的做法，认为这样有损自己在朋友圈的面子。在堂妹初三暑假那年，她的母亲便和其他家庭成员约定好，在堂妹答应读高中之前，不和她说话。结果，就在那个暑假，我的堂妹服药自杀。

当然这个例子有些极端。但是我们不得不承认，在大部分亲子关系中，家长对子女的爱很大一部分其实是控制感。这种控制感，包含着“我比你年长、懂得自然比你多”“我是你的父母，是为了你好”“我是你父母，你当然得听我的话”等几种情况。一旦子女试图打破父母的控制感，父母会出现一种强烈的权威受到质疑的愤怒，或是自尊心受到挑战的羞怒。他们视孩子为附属品，希望孩子言听计从。

最近在一个亲子关系讲座中，好几位年纪稍大的家长频频提出质疑：家长有必要去尊重孩子么？有必要去聆听他们的想法么？有必要和他们共情么？在这些年纪稍大的家长眼中，孩子是自己的附属品。当然，更具体的亲子关系还和父母的文化水平、专业有关。父母的文化水平越高、所学专业与教育心理的相关度越高，对待孩子也就越平等。然而，偌大的中国，文化水平高、所学专业与教育心理较相关的父母又占多大比例呢？

当然，我之所以有这样的观念，是生活经历使然，并不代表现实生活中所有的家长都是这般专制地控制孩子。然而，我还是依旧坚定地认为，每位家长都是有专制的做法的，只是程度不一样而已。

以上是我看完电影后的想法。然而这两天细细想了想，就有以下疑问：那为什么有些父母和孩子相处得就那么好呢？他们尊重孩子的想法，让孩子自由发展。难道父母对孩子是否专制只与父母有关么？

我想到了自己。

我的家庭有四口人，父母、哥哥和我。很庆幸，父母很尊重我的意见，从来没有强迫我做任何事情。然而，和我同父母的哥哥却一直都是被我的父母“强迫”着做所有的事，准确来说不能用“强迫”二字。因为我父母“强迫”哥哥做的事情，都是他们认为好、我哥哥也没太多反对意见的事情。

为什么同样的父母，却有两种不同的态度？周围的人都说，是因为我比哥哥优秀。我一直以为是这样，现在却不以为然。原因应该是我比哥哥爱沟通。我时常和父母沟通，让他们知道我的观念和价值观。当他们对我的想法表示怀疑时，我会用行动向他们证明自己的想法是有道理的。然而，我哥哥却是一个不大愿意和父母沟通的人，所以默默地听着父母的一切指挥，尽管自己心里另有想法。渐渐地，哥哥和父母的互动就形成定势——父母吩咐，哥哥实施。尽管哥哥在实施的过程中并不快乐。

或许，父母专制、强迫，除了因为他们骨子里的那份骄傲和理所当然地认为孩子是附属品外，还包含着他们摸不清自己的孩子的想法、对孩子没有信心等心理，于是便将自己的想法强制性地加到孩子身上。

要解决这样的权威型家长风格，首先，得有相关人员和他们理清楚父母和孩子的关系；其次，也得要孩子主动和父母沟通呀。就像《姐姐的守护者》，如果姐姐早日和母亲沟通，说明白自己的想法，或许矛盾就不会那样尖锐。当然，也只是“或许”，不排除这位母亲依旧顽固的可能性。这个时候，孩子也只能采取极端的方式让母亲意识到这点了，比如电影里的姐姐请求妹妹告母亲，比如我的堂妹选择自杀。这样极端的做法，虽然会有一些后遗症，但至少解决了最主要的问题——话说，自从我的堂妹去世后，她的母亲就开始聆听他人的想法了。

【陆晓娅说】

读这位同学的文章，一开始时便被他的尖锐所激发，不由自主进入一种思考的状态。例如，读到他说的“大部分亲子关系中，家长对子女的爱中很大一部分其实是控制感”时，我会问自己：情形真的是这样吗？家长对孩子需不需要一些控制呢？在什么情况下，控制对孩子的成长是不利的，是在满足家长自身的需要而不是孩子的成长需要？家长对子女的控制与我们的传统文化有关吗……

200多年前，卢梭在《爱弥儿》中提出要“发现儿童”，“尊重儿童”。儿童就在那里，为什么需要被“发现”？因为在此之前，儿童并不被当作独立的、有着自己需要、意志、特点的人。

在我们中国的传统文化中，是不是尊重儿童的文化基因更少？当个人的价值完全需要在关系中来确定(所谓三纲五常)时，儿童想要被当作有独立人格的人来尊重，恐怕是更难的。如果说语言是文化的DNA的话，在中国，我们至今会把父母叫作“家长”(英文中的parents似乎并无一家之长的含义)，也许正是这种文化的反映。又如文中提到的，在中国，“面子文化”更使孩子是否出息也变成了父母“面子”的一部分，这无形的枷锁让孩子感到十分沉重。

随着社会的发展，很多父母和老师都会发现孩子越来越不听话了，他们的权威受到了挑战。但是，他们从来没学过如何不以权威而以平等的身份来和孩子对话，同时还能对孩子的成长带来深刻而健康的影响。心理学家王浩威甚至提出，过去世代中的孩子都是由“父母集合体”(家族和社群)带大，随着现代化、城市化的脚步，现在的孩子都在核心家庭长大，而需要独自承担养育儿女职责的父母其实并未成熟，他们不仅会延续传统的教育方法，也会因为要独自面对挑战而变得抓狂。

有意思的是，这位同学在文章的后半部分提出要学会与家长沟通，通过主动的沟通，来让家长了解自己，及时化解矛盾和误会。这真是印证了玛格丽特·米德的“后喻文化”：现在的社会，是年轻人来影响自己的上一代！

不过这里有个悖论：年轻人要想有效地影响上一代，一是需要对自己有信心，能够说出自己的需要和想法；二是也需要理解父母的感受，因为沟通不是单向的。有信心的孩子，往往是因为从小就得到了父母无条件的爱(考了100分，我才爱你，就是有条件的爱)，从而感到了自己存在的价值。没有得到父母无条件的爱的孩子，常会怀疑自己，要他们说出自己的需要和想法是困难的。另外，童年早期很少得到父母关心与爱的孩子，或者被过度宠爱的孩子，同感能力往往比较差，无法理解父母的感受，从而使沟通受阻。

我一直不喜欢“母爱是伟大的”这种说法，因为做母亲在今天其实是一种选择(传统社会不是这样)。既然我们选择了做母亲，也就选择了承担这过程中的辛苦与挑战，再苦再累再愁也是“自找”的，用不着谁来感谢我，也用不着让孩子为此而“感恩”。如果说母爱还有一点点儿伟大的话，那就是我们养育了孩子，却要放飞他们，让他们去选择自己的生活道路。夫妻之爱，是融合之爱；亲子之爱，是剥离之爱。剥离，有的时候真的很疼啊！

假如我是妈妈莎拉/姐姐凯特/妹妹安娜，我

/ 医 学 课 ： 临 终 的

生 与 死 之 间 的 模

安 详 地 去 世 ， 确 实 是 一 项

选择与尊严//

糊区域是梦。

T.S.艾略特

重要的人权。

索甲仁波切

《心灵病房》*Wit* /

导演：迈克·尼科尔斯 / 2001 年

/ 面 对 死 亡 ， 何 为 Wit ？ / /

找与死亡相关的电影，一点儿也不难。随便一扫就会发现，死亡故事、死亡镜头在电影中比比皆是，几乎到了无死亡不电影的地步，连动画片中都少不了死亡。但要什么片子不要什么片子，真是费思量。在忍痛把《死亡医生》从教学影片中去掉后，我决定把另外一部有临终镜头的电影《心灵病房》(*Wit*，也被译为《深知我心》)继续保留，因为现代医疗对人的尊严带来的挑战，还远远没有引起人们的重视。我希望年轻的学生们开始有所思考，毕竟，谁不会生病，谁又不会死亡呢？事实上，每一轮课程前后，都会有同学和我探讨面对临终者该怎么办，有时是他们的祖辈，有时是他们年轻的同龄人。

《心灵病房》描述了一个成年人的死亡——死于癌症，死在医院的病床上。这样的景象似乎没什么新奇，但问题就在于“没什么新奇”。我们以为医学的存在，就是为了帮助人们摆脱病痛和死亡，却很难接受医学的有限性，也看不到医学已经深刻地改变了人类死亡的景象，而且这种改变并不一定符合人性。

影片开始于一段揪心的小提琴，随着音乐节奏的加快，银幕上突然充满了一个医生的面部大特写，他嘴唇一动，吐出了一句宣判：“你得了癌症。”

听候宣判的是薇薇安·贝宁，一位研究 17 世纪英国诗歌的中年女教授。医生告诉她，很不幸，她的卵巢癌已经到了第四期，唯一的办法是接受实验性的治疗，用最强的全剂量先做八个疗程。或许因为病人是位知识女性，医生别有意味地强调“这将会对人类知识有所贡献”。

认为自己足够坚强，在生活中也“绝不妥协，不轻易放弃挑战”的薇薇安，面不改色地接受了医生的决定。

片头过完，再次出现在银幕上的薇薇安，已经变成了一个身穿病号服、戴着帽子遮掩青丝掉尽的病人。在她一段段的独白中，影片慢慢呈现了一个

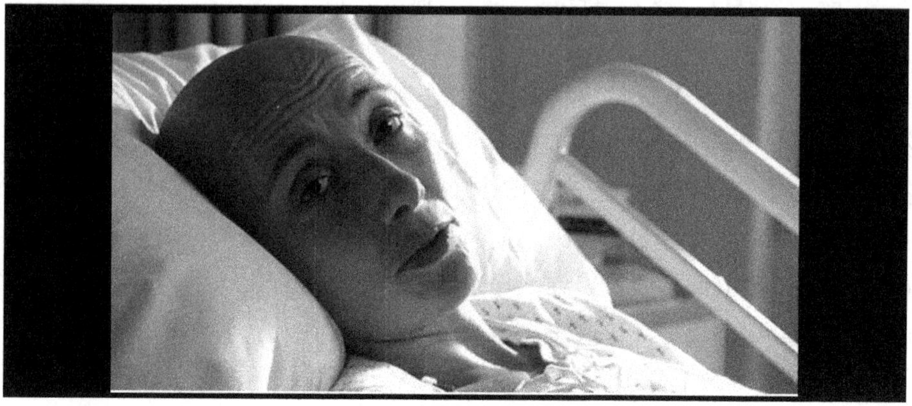

人与癌症的搏斗过程：在医院中接受各种检查，化疗后的呕吐，医生查房时当着她的面讨论病情，为抵御病痛和对死亡的恐惧在病床上背诵约翰·多恩的诗《死神你别骄傲》，痛苦无眠的深夜，直到最后心脏停止跳动……

然而，一个活生生的人走向死亡，绝不是这样一个由一串“事情”组成的过程，她的内心发生过什么？她与其他人产生过怎样的互动？这些互动对生命与死亡有何意义？这才是这部叫作“Wit”(机智、聪明、智慧，据说还包含诙谐之意)的片子所要探索的。

独白，是这部电影最突出的特点。导演选择用独白来表现薇薇安的内心世界，非常有力地凸显了她的孤独和理性。

我想，导演所要表现的孤独，不仅是一种人际孤独——薇薇安没有结婚，父母也已经离世，似乎也没有什么朋友。导演或许也想挖掘由死亡引发的“存在孤独”(虽然导演并不一定知道这个概念)——那是一种“我”和其他任何人之间存在无法跨越的鸿沟的感觉，“我”与整个世界无关的感觉。而“从最根本的层面看，死亡仍然是最孤独的人类体验”[①]。我记得在网络上连载“死亡日记”的陆幼青先生[②]曾经提到，在他知晓自己时日无多之后的一天，电视中正在转播世界杯比赛，他突然怒火中烧：“有一个人就要死了，你们还看什么世界杯!”陆幼青的这种感觉，就是那种“整个世界”都与自己无关了的存在孤独吧。

艾玛·汤普森扮演的薇薇安，大多数时候都表现得非常理性，她似乎可以面对所有的挑战：检查中的难堪，治疗中的痛苦，病床上的孤独……但那就是真实的她，全部的她吗？人真的可以不动声色地面对死亡的威胁吗？

我们将在电影中看到一个更加真实的薇薇安，跟着她的独白，去看临终的生命景象，去思考生命的尊严与死亡的尊严。

/ / 黄 洋 · 雅 安 · 笑 /

不过，让我们先离开一下薇薇安。因为今天，2015 年 12 月 12 日，我写作的这个当下，一个年轻人被执行了死刑。他叫林森浩，两年前，身为复旦大学医学院研究生的他，因为琐事对同学黄洋产生不满，将剧毒化合物注入饮水机，导致黄洋中毒身亡。两个原本很有前途的年轻人，死在了不该死的年龄。

········

① [美]欧文·D. 亚隆：《存在主义心理治疗》，黄峥、张怡玲、沈东郁译，北京：商务印书馆，2015 年，第 373～375 页。

② 陆幼青，上海人，1994 年被诊断为胃癌并开刀，经手术后 1998 年癌症复发。2000 年 7 月底，他决定在“榕树下”网站以日记的形式记录“自己生命最后的经历和生理、心理的变化”，其连载作品被结集成《生命的留言——〈死亡日记〉》。他于 2000 年 12 月去世。

为什么我要提起此事？因为两年前，在我开启这堂课之前，收到了一封助教老师的邮件。邮件中说：

今天遇到一个让人郁闷的事情，不是完全不能理解，但不知道该怎么做。

今天下午上形势与政策课，大一的学生，领导安排了前面一小段的时间让他们做一周新闻综述，算作平时成绩。学生们整理的新闻倒是很及时，昨晚的新闻今天就整理了出来，比如师大一些社团组织了同学在操场给雅安祈福，他们今天也提到了。

虽然PPT制作略显粗糙，对着PPT照着念，念得不是很流利，但其实如果只是这样，也不妨碍什么。

主要是，他们在谈论的是地震和投毒事件呀，上面念PPT的同学是带着笑磕磕绊绊地念的，念得不通顺的时候下面就会哄笑。我立即批评了大家，说本应很沉重的事情，怎么可以以娱乐的心态来对待？可是事情没有结束，上面念PPT的同学，在念到黄洋的事情的时候，在某天“就死掉了”，声音突然变尖，就像是平时某人很开心地说我吃得太饱快要死掉了那种状态，而且就是在此时，好像是因为念错了什么，大家又开始哄笑。其实她的PPT的结尾一句是“悲哀的是以娱乐的心态来对待悲剧”，是对网上微博调侃“感谢舍友不杀之恩”的评价。

换了另两个同学，又发生了类似的事情，半个小时我批评了四次，质问他们的心态。一个同学回应我，不是娱乐，只是不想用悲伤的心态来生活，可这明显不是关键的问题。

而今天中午回到宿舍的时候，在门口听到隔壁几个宿舍的女生在高声谈论昨晚师大有一个女生跳楼的事情，是笑着高声谈论的。

也许我不了解他们的心态，也许他们听多了悲剧，这些都吸引不了他们的注意了，他们更关注的是同学略带滑稽的展示方式。也许是因为从众，有一个人笑，大家都开始笑。

回到办公室，跟另一个同事说起上课的事情，她说她前两次在这个班上课也遇到了同样的事情，也做了批评。

也许是我批评的不够有力度吧，没有进入他们的内心，也许我开始上课之前应该默哀1分钟吧，这样他们就会认真一点对待？

我也不知道应该怎么去应对，只觉得自己今天的做法是失败的，失去了一个教育的契机，很苦恼呢！

该怎样理解学生们的“笑”呢？当学生们笑起来的时候又该怎样回应？既然我的课是生死课，或者这是一个可以探讨的问题吧。

非常遗憾的是，那位助教老师当晚有课，我只好越俎代庖，替她抛出了这个话题。我说助教老师有些困惑，不知道同学们怎么看？

家乡是四川的同学，先站起来分享了听到雅安地震时对亲朋好友的担心、挂念。另一位同学分享说，听到雅安地震的消息，同宿舍四川的同学哭着跑出去了，那一刻才知道地震曾给人带来怎样的痛苦和伤害。接着又有同学站起来念了一条短信，表达对娱乐化灾难的不满。也有同学说，其实地震唤醒了大家的死亡焦虑，“笑”是一种遮掩。

“笑”的确是一种遮掩，一种心理防御机制！曾经做过许多危机干预和创伤治疗的我，对于用“笑”来延缓“痛”、稀释“痛”、遮掩“痛”，并不陌生。在2003年SARS结束后给北京某中学学生做悲伤辅导时，我见过学生用故作轻松的语调讲述遇难老师的故事；在5·12大地震的心理援助中，我也见过当别人流泪时，伤痛最深的人却在笑。所以我告诉学生们，如果不用道德评判，而从心理学的角度来看，人们之所以“笑”，有时候是因为太痛了，害怕真的面对了，自己的情绪会失控，于是用“笑”，用“轻松”来掩饰。同时，同学们还有另一层担心，就是如果自己表露出真实情感，会不会受到别人的嘲笑。所以“笑”并不一定是没有同情心，而是对焦虑的一种遮掩。但当“笑”形成一种情境力量场时，也会消解我们同感他人的能力，让苦难失去分量，让生命失去尊严。(很遗憾当时没有讨论整个社会的低俗化、娱乐化倾向，我认为这种“去崇高”的倾向与人们缺少真正参与社会生活、参与社会治理的机会有关。娱乐化何尝不是整个社会转化焦虑的一种方式呢?)在这样的时候，也许比批评更好的做法是，告诉学生“笑”背后其实是害怕，是焦虑，请他们安静下来面对自己的内心，想一想生命的无常，然后试着用尊重生命的方式在心里去联结那些不幸遇难的人们。这也许比一个正式却没有投入的默哀，更能带给学生一些觉察与思考。

不过，想到年轻的学生们离自己的真实感受这么远，想到他们对流露真实情感的害怕，想到他们已经习惯于用娱乐来消解原本严肃的话题，我心里还是会有一些悲哀。因为我知道，当一个人与真实的自我疏离时，内心一定也是孤独的，是不喜欢自己的。有谁，会喜欢一个不真实的自己呢?

/ 死亡 · 昨天 · 今天 / /

在开始播放电影片段前，我请学生们一起头脑风暴：在绝大多数人心里，死亡都是一件很可怕的事情，可怕到人们都不愿意谈论它。那么，人们为什么惧怕死亡呢?

学生们头脑风暴的结果，和专家们的研究相去不远。詹姆斯·迪戈里和多琳·罗斯曼曾做过包含 563 个样本的调查，请被试就死亡的好几种评定等级排序。下面就是从高到低排出的人们恐惧死亡的原因[1]：

1. 我的死会造成亲友的悲痛。

2. 我所有的计划和构想都结束了。

3. 垂死的过程可能很痛苦。

4. 我再也不能有任何经历了。

5. 我再也不能照顾我抚养的人了。

6. 我担心如果死后有另一个世界，我会遇到什么事情。

7. 我担心死后自己的身体会怎样。

我想，这个排序会因社会文化的不同，个人经历、特质、信仰的不同有很大差异。

辜琮瑜先生在《最后一堂生死课》中，给七种死亡恐惧做了更为清楚的定义[2]：

1. 对未知的恐惧：恐惧的内容包括死亡的时间、状态，死是怎么一回事，死后的世界又是如何。

2. 对失落的恐惧：死亡会让人失去许多东西，舍不得、放不下、不甘愿。

3. 对分离的恐惧：主要来自情感的牵绊，因为死亡是关系的切割

① 参见[美]欧文·D. 亚隆：《存在主义心理治疗》，黄峥、张怡玲、沈东郁译，北京：商务印书馆，2015年，第46页。

② 参见辜琮瑜：《最后一堂生死课》，北京：世界图书出版公司，2011年，第42～48页。

和断裂。

4. 对死亡过程与状态的恐惧：死亡过程中会不会很痛？

5. 对未了心愿的遗憾：死亡最糟糕的就是来不及说一些话，来不及做一些事。

6. 对生存意义消失的恐惧：死亡让我们曾经努力达到的状态都会消失，那么，我的努力是为了什么？

7. 对亲人受苦的恐惧：担心亲人在死亡过程中遭受痛苦。

学生们提供的回答中，也有些相当个人化，甚至他们会直接说“我最害怕的是……”。我很喜欢这样的表达，因为这时他们是非常真实的。这些个人化的表达有：害怕被遗忘；怕被他人取代；怕黑，永远闭上眼睛很恐怖；害怕身体残缺；害怕被火烧；害怕还没有来得及享受，还没有子嗣；害怕有亏欠……

在这些个人化的“恐惧”后面，我相信也有不同的生命故事。例如，袁宇飞同学记录了讨论中我与学生的一段对话：

坐在教室左后方一个瘦瘦小小的男生站了起来，他说，死亡最令人恐惧的是孤独。

陆老师顿了顿，看向男生。“孤独这个词很有意思。你可以再多做一些解释吗？”

“这个感觉是跟我小时候的经历有关的。我小的时候，村里每次有人去世了，全村的人都会聚在一起，为死去的人出殡、送葬。我那时不懂事，凑在一旁看热闹。每次看到一个人被放进棺材埋进土里，我就会觉得很害怕。死去的人以后永远都会在那个狭小的棺材里，在那片土地底下，没有办法再出来，也不会有人去陪他，那该有多孤独啊。”男生解释道。

陆老师点点头：“你看到了安葬的过程，感到逝去的人再也得不到陪伴，所以会感到很孤独。老师也认为孤独是惧怕死亡的一个重要原因。但我的理解和体验与你有些不同，你看到和害怕的是死后的孤独，我感觉到的是死亡过程中的孤独。死亡是一个人的事，没有人能够陪你离开，你必须自己体验死亡这个神秘的过程，所以我觉得这个过程是很孤独的。”

在讨论了形形色色的死亡恐惧之后，我又提了一个奇怪的问题：今天的人比以前的人更加恐惧死亡吗？

学生们分为了两派。认为以前的人更恐惧死亡的同学说：以前很少有人自我结束生命，现在的人自杀的很多；以前的人死都不敢死，比如祥林嫂；以前的人需要用信仰和迷信来淡化恐惧，现代人好像不需要这些……

多数学生认为，和以前的人相比，现在的人更恐惧死亡，原因有：以前医学不发达，新生儿死是平常事，死亡率很高，死亡是经常看到的事情，也就没什么好怕了。相比于我们，上几代的人似乎更有信仰和寄托，他们有的认为死亡只是去了另一个世界，有的认为人死后进入六道轮回，这样死亡对他们就不再意味着消失，而是另一个开始。而现代人对死亡的认识就更加科学和理性，这可能是科学主义在人心理上的弊端——它会让人更加惧怕死亡。今人更恐惧死亡，因为条件好了，人们对生活更眷恋。人类越来越猖狂，不断地征服，以为死亡也能被征服，越想征服就越害怕。过去的人中，一部分人认为可以舍生取义，抛头颅洒热血死得有价值；另一部分人通过信仰和传宗接代，消除了死亡恐惧，但现在利己主义者多，也没有什么信仰。现在的传播工具太先进了，意外死亡马上就会通过各种渠道被传播，有时是血淋淋的，这些都会加大人们的死亡恐惧……

到底是现在的人更怕死，还是以前的人更怕死，这是无法证实或证伪的问题。但通过这样的讨论，我们至少梳理出了影响人们死亡恐惧的不同因素，一些因素来自人内心的改变，一些因素来自外部环境的改变。其中，最重要的一个外部改变，是死亡在时空上的改变：空间从家庭变成医院，时间也因被抢救而拉长。《生命的肖像》一书的作者贝阿塔·拉考塔说："以前，从童年开始，每个人都不可避免地要去面对垂死的和死去的家人。那时候，死亡往往发生在家里。今天，人们很容易就能逃避直面苦痛和死亡。死亡的发生越来越隐秘。我们对它的认识也就变得模糊。也许正是因为如此，死亡在今天的时代会给人们带来比以往更大的恐惧。"①为了帮助人们更好地认识死亡，她和摄影家瓦尔特·舍尔斯来到临终关怀医院，在经过本人和家属同意之后进行采访，并为每个人拍摄两张照片，一张记录他们活着时的状态，一张是他们死亡后的表情。《生命的肖像》就是由这些图片和采访文字组成。

了解这个背景，我们就会发现，死亡在今天已经几乎完全变了样子。

/ / 医学 · 医院 · 医生 /

回到电影。在《心灵病房》中，薇薇安即将走向死亡。但是在死亡之前，她还有很长一段路要走。这段人生之路的舞台，不再是她热爱的讲台，而是被称为"白色巨塔"的现代化医院。

① [德]贝阿塔·拉考塔、[德]瓦尔特·舍尔斯：《生命的肖像》，王威译，沈阳：辽宁教育出版社，2005年，第1页。

我将电影中几个给我很深印象的片段剪辑出来，合并在一起，命名为“现代医院系统和病人”，这是理解薇薇安故事的重要背景。

在这些片段中，我们可以看到医生如何告知病人患了绝症，要病人接受实验期药物进行化疗；看到医生头也不抬地讯问病人；看到病人在冷冰冰的机器中做出不同的姿势以完成检查；看到年轻的男医生把病人撂在妇科检查床上出去找人；看到专家带着一群菜鸟医生，围着病床当着病人的面讨论病情……导演通过影片的色调和构图，强烈地暗示出现代医疗系统中医生与病人的关系、病人与医疗设备的关系。

我请学生们谈谈看完这些片段后的感受，学生们说：感到在医院中，病人没有隐私，不被尊重；病人好像道具或实验用的小白鼠，而医生似乎更看重自身的利益，比如通过实验发表论文，而不是真正关心病人的福祉；医疗技术更先进了，但医生与病人的关系更远了。

其实，这并非仅仅是医生的个人素质问题，而是整个医疗系统的问题。北京大学医学部研究医学人文的王一方教授，曾对此进行过论述。他在《中国人的病与药》一书中描述了从经验医学到实验医学的变化。例如，过去西医通过视、触、叩、听，中医通过望、闻、问、切来进行诊断，诊断过程是人与人的直接接触，诊断质量系于大夫一身；而现代实验医学则靠声、光、电、磁以及信息技术，大大延长了个体感官的精度与深度，分工更加精细，指标体系更加庞大，从传统的“人的诊断学”演变成了现代的“机器诊断学”，诊断从依赖“一个人”变为了依赖“一群人”。在这样的变化过程中，“不仅带来信息、知识、技术的分割，也带来非知识因素如诊疗程序中情感认知、人文关怀的断裂”①。不知不觉中，“医学视野中的疾病、躯体完全被对象化、客体化，人的主体性、情感、意志被抛弃，医生的冷漠、技术性失语都成为合理。医学不再是人与人的故事，而是人与机器、人与金钱的故事”②。

薇薇安，还有包括我在内的许多病人都曾经体验到，在医院中，你不是作为一个人存在，你失去了姓名，变成了床号或病历号，你的喜怒哀乐都毫无意义，你只是作为一种“病症”而存在，你只是等待医学处理的一个物件。薇薇安说：“我想柯和杰森那些文章不是关于我的，是关于我的卵巢癌的，关于我的腹腔检验。我现在这个样子，就像个标本瓶……”这是一种生命被异化、被疏离的经验，它令人孤独，悲伤，甚至绝望。

好在，医学界也有了反思的声音和新的探索。2001年，美国哥伦比亚大学临床医学教授丽塔·卡蓉(Rita Charon)首先提出并发起了叙事医学(narrative medicine)运动，她认为有效的医学服务需要叙事能力(生命叙事、苦难叙事、衰老叙事、死亡叙事等)，医学生可以通过研读文学作品、人物自传，以及接受现象学、心理分析、创伤研究和美学方面的训练，来提升观照、倾听、诉说疾病的叙事能力，从而更好地认知生命、疾苦和死亡的意义，使临床医学更有人性。卡蓉所期待的是：当医生在对一名年逾古稀的老妪例行

① 王一方：《中国人的病与药》，北京：当代中国出版社，2013年，第21～22页。

② 王一方：《中国人的病与药》，北京：当代中国出版社，2013年，第94页。

足部检查时，被医生检查的不仅仅是糖尿病足溃疡的症状，还有医生握在自己手上的患者立足于世、安身立命的生存状态和风风雨雨几十年的生活状态[①]……

好感人，也好遥远！医学的人性化复苏还在梦境，但我们至少要知道，这种“只有病，没有人；只有公共指征，没有个别镜像；只有技术，没有关爱；只有证据，没有故事；只有干预，没有敬畏；只有呵斥，没有沟通；只有救助，没有拯救”[②]的技术主义的临床医学，并不是合理的，它需要改变。而即使作为病人，我们也可以参与到改变中。欧文·亚隆曾在他的书中提到一个故事，一个叫伊娃的癌症晚期患者，曾把生命最后的目标定为“使L医生更具人性”。这位L医生很冷漠，戴着巨大的金属框眼镜，坐在一张超大的写字台后面，一边和伊娃说话一边在病历上打字。伊娃要求他不要这样，她希望医生能看着自己，给她更多的时间。伊娃也表示理解L医生的心情，作为癌症医生，他几乎得看着所有病人死去。后来，伊娃做了一个梦，梦见一群医生都在快速地离开她，L医生也在内。她在后面追赶着，大声告诉他们：“没有关系，我理解你不能治愈我的癌症。我原谅你，没有关系，你们有这种感觉非常正常。”当伊娃把这个梦告诉L医生时，L医生多年构筑的壁垒被打破了，他开始和伊娃有了更多人性层面上的互动……[③]

① 参见王一方：《中国人的病与药》，北京：当代中国出版社，2013年，第95页。

② 王一方：《中国人的病与药》，北京：当代中国出版社，2013年，第96页。

③ 参见[德]欧文·D. 亚隆：《存在主义心理治疗》，黄峥、张怡玲、沈东郁译，北京：商务印书馆，2015年，第458页。

接下来，我放了电影中两个最温暖的片段：

片段一：深夜对话。

凌晨四点，无法入睡的薇薇安按铃叫来了护士苏西，告诉她自己睡不着，有些事情想不明白。苏西没有责怪她，反而站在床前抚摸着她的胳膊说："你接受的考验真是太艰苦了，而且是你不能掌控的。"苏西接纳、理解的态度和温情的触摸，让薇薇安再也不愿躲在"坚强""理性"的面具下，她一边哭着一边告诉苏西自己非常害怕。苏西用肢体语言安慰着软弱但真实的薇薇安，告诉她"亲爱的，这是当然的"，又给她拿来冰棍。因为化疗已将肠胃中的表皮细胞都杀死了，吃冰棍会让她好受些。

两人吃着冰棍，苏西主动提起了临终的话头，说有件事要请薇薇安好好想一想，"就是在你心脏突然停止跳动时，他们应该怎么处置你"。苏西告诉薇薇安："你可以选择'全力抢救'，在你心脏停止跳动时，他们会发布蓝色警戒灯，把你送进加护病房(重症加强护理病房，英文为 Intensive Care Unit，缩写为 ICU)，直到你病情稳定；或者你可以选择'不需抢救'，万一你心跳停止，我们就会随它去，你就不会被急救了。你可以先想想，趁柯医生和杰森还没有找你谈的时候。"

薇薇安很想知道医生们会怎么做。苏西告诉她，他们会倾向于抢救生命，"只要生命能延续下去就好，不管你身上已经接了多少仪器……他们总想知道得多一些"。

薇薇安很快做了决定："就让它自己停吧。"不过她希望苏西一直能陪伴她到最后，苏西说："当然。"

片段二：逃家小兔。

在柔和的钢琴声中，一个满头银发的老妇人沿着医院的走廊慢慢走来。当她隔着玻璃门看到病床上光头的薇薇安时，眼睛里流露出惊讶和心疼。

她是薇薇安攻读博士时的导师艾斯弗教授。教授早已退休，今天她进城看望孙子时听说薇薇安生病了，便赶到医院里。在老师面前，薇薇安脆弱得像个孩子，她告诉艾斯弗教授，自己特别痛苦。老师看到薇薇安流下成串的眼泪，便拿掉床栏杆，上床像妈妈一样把薇薇安抱在怀里。老师想给薇薇安念些多恩的诗，已经念过太多的薇薇安拒绝了。老师又从包里拿出了绘本《逃家小兔》，给薇薇安念起来："从前有一只小兔想逃家……"薇薇安慢慢安静下来，在老师诵读声中，在老师温暖的怀里慢慢睡去。艾斯弗教授亲吻了薇薇安的额头，轻轻地对她说"愿天使的歌声伴着你入眠"，然后悄悄离去……

这是一个非常宁静，甚至充满诗意的片段。镜头中，导演用了很多大特写，让艾斯弗教授的满头银发、大眼镜和眼镜后面关切、疼爱的眼睛，充满了整个画面。观众耳朵里是她用平静又慈爱的声音为薇薇安念诵的《逃家小兔》："如果你变成渔夫，我就变成小鸟躲避你，小兔说。如果你变成鸟儿，兔妈妈说，我就变成你歇脚的那棵树。小兔子说，我还是待在这儿，做你的小宝贝好了……”

恰如王一方教授在《绘本中的生死智慧——逃家小兔》一文中所说：《心灵病房》的导演的确不同凡响，从童书中挑选了这么一本富有隐喻的绘本(居家—离家—归家，不仅是小兔子对生命的遐想，也是真实生命的轮回。小兔子无论身处何方，无论如何变，妈妈的爱都环绕在身旁)，给一位文学博士、大学教授作离别的精神跳板。这并没有降低她的精神海拔，恰恰为她的飞翔平添了一份纯粹，“死亡的恐惧与忧伤消弭在《逃家小兔》温情的画面中”。

在以往的教学中，放完这两个片段后，我会请学生在护士苏西、病人薇薇安和艾斯弗教授三个角色中选择一个，以第一人称为她写出内心独白，然后在三人小组分享，看看彼此有什么联结。但是在今后的教学中，我会直接抛出一个话题：在这两个片段中，我们能够学习的是什么？

做这样的调整，是因为我越来越感觉到，陪伴临终者是需要学习的。很多时候，我们或者被自己的恐惧与焦虑所干扰，或者被文化中的死亡禁忌所控制，使得宝贵的临终陪伴变得毫无质量——当临终者想谈谈死亡的时候，我们会习惯性地用“别这么想，你会好起来的”去搪塞和欺骗；当临终者诉说自己的痛苦和孤独时，我们可能会用“坚强些”“我们不是都在吗”来责备和敷衍——当我们这么做的时候，其实是在处理我们自己的焦虑和恐惧，把临终者推到更深的孤独当中。

是的，我的学生还年轻，但他们当中很多人已经在面临爷爷奶奶、外公外婆的衰老与死亡。电影中的苏西，作为护士经历过很多死亡；老教授也活到了一大把年纪，有她的生命智慧，我们何不从她们身上去学习呢？

那么，我自己从她们身上学到了什么呢？

首先，她们让我看到了，用肢体语言表达关心和抚慰，也许比言语更重要、更有效，特别是在临终者已经很难进行自我表达的时候。皮肤是人与外部世界的边界，当薇薇安感到孤独时，苏西有节奏的抚摸，艾斯弗教授的怀抱，让这个边界变得柔软了，甚至是可以穿透了——薇薇安不仅由此释放出内心的痛苦，也因为感受到他人的存在而减少了恐惧和孤独。也许，当我们去陪伴那些走向生命终点的亲人时，说话并不那么重要，而全然地在场，静静地拉住对方的手，轻轻地触摸脸颊，缓缓地抚慰后背和四肢，与对方同频呼吸，就足以传递出关切与爱意，让对方感受到温暖和被珍视。

我学到的第二点是，接纳临终者的所有感受。在电影中，当薇薇安说她很害怕时，苏西没有否认她的感觉，而是说："亲爱的，这是当然的。"当薇薇安对自己的老师说"我好难受"时，艾斯弗教授的回应是"我了解，我看得出来"。接纳临终者的感受，是一种真正的仁慈。1969 年，伊丽莎白·库伯勒·罗斯医生出版了《论死亡与临终》一书，并在书中提出了"临终的五个阶段"——惊吓以及随之而来的否认；愤怒并且问：为什么是我；讨价还价：只要再多一点点；沮丧，畏缩，无奈；接受。在她的最后一本书《当绿叶缓缓落下》中，她对五阶段理论又做了一些修订和补充，指出五阶段会因人不同，也并非直线进行①。后来，又有许多心理学者，通过对临终者的研究，提出了不同的诠释系统。例如，埃德温·史奈曼的"情绪蜂巢说"就认为，临终者面对死亡时，会纠结在各种情绪中，如不愿相信，充满希望，生气，苦恼，害怕和困惑等。他们可能前一刻还在与人理性地讨论已经逼近的死亡，却在下一刻彻底否定自己的真实病况②。不管专家学者们总结出什么样的情绪模式，我们都可以看到，临终者的情绪是丰富和复杂的。当他们表达痛苦、悲伤、愤怒或孤独的时候，如果我们说"你会好起来的""不要去想了"，我们所传达

① 参见[美]伊丽莎白·库伯勒·罗斯、[美]大卫·凯思乐：《当绿叶缓缓落下》，张美惠译，成都：四川大学出版社，2008 年，第 1～15 页。

② 参见辜琮瑜：《最后一堂生死课》，北京：世界图书出版公司，2011 年，第 221 页。

的信息，会让对方感觉到“你不应该有这样的感受”，否认了他们有这样感受的权利。当临终者的这些感受没办法表达，表达出来不被承接不被允许时，他们反倒会被这些感受所淹没。相反，当这些感受能被允许，能够通过共情得到接纳和理解，生命的能量就会重新流动起来，让他们去做最重要的事情，比如留下遗言，安排后事，表达感谢等，让“生死两相安”。

我学到的第三点是，就“临终偏好”和当事人坦诚地交流。这点很难也很重要，在不同的时间段可能需要不同的话语来开启。美国医生阿图·葛文德(Atul Gawande)在《最好的告别》一书中，详细记述了自己父亲临终的过程，在《艰难的谈话》一章中，我记住了这样一些句子：如果时间不多了，你最关心和最担心的是什么？你最重要的目标是什么？你愿意就此做哪些交换，不愿意做哪些交换？正是通过这样的谈话，阿图医生使父亲和其他一些癌症患者，为自己做出了最好的选择，也实现了许多宝贵的心愿，减少了临终的遗憾。阿图说：“技术化的社会已经忘了学者所谓的‘垂死角色’(dying role)，以及生命接近终点时，它对于人们的重要意义。人们希望分享记忆、传承智慧和纪念品，解决关系问题、确立遗产、与上帝讲和、确定留下的人能好好活着。他们希望按照自己的主张结束自己的故事。”①

我学到的第四点是，陪伴一个临终者，需要先安顿好自己的心灵。这也是非常困难的事情，特别是临终者是我们自己的亲人时。

① [美]阿图·葛文德：《最好的告别：关于衰老与死亡，你必须知道的常识》，彭小华译，杭州：浙江人民出版社，2015年，第226页。

/ / 假 如 · 假 如 · 假 如 /

最后一个电影片段，是薇薇安去世后的情景。但呈现在学生们眼前的，不是安宁，而是一片“战斗”景象：早上前来查房的杰森医生，发现薇薇安“极度无反应”，脉搏和呼吸都已经停止。这位年轻的医生似乎“忘记”了薇薇安“放弃抢救”的决定，立即拨打电话，通知抢救团队“707 病房蓝灯警戒”，随后跳到床上，对薇薇安进行人工呼吸和心脏复苏……

护士苏西冲进来想推开杰森，她喊着“她是放弃抢救的患者”，杰森也喊着“她是研究对象”，直到苏西把他从病床上推下来。抢救小组来了，不由分说开始对薇薇安进行心脏电击，杰森不得已告诉他们是自己搞错了。

终于一切停止了，苏西为薇薇安盖上被单，撤除仪器，杰森想帮忙，被生气的苏西阻止。在俯角镜头下，白色的病床上，苏西轻轻地将薇薇安的头放正，又去拉上窗帘，为她进行最后的整理……

要不要让学生看到医疗团队对临终者的抢救？这样的镜头是否会太刺激？再三权衡之后，我决定播放这个片段——它非常直观地表现了一个不应回避的问题：今天，我们将如何死亡。

放完电影片段，我提出了三个“假如”，请学生回答完一个再回答下一个：

假如是你处在薇薇安的境地，你会怎么选择？

假如是你的父母，你会怎么选择？

假如你的父母自己选择，他们会做怎样的决定？

第一个“假如”，大多数学生选择了“放弃抢救”，也有学生选择抢救，理由是“被抢救虽然很折腾，但有一线希望回到亲人身边”，“在我感到有许多有价值的事没有做的时候我选择抢救”，“先抢救一次，获得一个死后活过来的体验”。

第二个“假如”，让学生们纠结了，那些选择放弃抢救自己的同学，却觉得无法放弃抢救父母，即使抢救已经没有意义。他们说："如果是自己的父母，说出不抢救会非常难"，"如果是父母，选择不抢救会有不孝的舆论压力"。也有同学表示，"我会放弃，让父母有尊严地死去"，"我会充分尊重他们的意愿"。

第三个"假如"，大多数同学认为，自己的父母在医生确定已经没有回天之力的情况下，会选择放弃抢救。有同学站起来分享说："我知道父母会选择放弃抢救，因为父母和我说过。"

设计这三个"假如"，是为了让学生看到，在生命的尽头等待着的是不同的选择。

/ 善终 · 优逝 · 预嘱 / /

这堂课我发给学生的阅读材料是《对话 ICU：生死两茫茫——技术时代的生命终结与死亡意义》[①]，对话的双方，一个是医学人文教授，一个是北京复兴医院院长、危重医学专家席修明大夫。

在对话开始时，王一方教授这样描述了当今的死亡："死亡已经绑定医疗技术，尤其是器官替代与支持技术。从某种意义上讲，今天的死亡就是关机时间，抑或是停电时间，而不是生物器官或生命体的瞬间自毁进程，意念中的油尽灯灭(寿终正寝)，宗教及民间传说中的阎王爷、上帝或者死神'吹灯'的时辰。"

① 席修明、王一方：《对话 ICU：生死两茫茫——技术时代的生命终结与死亡意义》，载《读书》2011 年第 3 期。

死亡绑定医疗技术，或者说死亡的医学化，给人类的死亡带来了什么？

2001年年初，我们博士班的同学跟随导师、香港中文大学教授林孟平在香港访学，林老师特别安排了一个讲座，由陈健生医师给我们讲“善终服务”。此前，我一直非常赞同安乐死，因为我不知道世界上还有“善终服务”这回事。

“善终服务”(Hospice care)是指为垂死病人及其家属提供全面的照顾，起源于20世纪60年代的英国。经过多年来的发展，目前已扩展成为一个社会运动，名为善终运动(Hospice Movement)。

善终服务与善终运动的“善”，我理解，既是“慈善”的“善”，也是妥善的“善”，即让人死得平静、安宁、无痛苦、有尊严。席修明大夫说：“人生本是一条单行道，途中也会有若干类型可以选择，譬如赖活好死，好活赖死，赖活赖死，最佳的境遇当然是好活好死。人类好活(乐活)的研究很多，有专门的学问，叫‘幸福课’，赖活也有人研究，叫‘苦难课’，相形之下，好死(乐死)的学问比较冷僻，有人起名叫‘优逝课’，生活中，‘不得好死’是毒咒，一定要研究，就应该叫‘劣逝课’。”①

反观当今的死亡，是不是很多都是“劣逝”而非“好死”——越来越多的人在生命的最后阶段，被绑在ICU里，浑身插满管子，忍受各种惊心动魄的急救措施，不能享受亲人的陪伴。即使急救成功，往往也不能真正摆脱死亡，而很可能只是依赖生命支持系统维持毫无质量的植物状态，最后在孤独、痛苦中离开人世。

陈健生医师告诉我们，这种情况与人们“视死亡为失败”的观念有关。医学的发展创造了许多生命的奇迹，于是人们对它寄予越来越高的期望，期待

① 席修明、王一方：《对话ICU：生死两茫茫——技术时代的生命终结与死亡意义》，载《读书》2011年第3期，第53页。

新的医疗手段能够“打败”疾病，挽救生命。如果疾病未能治愈，就好像这场生命之战失败了。在这种观念支配下，治疗(战斗)必须进行到最后一分钟，即便仅仅延长了几天几小时的生命也不能放弃抢救。于是乎，八旬九旬的高龄老人也是“因病治疗无效”而离世。

陈医师告诉我们，这种视死亡为失败的观念，对人们产生了四种影响：

一是“回避”。人都不愿意接受失败，因此便努力回避讨论与死亡相关的事宜，结果为死亡做准备的时间很少，当死亡到来时，很多该做的事情都没有完成。例如，没有留下遗嘱，没有安排后事。

二是“否认”。当人们不愿意接受医学也有限度时，就总会想对“病魔”进行顽强抵抗，结果造成过度治疗，给病患带来许多不必要的痛苦，也会耗费大量医疗资源和金钱。

三是“误解”。视死亡为失败的观念，会让人们只关注躯体的疗治，却忽视临终之人还有心理、社会和灵性的需要。

四是“盲点”。在生命的最后阶段，继续使用“战斗”模式，难免更多地站在医护人员的角度看问题，而忽略病人和家属的想法。

人们对死亡的错误观念和对善终服务的忽视，直接影响到死亡的质量。2015 年 10 月 6 日，《经济学人》智库发布全球 80 个国家和地区死亡质量指数调查(Quality of Death Index)，中国位列第 71 位。该指数由 20 项定性和定量指标的得分构成，涵盖五大类别：善终及医疗保健环境、人力资源、人们对服务的负担力、服务的质量、社会参与。

看来，目前在中国，要“好死”和“善终”也颇为不易。

但究竟怎样才算“好死”呢？当我们国家推广了多年的“优生”之后，现在是否该考虑推广“优逝”了？

在欧美国家，“优逝”包含了六个要点，一是指无痛苦的死亡；二是要公开承认死亡的逼近；三是希望死在家中，有家属和朋友陪伴；四是要了解死亡作为私人问题和事情的终结；五是认定死亡是个体的成长过程；六是讲究死亡应根据个人的爱好和态度做安排。①

仔细琢磨这六个要点，会发现有些事情是自己可以努力的，有些事情需要得到社会资源的支持。

比如第一个要点“无痛苦的死亡”，应该差不多是所有人的愿望，有谁愿意受尽折磨去死呢？但有些疾病，比如癌症，可能非常疼痛，谁来帮助患者“无痛苦”地死去？

这就涉及安宁疗护(Palliative Care)了。

Palliative Care这个词，在台湾地区，被译为“安宁疗护”；在香港，一般被称作“舒缓疗护”和“善终服务”。在中国大陆，与之对应的医学界的名词是“姑息治疗”，社会上说的是“临终关怀”，现在则开始流行起“舒缓治疗”和“安宁疗护”了。例如，北京协和医院肿瘤内科就开展了安宁疗护。我个人也比较喜欢“安宁疗护”这个翻译，因为它超越了单纯的医疗含义，能将临终者的心理与精神关怀包括进去。

世界卫生组织(WHO)对安宁疗护所下的定义为：对治愈性治疗已无反应及利益的末期病患之整体积极的照顾。此时给予病人疼痛控制及其他症状的缓解，再辅以心理层面、社会层面及灵性层面之照顾。安宁疗护的目标是协助病患及其家属获得最佳的生活质量。②

再具体一些，安宁疗护有这样一些理念和原则：肯定生命死亡为正常过程；不加速死亡，也不延长死亡；缓解痛楚及其他症状；结合心理及心灵关

---

① 参见席修明、王一方：《对话ICU：生死两茫茫——技术时代的生命终结与死亡意义》，载《读书》2011年第3期，第53页。

② 参见辜琮瑜：《最后一堂生死课》，北京：世界图书出版公司，2011年，第254页。

顾；建立病人支持系统，让病人生命活跃；帮助病人家属面对病者疾病及度过哀伤期。

这些条条中，最触动我的就是"不加速死亡，也不延长死亡"。安乐死，就是加速死亡。在听陈健生医生的课之前，我是非常赞同安乐死的，我认为让人因疾病受尽折磨而死是不人道的，虽然我也知道，安乐死合法化会在实践中带来大量伦理与法律的问题。然而，人难道没有安宁死亡的权利吗？温静芳在《安宁死亡权研究》一书中，从生命伦理、医学伦理和社会伦理完成了对安宁死亡权正当性的论证①，虽然安宁死亡权从应有权利到法定权利之间，还有漫长的路要走。

在知道了世界上还有"善终服务""安宁疗护"的存在后，我仍不确定自己是否会完全放弃对安乐死的支持，但我知道，面对临终的痛苦，我们至少还有另一种选择。台湾地区安宁缓和护理协会理事长赵可式博士，用一句话概括了安宁疗护与安乐死的本质区别："前者是为了'人'解决'痛苦'；后者则是为了'痛苦'解决'人'。"

赵可式博士被称为台湾的"安宁疗护之母"，她曾经说，安宁疗护就是生生世世(三三四四)：第一个三(生)，就是善生、善终、善别——活着的人善生，临终病人善终，家属善别；第二个三(生)就是三平安：生理平安、心理平安、灵性平安(就是超越生理心理层面的觉性、灵性)；第一个四(世)就是四全照顾：全人照顾、全程照顾、全家照顾、全队照顾；第二个四(世)就是病人跟他所有的家人亲友都四道人生：互相道谢、互相道歉、互相道爱、互相道别。

台湾地区的安宁疗护发展得很快，在2015年的"死亡质量指数调查"中，

① 参见温静芳：《安宁死亡权研究》，北京：科学出版社，2009年，第60～92页。

台湾地区名列亚洲第一。在我写作此书时，台湾地区出台了保障和规范病人自主权利的相关规定。

为了了解台湾地区的安宁疗护，2014 年年初，我利用去台湾自由行的机会，参观了花莲佛教慈济医院的“心莲病房”，即为癌症末期患者提供安宁疗护的病房。非常奇怪的是，这样一个死神徘徊的地方，竟让我舍不得离去。它没有带给我丝毫的恐惧，反而让我听到了笑声，看到了笑脸，让我知道死亡真的有另一种可能性！

走到心莲病房门口，就让我感到了震撼。因为那里竖着大幅的易拉宝，上面写着：“对于生死，要听！要说！要看！”原来，那是在推广“预立医疗自主计划”。这次台湾的“善终法”，重点也是让具有完全行为能力和意愿的人，通过“预立医疗照护咨商”，事先立下书面“预立医疗决定”，尊重患者的善终自主权。

在大陆，“预立医疗自主计划”叫作“生前预嘱”。在课堂上，我拿出了自己的生前预嘱《我的五个愿望》，这是我 2011 年在“选择与尊严”网站①上完成的。

这个公益网站，从 2006 年就开始致力于推动“尊严死”——在不可治愈的伤病末期，放弃抢救和不使用生命支持系统。让死亡既不提前，也不拖后，而是自然来临。在这个过程中，最大限度尊重、符合并实现本人意愿，使人尽量有尊严地告别人生。2013 年 6 月，在网站多年工作的基础上，北京生前预嘱推广协会正式注册成立，我亦成为协会的理事之一。

学生们很好奇“我的五个愿望”是什么。“我的五个愿望”来源于美国的一

① “选择与尊严”是首个在中国提倡“尊严死”的公益网站，也是 2013 年注册成立的“北京生前预嘱推广协会”的网站，注册后可以在线填写名为“我的五个愿望”的生前预嘱。

个公益机构 Aging with Dignity，它由美国律师协会和临终照顾专家共同编写。“选择与尊严”网站根据中国的国情进行了修改，它帮助人们在因为伤病或年老无法对自己的医疗问题做出决定时，表达一些重要的医疗意见，包括“我要或不要什么医疗服务”“我希望使用或不使用生命支持治疗”“我希望别人怎样对待我”“我想让我的家人和朋友知道什么”“我希望谁帮助我”。比如，在第二个愿望“我希望使用或不使用生命支持治疗”中，我勾选的是“放弃心肺复苏术”“放弃使用呼吸机”“放弃使用胃食管”“放弃输血”“放弃血液透析”——统统都放弃，让我痛痛快快地走！

学生们另外一个问题是：它有法律效力吗？

我坦诚地告诉学生，在中国大陆地区，目前还没有。台湾地区慈济医院心莲病房的王英伟主任曾拿出他的健保卡对我说：我如果住院，一刷卡，他们就知道我有“预立医疗计划”，该放弃抢救的时候就会放弃抢救。我很羡慕他们。

不过，我对学生说，虽然我的“五个愿望”目前没有法律效力，但至少可以减轻家人的心理负担啊，你们没忘了刚才让你们选择要不要抢救父母时的纠结吧？

学生们笑了。

课后，有学生在我的微博上留言：原本以为今天的课堂会异常压抑，因为上周发生的事和今天欣赏的这部电影都挺沉重。没想到上完这节课我觉得异常轻松！关于“死亡”这个我一直以来挺回避的话题，我也有了更加深刻的理解。真心感谢您，陆老师！“优逝”这个话题我非常感兴趣，期待以后有机会和老师探讨！

【附录】课后书写与对话

//《心灵病房》观后感/

（匿名）

课前，只看了一半电影，一是因为最近课程太紧张，但或许这只是个借口。实质上是这个电影太真实，真实到令人心痛。

初中和高中时期，我已经近距离“接触”过两次癌症。我看到薇薇安就如看到我已逝的亲人，我理解她的痛苦，深刻地。

还记得薇薇安在说自己名字时，开始是：薇薇安·贝宁，文学博士……但是到后来变成了：B—E—I—N—I—N—G。看到这里我的思绪一下子回到了几年前：爷爷病重时有一位老乡从老家赶来，抓着爷爷的手说：“老支书我来看你了。”虽然当时我还小，但那一瞬间的感动我至今记忆犹新。听了好几天护士喊着的冰冷的名字甚至病床号，今天爷爷又一次变成了老支书——多么亲切、多么温暖。

整整一节课我都没有发言，因为我觉得电影已经把我想说的一切都说了。

关于是否选择抢救的问题。父母当年的选择是：不抢救。对，也许对于爷爷、外公来说，最幸福的是在家里度过了最后几天。每天看着儿女、孙子们围在他身边。还记得有一次我和兄弟姐妹们逛街，在回来的路上我们顺便为爷爷买了只烤鸭。回到家，爷爷很反常地坐起来，吵着要吃烤鸭（说反常是他那段时间只喝粥，因为对什么都没胃口）。虽然只吃了一点点，但是我们真的好感动，甚至家里都为这事沸腾了一天。好多温暖的回忆偶尔还会出现在脑海里。

我有一个温暖的大家庭。其实偶尔的聊天中，我们似乎已经涉及了老人临终怎么办的问题，我很清楚如果他们面对选择，肯定是——不抢救！他们聊天也会提到某某人多么多么长寿，某某人又走得太早，有时也会突然感慨一声："活那么长干啥？连累了子女。"这时候我就会扑在他们怀里撒娇："怎么会呢？我会照顾你们一辈子的。"记得初中语文老师曾经说过，人的爱天生就是向下的，父母对子女、祖父母对孙子……但是向上的爱就很难，这也是为什么孝顺会成为人们所赞颂的品德，而爱子女却没人会过分强调(反而近几年人们开始探讨是否关爱子女有点过头)。

突然不知道怎么结尾，其实对于这个电影还有很多想法和感触，关于医院，关于医生……

/ 我有可能选择继续抢救 / / 许栋

课上老师问大家：在自己刚丧失生命迹象后是选择继续抢救还是放弃抢救？我的第一感觉是选择放弃抢救，但我有一丝隐隐的疑虑，总有那么一丝不甘心。所以到举手的时候，我先是举了起来但很快又放下了。万一有什么紧急的事情呢？万一在死前一刻我突然想起来有件重要的事没做，不甘心就这么走掉了。《儒林外史》里的严监生在临死前一直伸着两个手指硬是不咽下那口气，先是大侄子问他是不是还有两个亲人没见着，然后是二侄子问他是不是有两笔银子没分清，最后是他妻子明白了他的心意，油灯里放着两株草茎，浪费灯油！挑出一根后，严监生才点点头死过去了。虽说这个故事是讽刺严监生的吝啬，但是也从一方面说明了人死前还是会有某些很强烈的愿望的。小时候经常听大人说的，有些老人临死前硬是撑着，就是不闭眼，直到从远方急急赶回的儿子女儿跑到床前，这才咽了气。

人生中有件很令人遗憾的事就是没能见到亲人最后一面，有时候是自己死，有时候是亲人死。如果电影中的薇薇安在教授刚过来的时候就咽气了，她也肯定想再醒过来几分钟，让导师抱着自己读完《逃家小兔》。醒过来的时候可能会很疼，但吗啡等止痛剂也不是吃干饭的。

所以，我有可能选择继续抢救，因为我可能希望再次恢复意识(最好身旁再有善解人意的亲人)，抢救过来一次或是若干次后，我把想办的事办妥了，这当然最好了，然后我就告诉他们别再折腾我了，让我飞走吧。如果抢救的结果是我变成了 Vegetable(这倒是有很大的可能性)，那就赶快拔掉那些管子，这具躯壳没再给我次机会，那我的灵魂才不会让它拖累呢。

【陆晓娅说】

许栋的文章，让我想到《最后的拥抱》一书中的一个概念“临终觉知”。两位临床疗护专家发现，临终者在意识或潜意识中，知道自己的生命将要结束，但如果有些事情还放不下，往往就不会“撒手而去”。而这些心愿一旦达成，死亡也随之而至。

选择让自己继续被抢救，是希望“把想办的事情办妥了”——这样，才能走得安宁，走得放心，走得坦然。

“想办的事情”，有些是很具体的，比如遗产分配、向亲人道别、后事的交代。但，如果人生最大的事情“活出自己”没有完成，会不会死不瞑目呢？

//秋叶的姿态/

韦听原

说到死这个话题，我就会想起泰戈尔著名的诗：“我相信自己/生来如同璀璨的夏日之花/不凋不败，妖冶如火/承受心跳的负荷和呼吸的累赘/乐此不疲……我相信自己/死时如同静美的秋日落叶/不盛不乱，姿态如烟/即便枯萎也保留丰肌清骨的傲然/玄之又玄”。

我想，静美这个词用来形容秋叶下落的死亡姿态，是再好不过的了。而正如上堂课所看到的，在医院里，慌乱的急救不留给死亡一个静美的机会和权利。而更多地，我认为，在思考秋叶的静美这个问题时，也该想想让绚烂如夏花的生给秋叶的静美更添色彩。

在作业《死亡离我有多远》中谈到，我的爷爷之前虽在医院里待过一段治疗时间，但是爷爷最终是在家中去世的，在一个早晨。临终时他的身体没有遭受医疗器械冷冰冰地破坏和入侵，他就是躺在熟悉的家中熟悉的床上，在熟悉的早晨悄悄地就没有了呼吸。爷爷走的时候，家里进行了很复杂的仪式，有着很多自己民族的规矩，实行起来是一丝不苟的。

我的父母都是医务工作者。母亲是在产科，很辛苦，有时候会经历生命诞生和死亡同时来临的时刻。原本我的父亲是在药房工作，后来他在我高二时辞职，去厦门海边一所小房子居住一年之后回来，开了一家自己的画廊。我的父亲对绘画的热爱，从他小时候废寝忘食临摹连环画到现在年近半百，从来没有减少分毫。在他小的时候，这项爱好被爷爷奶奶视为不务正业，他听从爷爷奶奶去了医学院学习药剂。在那之后终于如愿去美术学院上了几年进修课。

说这些事，是想说说我身边最亲的人，其实都是很幸运的。生也无憾，死也是静美的。

在电影里，薇薇安的生命一直与诗为伴。而她的死亡，并没有像诗一般的美。从医生向她告知病情，到检查，到治疗，她都没有明显地表露出她的恐惧，直到那个晚上，她向护士无助地表露她的恐惧和痛苦。我们可以想见她的一生，文学博士，父母都已经去世，没有丈夫，没有家庭，没有特别亲近的朋友。除了她的导师，直到生命的最后一刻身边没有亲人。她孤零零地独自面对自己身体被用来做医学的试验品，用最大剂量的药，身体还是慢慢地衰竭。生死是最庄严的事，却得不到最起码的尊重。

文学说到底，就是在讲人本身的故事，人类的爱和所有感情，对人类生命过程和命运的敏感、礼赞、悲悯和善意。医院年轻的医生杰森，曾经修过文学课程，但学到了什么呢？

电影有个值得细想的地方，电影几乎所有的场景都是在医院中，拍摄的视角有的是完全的旁观叙事，有的是主人公的视角。无论怎样，医院的环境都是令人不快的、冷冰冰的。但在这整个过程中，薇薇安在念着优美的诗句。文学给了她心灵的栖身之所，给了她坚强和看待世界的宽容视角，但是最终死亡来临的时候，死亡还是压倒了一切。在那个晚上，她与护士苏西，生命中只有这一段短暂的交集，共享着冰棍，认真地谈到死亡的问题。她对死亡既有恐惧又有从容，她选择放弃急救。她年老的导师脱下冬靴，侧卧在床上抱着她，给她念小兔子的故事，她终于变得脆弱不堪，像个小孩子，流着泪，说不了话，慢慢睡着。小兔子躲不掉它母亲的爱，人类躲不掉死亡。生命本身比其他任何东西要纯粹得多。并非每个人都有勇气去直面生命。

在医院这个地方，生命本身的重大节点都集中在此，出生，受伤，病痛，死亡。家庭的喜怒哀乐与之有着重大关联。而为什么偏偏这样最能直面纯粹的生命状态的地方，变得冰冷和不近人情？生命走到最后，在一片紧张慌乱、科技器械、定量药物之中失去了静美的权利，医生们见惯了死亡。

从小到大，我们都有过经历，去医院看病，去办事，甚至是去取邮政信件，都在之前做好了被忽视被呵责的心理准备——似乎我们只是一个个存在着的东西，去烦扰他人而已，不被正眼看，不被认真对待，没有得到起码的尊重。我想这些渐渐变得对他人冷漠的人们，他们也有一个温暖的家庭，有孩子，有爱人，有着美好的回忆和感情，他们和同事可以说笑，而对前来办事的人，却板起一副脸孔。提供帮助的人与被帮助的人之间，再没有温情，仅仅是冷冰冰的工作程序。

加缪有一句话："我从未如此深切地感受到，如此脱离自身，却又依存于世界。"(And never have I felt so deeply at one and the same time so detached from myself and so present in the world.)

人们之间的感情链接变得越来越稀薄。大部分的人对于生命本身的尊崇变得越来越稀少，这不仅是医院里的事情，在整个社会，人们付出感情的圈子也越来越小，在圈子之外，不愿甚至不敢对陌生人付出哪怕一点的关心。

我想，若想获得如夏花一般的生，要学会爱；死如秋叶，就要有对生命的尊重，对命运无常的敬畏。

【陆晓娅说】

似乎到了现代社会，人们离开乡土成为都市动物，从熟人社会进入到生人社会以后，情感上的疏离和冷漠也随之而来。这也许是一种自我保护，但这种自我保护似乎又造成了一种对所有人的伤害。也许，这正是在政府与企业之外，需要有大量的、不同类型的社会组织存在的原因。通过这些组织，陌生的都市人形成新的联结，将温暖带给社会。

听原文中这最后两句话，仿佛是对整个课程的一个总结，包含了“生”与“死”两个方面。在我心中，要生如夏花，除了学会爱，还要有所创造。爱，让我们的个体生命，与他人、与人类联结在一起，可以帮助我们克服生命的孤独感；创造，就是发挥自己的天赋，展现自己的独特价值，可以帮助我们克服生命的渺小感(所以，听原的父亲会放下药瓶，拿起画笔吧)。说“克服”，显得有些消极，但孤独感与渺小感，也是有自我意识的人不可避免会感觉到的吧，至少我是这样。

/ 心 莲 花 开 / /

——台湾花莲慈济医院心莲病房访问记

陆晓娅

离开慈济医院的时候，已经晚上六点多了，可我竟然特别舍不得走。我不知道是什么力量，居然让我愿在死神徘徊的地方流连？

来之前我一直在想象：这个专为癌症末期患者(现在也收其他疾病

末期患者)设立的病房，会是一种怎样的氛围？即使不是沉重的、压抑的，也会是庄重的、肃穆的吧？所以，我一个劲儿地在邮件中问“请告诉我们哪些事可以做，哪些事不能做”，生怕自己行为不当影响到临终者和他们的亲人，破坏了那种氛围。

就这么忐忑不安地走到了心莲病房——虽说“心莲”是个有佛教气息又意象美好的名字，但人们应该都知道，这里提供的是临终照护，死神随时等候在它的门边吧。

门边等候的不是死神，而是一幅大大的“预立医疗自主计划”宣传画，上面赫然写着：“对于生死，要听！要说！要看！”

喔，这和我们的习惯太不相同了，我们总是避讳去谈论死亡，不管那是谁的死亡。我们已经习惯了把死亡放到意识之外，好像它与我们不相干，直到它突然显形，搞得我们惊慌失措，心力交瘁，甚至留下许多愧疚和遗憾。

心莲的走廊宽大又明亮，墙壁上挂着很多图画，专门的会客区里摆着舒适的沙发，不像医院倒像疗养院。护理师胡熏丹笑着迎上来握住我的手。跟着她和护士长张智英，我们走进心莲病房。按照要求，我们不能打搅病人和家属，只能和医护人员做交流。

人们想到死亡，通常就会觉得恐怖和悲伤，笑声似乎不属于死亡。所以，当我在心莲病房中听到笑声，而且是孩子的笑声时，真的吓了一跳。

那是三个孩子，妈妈带着他们来看望住在这里的亲人。他们从病房里出来后，显然并没有感到恐惧，而是说说笑笑地到了走廊上，随即走进一间专为家属准备的和式房间，关上门，他们可以在那里不受打搅地说话、游戏。

为什么大人要带孩子来临终照护病房？难道不怕吓着孩子吗？很多时候，出于保护的动机，人们努力将孩子与死亡相隔绝，不让他们来送别临终的亲人。但是，这样真的好吗？

在心理辅导与教学中，我曾看到隔绝带来的影响：2003 年 SARS 结束，我带领“青春热线”团队为某个中学进行哀伤辅导，他们的班主任老师被 SARS 夺去生命。过程中有个女孩哭得特别悲伤。原来，老师的去世激起了她的“未完成之事”——外公去世前，妈妈不允许她到医院探望，从小被外公带大的她没能与外公告别，她为此感到内疚和伤心，觉得自己对不起外公。

在我的课堂作业中，也不止一个大学生告诉我这样的经历：家长为了不影响自己的学业，不让自己害怕，使得他们未能与自己的亲人告别，却让他们在心里留下了深深的遗憾和悲伤。

心莲病房中孩子的笑声，似乎在告诉我们还有另一种选择：如果接纳死亡是生命的本身具有的，如果理解死亡也可以是爱的见证和延续，那么，抓住那段最宝贵的时间，亲人间互相道谢、互相道歉、互相道爱、互相道别，或许能给逝者和生者带来最大的安慰。

我想象，在心莲病房天天和即将往生的人打交道，应该需要特别强的心理承受力。“你是怎么来这里工作的?”我问护理师胡熏丹。

我以为她会给我一个与宗教有关的回答，毕竟这所医院有着佛教氛围，但是她却说：“我觉得在这里能给我快乐!”

熏丹告诉我，她和护士长张智英原来住在一起。每天下班，她看到在心莲病房工作的张智英总是很快乐，还常常和她分享自己工作和学习的心得，对比之下，她觉得自己每天打针发药，越变越像一个“护理匠”了。所以，她决定也到心莲来工作。她说在这里，自己是和完整的“人”打交道，而不再是仅仅和人的躯体、症状打交道，因此更能感觉到护理工作的意义。

已经故去的余德慧教授，曾经常年在心莲病房志愿服务，每周他会带领医生、护士、社工、志工们一起讨论个案，看看每个病人生理、心理和灵性的需要，怎样去回应这些需要。这样的个案讨论至今还在延续着。一线服务，让余德慧和心莲病房的工作人员，对临终时人的身心灵需要有了丰富的认识。

让我们从细节去看吧，看看心莲病房是怎样照顾着患者和家属在不同阶段的不同需要：

在被余德慧教授称为“知病存有”的阶段，医护人员仍会给予患者积极治疗，甚至允许他们在与医生讨论后尝试另类疗法。心莲病房的王英伟主任说，你别以为住进心莲病房的人都出不去，其实大多数病人出院了，这里的治疗为他们赢得了时间，可以回到家中在亲人身边离世。

心莲提供的，不仅仅是药物和其他减轻痛苦的方法，还有可以舒缓病人痛苦的一切：病房外面有属于心莲的花园，宽大的走道可以把病床直接推到花园中，让病人享受阳光、绿叶和清风；如果病人想看电视或视频，走廊上移动的设备可以被推到床头；在宽敞舒适的休息室和餐厅，病人可以和亲人聊天、用餐，享受最后的亲情；病房外面的佛堂，让有需要的人随时可以进去；甚至在没有移动电话的年代，有专为家属设的电话间，他们通话时即使泪流满面，痛哭失声，也不会受到任何打扰；在这里服务的志工，会和家属一起陪伴病人，还有专业的社工，协助病人和家属处理那些在生死关头的复杂情绪和问题，尽量使他们不留下遗憾……

心莲病房走廊上的图画，是患者自己画的，表现了他们对生死的看法。其中有幅图画上什么都没有，标题却是“牛吃草”——病人说，草被牛吃光了，牛也走开了，所以什么都没有了。病人对于生命这样的理解，在心莲就这样被珍惜着。

从“知病存有”阶段到了“死觉存有”的阶段，患者会从外界转向内在，照护者也需要从“在世陪伴”模式转入“存有相随”模式，放下自己的哀伤，不再用那些含有社会价值的语言，而是使用具有抚慰性质的肢体语言去和患者对话，创造出一种亲密柔软和类似宗教的慈悲，让即将往生的人感受到被爱和同在。

心莲病房有一间“往生室”，这个特别的房间中，有十字架，也有菩萨像，可以根据患者的需要，进行设置，让生命到了最后阶段的人能够得到慰藉与支持。

今天，医学越来越发达，各种医疗手段越来越先进，在生命的尽头，死亡仿佛也变成了一件只有医生能处理的事情。人们似乎已经认可，只有在ICU中插满管子地死去才是“正常”的。心莲病房反其道而行之，给了人们另外一种选择：用柔适照护代替有创抢救，用人文关爱来满足患者和家属的心理需要、灵性需要，让患者能够安宁地、有尊严地离开这个世界，让死亡和出生一样，得到祝福。

多希望，每所医院中都能有心莲花开！

假如我的生命走到了尽头，我选择

/ 礼仪课：葬俗的

面对它，接受它，

悲伤和哀悼是人的境况的一部分。这些痛苦的活动，是

慰藉与联结//

处理它，放下它。

圣严法师

承认死者重要性的方式，是对丧失亲人的痛苦感和不公感表示尊重。

曼弗雷德·凯茨·德·弗里斯

《入殓师》おくりびと /

导演：泷田洋二郎 / 2008 年

//让冰冷的死亡重新拥有生命的温度/

我觉得没有比日本电影《入殓师》更适合这个单元教学的了，虽然“入殓”仅仅是丧葬仪式中的一个环节。人类繁复多彩的丧葬礼俗，以及这些礼俗的心理、文化和社会意义，显然非“入殓”所能涵盖。但是，这部电影之所以适合教学，是因为它通过“入殓”仪式，讲述了生命与死亡的故事，人的故事，在心灵里发生的故事，它展现了“仪式”这种高度程式化的东西与人性的联结，与人类生命传承的联结。也难怪它会在第32届加拿大蒙特利尔国际电影节上获得最高大奖，并在第81届奥斯卡上斩获最佳外语片奖。

故事的主人公小林大悟是个会拉大提琴的入殓师。据说，这并非最早的设定，而是编剧小山薰堂一边听着马友友的音乐一边写剧本时产生的灵感。大提琴手—入殓师，这两者的差异让影片变得很文艺，加上演员细腻的表演、久石让荡气回肠的配乐，整个故事言语不多，却充满了浓厚的情感色彩，冰冷的死亡也通过“入殓”重新有了温度。

故事是从小林大悟卖掉大提琴、带着妻子离开东京回老家开始的。这个日本版的“逃离北上广”的故事有一个“前传”：父亲曾在那个乡下的老屋开过一家咖啡店，后来和情人玩了人间蒸发。悲伤孤独的妈妈，把老屋改建成小酒馆，独自把儿子养大。

原本以为今后的人生将是拉着大提琴和妻子走遍世界，但残酷的演出市场让大悟的音乐梦很快就破碎了，他不得不把借钱买的昂贵大提琴重新卖掉。卖掉大提琴时，他却感到不可思议的轻松，“自己以前的梦想，可能根本不算是梦想吧”。

回到乡下后，一则广告吸引了大悟的注意：NK代理公司，帮助旅行，高薪短工时。大悟来到NK代理公司面试，社长佐佐木生荣二话不说就决定聘用大悟，但却对工作内容避而不谈。在大悟的再三追问下，佐佐木社长终于道明：是入殓(Nou Kan)工作。

就这样，告别音乐生涯的大悟跟着佐佐木做起了入殓师。

一份和尸体打交道的工作，会让年轻的大悟长时间地干下去吗？他在入殓工作中经历了什么？在他的家乡，入殓师们是怎样工作的？他们的工作对于逝者和生者产生了怎样的影响？曾经期盼和他一起拉着大提琴走遍世界的妻子，该怎样接受一个入殓师丈夫？当与情人私奔的父亲在异乡孤独地死去后，大悟会为他入殓吗？

我请学生们上课之前先完整地观看全片，让自己有一个沉浸体验。

/ 静 谧 与 美 丽 / /

我从电影中剪辑出了两个“个案”用于教学。我请学生们在观看时，要特别注意细节，以及自己内心的感受。

第一个个案，“最美的一天”。

这天，大悟和社长佐佐木去为一户人家工作，但对方因为他们迟到了5分钟而大加指责，还用很轻蔑的口气说：“你们不是靠死人吃饭的吗？”

两人向家属道歉后，来到屋里开始工作。佐佐木社长向往生者双手合十，仿佛在说：请允许我们为你装殓吧。他跪在地上，轻轻揭开往生者脸上的面纱，原来是一位中年女性，她面色灰白，冰冷僵硬，仿佛与这个世界全然无关了。

佐佐木并没有匆忙地开始，而是回过头去，仔细地观看摆在花圈中的往生者遗照。遗照上，年轻的“她”正微笑地望着这个世界。佐佐木社长回过头来，在全家的注视下开始工作。他先用白布挡住众人的眼光，为往生者清理面部，然后为遗体擦拭、更衣和化妆，他庄重的神色和轻柔、沉静、充满美感和仪式感的动作，让大悟和家属都看呆了。

“还有她生前用过的口红吗?”佐佐木社长抬起身来问。

往生者的丈夫愣了。女儿随即站起来，取来妈妈生前用的口红，交给佐佐木。

当佐佐木社长为往生者涂抹口红的时候，影片响起大悟的独白：“让已经冰冷的人重新焕发生机，给她永恒的美丽，这要有冷静、准确，还要怀有温柔的情感才能做到。在分别时刻送别故人，静谧，所有的动作都如此美丽。”

往生者的女儿看到像生前一样美丽的妈妈，不禁流着泪声声呼唤“妈妈”，丈夫也潸然泪下。

“那么，请允许我盖上棺木。”一切都完成了，往生者带着美丽的容颜，穿着漂亮的衣服，安躺在棺木中。

往生者的丈夫跪倒棺材前，叫着妻子的名字，与她哭别。

当佐佐木社长和大悟离开时，往生者的丈夫追出来，对自己曾经的行为表示抱歉，请他们收下礼物，并告诉他们：“今天，是她最美的一天。”

第二个个案，“果然还是我的孩子啊”(由片头和后面的一个片段合成)。

在迷茫的风雪中，一辆车子从远处开过来。车里是从东京回到山形两个月的大悟和 NK 社长佐佐木。两个人冒雪来到逝者家中，一干亲友都等在那里。双方互相鞠躬致意，社长征得家属同意，焚香击钵，闭目祈祷，之后揭开往生者脸上的白纱，准备开始工作。

往生者看上去是一个年轻而美丽的女性，社长悄声告诉大悟，可能是烧炭中毒而死，并要大悟来完成工作。大悟转身面对亲属们，鞠躬后庄重地说：“现在请为往生者祈愿冥福，由我来进行入殓仪式，请各位上前来看看。”

大悟向往生者双手合十致意，之后轻柔地为其整理面部，然后揭开覆盖在遗体上的白色被单，慢慢地分开往生者握着的双手，又重新盖好被单，将往生者原来的衣服从被单下面脱掉、撤出。

大悟用往生者原来的衣服紧紧地裹住遗体，开始在衣服下面擦拭遗体。他小心地工作着，不让遗体曝光在人们的眼前。而往生者的家属，特别是往生者的母亲，目光随着大悟的每一个动作移动。

在擦拭到下半身时，大悟发现往生者似乎是男性，转身请社长验证。社长发现往生者的确是男性后，请家属“借一步说话”，告诉对方，接下来要给往生者穿衣化妆，“有男性的妆也有女性的妆”。往生者的母亲哀怨地说：“我要是一开始就生的是女儿，就不会这样了……不过也要看是谁的种啊!”夫妻二人对视，目光中流露着愤怒和怨怼。最后，往生者的母亲决定给孩子化女妆。

大悟精心地为往生者梳头、化妆，之后众人轻轻地将“她”放入棺椁中，大悟将一条红裙子放在“她”的身上。往生者母亲看过孩子美丽的面庞，失声痛哭。

暮色中，社长和大悟向家属告辞，等在门口的父亲告诉他们：“止夫(孩子的名字)变成那样(指往生者不认同自己的男性性别，而希望自己成为女性)后，总是喜欢和别人打架，我也没好好看过他的脸。但是看到他的笑容，我忽然想起来，他是我的孩子啊，即使扮成女孩子，但他还是我的孩子，果然还是我的孩子啊！”

两个个案放完后，我请学生们分享：有哪个细节令你印象深刻？你想到了什么？

学生们说，很多细节让人印象深刻，比如用逝者生前用过的口红化妆，为遗体进行清洁和整理时动作特别轻柔，而且注意保护逝者的隐私。整个入殓的步骤和场景，都会让人感到震撼。

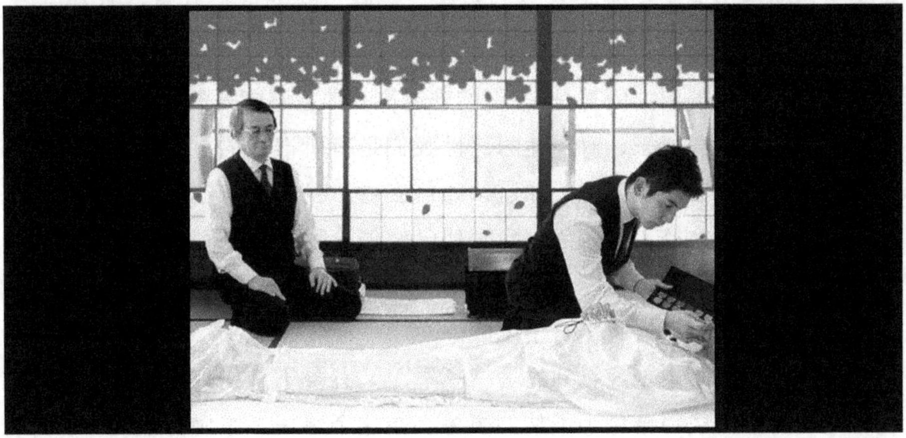

学生们说，在以前的印象中，为死人入殓是很恐怖的事情，但是今天在这部电影中，自己看到了爱、尊重、温暖和神圣，联想起上次的《心灵病房》中抢救病人时的粗暴，反差很大。生命，是需要用尊重来换取尊重的。

学生们说，自己看到活着的人从入殓过程得到安慰。家人因看到逝者的美好姿态而安心，大概会认为如果自己死亡也能这样美吧。

学生们说，现在能感觉到这是非常高尚的职业，为死者完成最后的愿望，让他们成为他们想成为的样子。

学生们说，入殓是动作，是程序，是过程，是仪式，然而当这一切都包含着情感时，它就变成了美，变成了心灵的安慰，变成了家族历史的传承。仪式，原来充满着心理、文化的内涵。

除了学生们说到的，对我来说，可能最为震撼的两点是，入殓仪式的“慢”与“看”。

我知道每个民族的入殓仪式是不同的，这种不同反映了对生命的不同态度和理解。我永远记得1987年那个炎热的夏日。那天早上，我们不得不把已经到了肝癌晚期的父亲送到医院。医院没有病房，他就一直躺在过道当中，直到单位领导出面，才进了急诊观察室。傍晚，我和妹妹从单位赶到医院，准备接替妈妈值夜班。但是没多久，父亲就开始吐血。我们找到医生，焦虑地问该怎么办，得到的回答是：“你们难道没有准备吗?”是的，我们知道父亲住进医院再也不会回来，对于他的辞世我们是有所准备的，但我们不知道临终时他会出现什么状况，也不知道该如何应对。我和妹妹在悲伤中慌乱地一次次为爸爸擦去血迹，等妈妈赶到时他已经停止呼吸。在那个热得令人窒息的病房中，我们为去世的父亲擦洗更衣，然后送入太平间。一切都是那么匆忙，好像只是为了尽快腾出一个床位……

而在《入殓师》中，我看到的是一丝不苟又有条不紊的仪式，而不是一些匆忙完成的动作或一个急于了结的事务。在这个静谧、缓慢的仪式中，好像有些东西被慢慢地容纳进来，又有些东西被慢慢地融化掉了——容纳进来的，是逝者曾经鲜活的生命故事，是逝者与生者不会因死亡而丧失的联结；融化掉的，是一些恩怨情仇，是不能接受逝者离去的愤怒。反观我们在匆忙中办理的“丧事”，虽然完成了一系列的动作，但失丧过程中的大量情感却被理智所冻结；虽然处理了一连串的事务，生命与死亡的意义却没有时间被体认和品味。

《入殓师》给我的另一个触动是“看”。当入殓师开始工作时，会邀请家属们"往前来"，看着他们工作。我想在我们中国，恐怕大多数情况下，这个过程是私密的，也是人们尽量避免参与其中的。"死人"总是被当作不洁的，总是被当作会引起恐惧的对象。

遗体，确实会引发人复杂的感受，学者们称其为"两重性"："一面是对于死者的爱，一面是对于尸体的反感；一面是对依然凭式在尸体的人格所有的慕恋，一面是对于物化了的臭皮囊所有的恐惧。"①这种两重性，或许是一些民族将丧葬仪式中的"入殓"私密化的原因。而我们看到，在电影《入殓师》中，通过具有高度美感的仪式，将这矛盾的两者整合起来，让原本令人反感和恐惧的遗体，成为了爱的载体和生命的纽带，因此"看"就成为了爱和生命意义的发掘与见证过程。在这堂课我发给学生的阅读资料《仪式的安抚与疗伤作用》中，文章作者杨眉教授详细描述了"看"的功能："这样的葬礼仪式，如此庄严、凝重、从容而又优雅，会使全神贯注凝视这一全过程的人在生理和心理上都产生积极的变化，心率会变得平缓，血压会变得平稳，恐惧、悲痛和抑郁等情绪也会得到缓解，内心的宁静会渐渐升起。这样的时刻，人往往会听见发自内心深处的有关生与死的智慧之声。这个无声而又冗长的仪式，给了家属充分与逝者进行内心对话的时间和空间。"

/ / 人生之节与死亡仪式 /

说起"仪式"来，学生们自然并不陌生，他们列举出生活中的种种仪式，最熟悉的莫过于"开学典礼""毕业典礼"，从生命历程上看，有"满月""百天"

① 胡宜安：《现代生死学导论》，广州：广东高等教育出版社，2009年，第294页。

"N 岁生日"等大小庆祝活动，还有"成人礼""婚礼"和"葬礼"。国家与社会的层面，也会有许多宏大的仪式，从古代的"登基大典"到现代的"开国大典"；从古代的"凯旋仪式"到现代的"阅兵仪式"；从炫酷的奥运开幕式，到身边商场开张的剪彩，都是人类发明创造出来的仪式。或许我们可以把人类看作一种喜欢玩仪式的动物，大概在动物中也只有人类才有仪式感和仪式行为，因此仪式被定义为"人类的一种社会行为"。广义的仪式，包括各种各样的行为，从"你好"这样的日常问候到隆重的政治宗教典礼。

仪式是人类学的一个重要研究领域，学者们考察其在整个社会结构和社会组织中的位置、作用和地位，也发展出了很多概念和理论。

例如，人类学家范·根纳普(Arnold van Gennep)用"通过仪式"(rites of passage)一词来概括个人和社会从一种状况到另一种状况的转换过程。根纳普认为，生命过程中的通过仪式是为了个人生命中的危机时刻而设并与之相伴的，这些生命的重要关口指的是出生、成年、结婚、死亡几个时刻，亦可称为若干的"节"。这些"人生之节"必须通过一定的仪式才能安全度过。根纳普通过自己的观察分析，将"通过仪式"分为三个主要过程：分离仪式(rites of separation)，即与原社会关系脱离隔绝的阶段；过渡仪式(rites of transition)，即从一种状态进入另一种状态的中间阶段或曰等待阶段；整合仪式(rites of reintegration)，即与新的社会关系结合为一体的阶段。这三个阶段在各种人生礼仪中并不是平均分配的，不同的仪式所突出的阶段是不同的。根纳普注意到，丧葬礼更强调分离仪式，婚礼突出的是整合仪式，而怀孕、订婚特别是成年礼，则把过渡仪式放在突出位置。①

我觉得和日常生活相比，仪式具有宣告性、程序性、象征性和联结性。

① 参见胡宜安：《现代生死学导论》，广州：广东高等教育出版社，2009 年，第 296 页。

人类的仪式是一种强烈的表达，是刻意地宣告、宣示某些事情发生了。程序性给仪式带来结构，这个结构将仪式所要宣告的事情从日常生活中剥离出来，凸显其特殊而重要的意义。仪式总是会创造出象征性事物，让人们可以把愿望、情感寄托其上，如丧葬仪式中的花圈、遗体告别时的默哀等。仪式总是需要参与者、见证者。例如，无论是婚礼还是葬礼，众多亲朋好友的到场，就是一种见证。奥运开幕式、阅兵仪式，也会邀请大量国内外贵宾参加。通过参与、见证，人与人之间、国与国之间的联结得到梳理和巩固。

那么，人类的死亡仪式从何而来？

据说人类曾有一个不知死亡为何物，也不接受死亡的阶段。但是否真是这样，大概一时也说不清楚。不过，前面已经提到过，心理学家戈登·盖洛普发现，只有少数动物能将镜子中的倒影看作自己的镜像产物。而这些具有一定自我意识的动物，面对失去生命的同类动物时会表现出某种慌乱不安的行为，有的还会在尸体旁伫立数日，科学家将其称为“守灵葬仪”。

比起这些动物，我们人类的自我意识要强大得多，死亡意识也强大得多。我们不仅会“守”还会“葬”，即掩埋同类的尸体。我们不仅会“葬”，而且还创造出极为丰富多彩的丧葬礼俗。如果说，掩埋尸体是出于卫生方面的原因，那么丧葬礼俗的出现就肯定不能仅仅用卫生和健康方面的原因来解释了。仪式与习俗所要处理的，是“死亡之痛”带来大量精神与情感方面的问题，以及一些社会性的问题。

人类学家马林诺夫斯基认为，人面对死亡时，总有希望与恐惧交织着，一方面，是不死的强烈欲求，不肯相信一了百了，希冀生命可以永生；另一方面，看到的却是尸体腐烂，死者不会再活过来。为解开这个情感上的大难题，“宗教插进腿来”，使人相信永生，相信单独存在的灵魂、脱离肉体的生命。具体的办法有二，一是神话传说，二是仪式。通过丧礼、祭礼及与死者相通的各种礼俗，通过对祖灵的各种崇拜，使这一信仰变得表里充实，具体而可捉摸。因此，死亡仪式和信仰有重要的心理抚慰功能，它们不可缺少的文化价值在于使“个人精神得到完整”。但同时，马林诺夫斯基还发现，丧礼在全世界特别相似的一点，就是死亡来临时，最近的亲属总要聚到一起，有时整个部落的人都要聚到一起。这种“聚在一起”的社会性礼仪，有助于人们战胜因死亡而造成的削弱、瓦解、恐惧、失望等离心力，从而“使受了威胁的群体生活得到最有力量的重新统协的机会”①。

难怪在人类历史的最早期，大多数文明都发展出了复杂程度不一的丧葬仪式和习俗，人们需要在处理遗体的同时，也纪念死者与生者世界的分离，处理死亡带来的恐惧，抚慰自己的心灵，重新整合社会。我们古老的甲骨文中的“死”字，就是一个人在对着遗体哭泣啊！

/ 活 生 生 的 人 生 戏 剧 / /

在下乡插队前，我也在北京的八宝山参加过“遗体告别”仪式。但到了陕北之后，才发现整个死亡和丧葬仪式，竟是那样生动和多彩。当时我年龄小，作为“知识青年”也很无知，没有多少民俗学、人类学的知识，因此未对当地

① 郭于华：《死的困扰与生的执著：中国民间丧葬礼仪与传统生死观》，北京：中国人民大学出版社，1992年，第36页。

的葬俗好好记录和研究，但有几件事情印象非常深刻。之所以“印象深刻”，是因为我当时完全理解不了：

第一件事情是我当赤脚医生[①]时，村里一个两个月大的婴儿得了痢疾，我和老乡抱着婴儿赶往集镇上的卫生院，但孩子终于不治。回村路上，老乡直接把婴儿的尸体扔到山沟里喂狼了(当时陕北还有很多狼)。第二件不能理解的事情，是当地人死后要穿 7 身以上的“老衣”[②]，有钱的可能会穿 13 身之多。当时整个陕北都非常贫困，很多人一辈子穿的都是自家做的土布衣，买不起合作社里的“洋布”，却在死后穿上了“的确良”“条子绒”“毛哔叽”[③]。第三件是做丧事时，与逝者感情牵绊较少的人，往往会假哭，大家心知肚明，似乎并不特别在意。葬礼上的吹鼓手竟然还会吹起欢快的曲子，甚至《大海航行靠舵手》这样的革命歌曲。

今天，当我再回想这些当时不能理解的葬俗时，才知道那里面包含着太多的东西。正如学者郭于华所说：“民间传统的丧葬礼俗告诉我们，死亡，并不是绝对的虚无和寂灭，不是永恒的不在，而是另一个世界中的存在，另一种形式的生存，或是再生的准备阶段。民间传统丧葬礼俗及其生死观念的深层文化内涵是对另一界生存的信赖和对永生的渴求。它们将对死亡的确认和恐惧驱赶到意识界限之外，是人在‘终有一死’的巨大阴影下积极乐观地活着。”而死亡的仪式，“那是一个由动作、语言、歌唱、眼泪、表情以及需要去

① 赤脚医生：“文化大革命”中对未经过正规医学训练、以农民身份在乡村从事初级医疗服务人员的称呼，来自 1968 年 9 月《红旗》杂志文章《从“赤脚医生”的成长看医学教育革命的方向》。

② “老衣”：陕北方言中，老(lào)，指人去世、死了。“老衣”即人死后穿的衣服。参见王克明：《听见古代：陕北话里的文化遗产》，北京：中华书局，2007 年，第 338 页。

③ 的确良、条子绒、毛哔叽都是纺织品。在当时的陕北农村，很少有人能穿这些纺织品做的衣服。

感受的氛围构成的活生生的人生戏剧”①。

我问学生们：“在你们的家乡，有哪些丧葬风俗？”

回答这个问题的同学，大多来自农村或中小城镇，因为那里才保存了较为丰富的丧葬礼俗，而大都市的丧葬的过程早已变得千篇一律了。

有同学说，在他的老家，高龄老人去世是“喜丧”，葬礼完成后，那家人会烤一种神奇的面食给大家分吃，据说这样可以沾长寿者的光。

另一个同学说，在他的家乡，逝者若有几个儿子，在出殡前会拿着纸钱在几个卧室转着抛撒，谁的纸钱粘到墙上，就是逝者对谁放心不下。送葬时，按大小辈分排队披麻戴孝。

2013年，我回家乡参加叔叔的葬礼，完整地经历了中国式丧葬礼仪的四部曲——“丧”“殡”“葬”“祭”，也理解了“通过仪式”的三个阶段——分离、过渡和整合。

在“丧”这个环节，人们要为逝者沐浴、更衣、入殓，并且通过讣告等形式报丧。我赶回家乡的时候，这个过程已经完成。我看到在院坝中搭起的灵堂外面，贴着叔叔曾经任教的学校发出的讣告。讣告上说叔叔一生“吃苦耐劳，工作认真敬业，家庭和睦”，还公布了告别仪式的日期和地点。

“殡”是生死之间的纠缠，大致相当于“通过仪式”中那个“过渡阶段”吧，包括灵堂吊唁、招魂等一系列活动。此时，灵堂中挂着叔叔的遗像，台子上插着香烛，摆着贡品，遗像两旁贴着挽联。家族中的亲属、他的同事、学生和朋友都赶来了，人们向他的遗像鞠躬，小辈人还会下跪磕头。在这三天中，家属还请来道士做了一些法事。

① 郭于华：《死的困扰与生的执著：中国民间丧葬礼仪与传统生死观》，北京：中国人民大学出版社，1992年，第24页。

“葬”则是生死分割，阴阳两隔，死者入土为安，体现了人们对死亡的接受与认可，包括一系列送殡、下葬等活动。记的叔叔出殡那天，天不亮，载着遗体、花圈和亲友的车队就出发了。车队出发后，就拆除了灵堂。令我很感慨的是，家乡的殡葬公司设计了一系列充满人情味的仪式，年轻的接待人员穿着正装，戴着白手套，举手投足都十分庄重。遗体火化后，他们将叔叔的骨灰放在红木做的仙鹤车上运送出来，用仪式化的动作交到亲属手上。之后，我们将骨灰送往已经准备好的墓地安葬。

“祭”是生死两个世界的联系。在安葬完叔叔后，儿女们在父亲的墓碑前点燃香烛，摆好祭品，下跪叩首，与父亲告别。以后，在春节前、清明和叔叔的忌日，家人还会再来到这里扫墓、祭奠。

葬礼结束后，参加葬礼的人在事先定好的餐厅里一起聚餐。在陕北时，我不懂得死了人为什么要吃吃喝喝，现在才明白，这样的聚餐，也是对人伦关系的一次梳理，是家族与社群的一次协调与整合。

在这一课结束的时候，我还给同学们推荐了另外一部日本电影《遗体：面向明天的十天》。2011 年 3 月 11 日，日本东北部海域发生里氏 9.0 级地震并引发海啸，造成重大人员伤亡和财产损失。这部根据记者报道改编的电影，讲述了在大地震发生后，岩手县釜石市的退休殡葬师相叶常夫自愿担当志愿者，帮助消防队员、政府人员摆放遗体、安慰家属、祭祀超度。这是一部让我受到极大震撼的片子，只是因为担心里面大量直接表现遗体的镜头太过刺激，才没有把它放入教学中。

我想，从对死亡的处理方式上看，我们这个国家对于人的尊重，还有很长的路要走。

/ / 从葬礼到生命的庆典 /

中国传统上的丧葬礼俗非常多样，但总体来说，偏重于“隆丧厚葬”，花费的时间相对较长，投入的钱财相对较多，就连我们陕北的“受苦人”[①]，死了也要穿上几身好衣裳。虽然1949年后，政府多次提倡“移风易俗”，但有钱有地位之人的葬礼，仍然是“风光无限”。

课堂上没有足够的时间和学生一起探讨隆丧厚葬习俗的成因，我把重点放在了今天，放在普通人身上。

传统的丧葬礼俗有哪些合理之处？有哪些已经不适应今天的需要？

现代生活方式(工业化、城市化)使丧葬礼俗发生了哪些改变？这些改变带来的影响是什么？

你觉得今天的人们更需要怎样的葬礼？

① “受苦”一词在陕北话里是指从事农业劳动，干农活儿，“受苦人”就是农民、种地的人。这个词也蕴含了农民对于生活的痛苦感觉。参见王克明：《听见古代：陕北话里的文化遗产》，北京：中华书局，2007年，第64页。

“火化”当然是最为明显的一个改变。城市土地有限，人们只好将土葬改为火葬，以节约土地资源。葬礼时间大大压缩是另一个改变。一般来说，政府公务员和国企员工，直系亲属的丧假为三天[①]，因此许多葬礼不得不在三天内完成。还有一个明显的变化是，葬礼从社群参与变成商业或政府有关机构运营，流程化、标准化的操作提高了效率，也消解了葬礼的其他功能。

过去，中国有“过七”“做七”的风俗，即亲人逝去后，每七天就要举行一次吊祭仪式，一共举行七次。到了七七四十九天，便要做“断七”，断七过后就出了孝期。不管这个风俗是来源于佛教还是道教，也不管这个风俗在各地演变出多少烦琐的仪式，从心理学角度看，它给了人们一次次表达哀伤的机会，减少了因情绪郁积对心理健康产生的不良影响。今天，这样的习俗在大都市中已经消失了，随之而来的是许多人因为没有机会处理自己的哀伤而陷入抑郁。记得多年前有个同事前来找我请假，他说父亲去世后自己一直很抑郁，想出去散散心。当时我大吃一惊，责怪自己完全没有想到一个人去世后，需要完成的不仅仅是安葬这件“事”，还应哀悼这份“情”。

虽说“民族民间的丧葬礼俗是民族文化传统中最具保守性的部分之一”[②]，但社会的快速变化和转型，也让人们开始思考和创造新的丧葬习俗和礼仪。在课堂上，我给学生们介绍了西方出现的新型葬礼“生命的庆典”(celebration of life)。生命的庆典并非为庆祝一个新生儿的仪式，而是为一个曾来到这个

① 目前丧假并无统一的规定。原国家劳动总局、财政部《关于国营企业职工请婚丧假和路程假问题的规定》，国有企业职工的直系亲属死亡时，企业应该根据具体情况，酌情给予职工 1 到 3 天的丧假。直系亲属包括父母、配偶和子女。如果职工死亡的直系亲属在外地，需要职工本人去外地料理丧事的，企业应该根据路程远近，另外给予职工路程假。

② 郭于华：《死的困扰与生的执著：中国民间丧葬礼仪与传统生死观》，北京：中国人民大学出版社，1992 年，第 19 页。

世上，完成了整个的生命过程，理解了生命的美丽和意义而“功成身退”的逝者举行的庆祝仪式。在美国，越来越多的家庭选择以“生命的庆典”来祭奠亲人，取代了传统的葬礼。参加“生命的庆典”不需要穿黑衣服，等待你的将是鲜花、美酒，人们会伴着欢快的音乐播放逝者生平照片，分享和逝者在一起的时光。在这样的场合，人们很少会谈到逝者的“丰功伟绩”，反倒通过点点滴滴的生活细节和有趣的生命故事，让逝者曾经的人生变得鲜活感人。

其实，“葬礼”也许并不是只有人去世时才可以举行。在生命每个阶段的结束时，举行一个小小的“葬礼”也是体认生命的一种方式。2009 年，因种种原因，我们决定终止已经运行 19 年的“青春热线”①。19 年来，几乎每一天晚上都有志愿者值守在热线电话旁边，倾听青少年的心声，给予他们心理关怀与支持，志愿者也在热线服务中获得很多成长。热线服务的终止，对他们而言何尝不是一种丧失？因此，我们决定举行一个小小的仪式，让大家释放自己的情感。记得那是一个有少许眼泪很多笑声的夜晚，大家欢聚一堂，分享服务的经历，分享自己的成长。仪式结束后，作为热线创办者的我，可以更轻松地前行了，而志愿者们也感觉到，虽然热线停止了，但生命的成长没有停止，我们仍然能用不同的方式彼此联结，相互陪伴，服务社会。在那之后，“前‘青春热线’志愿者”们，继续抱团参与了许多公益活动，曾经的“线友”有些已经成为彼此生命中的“重要他人”。

① “青春热线”是中国青年报社于 1991 年 11 月开通的心理热线，旨在帮助青少年面对人生中的困惑与困境。2004 年，“青春热线”志愿者团队在北京市第一次志愿者评选中，当选十佳志愿者(团队)。

回到《入殓师》吧，我们还有一个重要的主题要探索。

大悟的父亲，在他年幼时就与咖啡店的女服务员一起失踪了。30 年后，樱花浪漫的时节，邮差送来大悟父亲去世的消息和领取遗体的通知书。大悟觉得自己与父亲早已形同陌路，不想去为这个抛妻弃子的父亲安葬。但在妻子美香、葬仪社职员与社长的鼓励下，他还是带着妻子和棺木出发了。

后面发生的事情，就让我用杨眉教授的博客文章《仪式的安抚与疗伤作用》来说吧：

“大悟给父亲行入殓仪式时，意外发现父亲紧握的手中，竟是自己儿时送给父亲的那块小石文(日俗中不识字的人用石头表达心意的一种方法，叫‘石文’)。人之将死，最牵挂的就是曾经留下的遗憾，因此，在最后的时刻，父亲紧握着儿子幼时给自己的石文，满怀对儿子的无限怀念、遗憾或许还有内疚。这一刻，儿子多年的心结终于打开，与父亲的和解瞬间完成；这一刻，心从挣扎与纠结转为纯净与平和；这一刻，大悟终于彻底放下了过去，而把目光投向了未来——他把小石文放进妻子的手中，然后贴在妻子的肚子上。那里，一个新的大悟即将诞生，那里，一对新的父子关系即将诞生。”

我问学生们：

假如大悟不曾送别父亲……

假如父亲的手中没有那块石头……

假如在上述两种情况下，大悟有了自己的孩子……

学生们开始时的思路，似乎停留在“事”而非“事情”上。他们会想象，如果大悟没有去给父亲入殓，别人会发现那块石头，或者把它丢了，或者和遗物一起送到大悟手上。一种可能是大悟根本不知道那块石头的存在，一种可能是大悟在父亲被埋葬后才得到那块石头。

那么，这两种可能对大悟的人生会有怎样的影响呢？

不难想象，前者，可能会让大悟继续抱着对父亲的怨恨生存；后者，可能会让大悟终生不能原谅自己。

带着怨恨心与内疚感生存，对大悟自己的生命，对大悟即将出生的孩子，又会有着怎样的影响？

我给学生们介绍了“完形疗法”中的一个重要概念——“未完成之事”(unfinished business)。它是指未表达出来的情感，包括悔恨、愤怒、怨恨、痛苦、焦虑、悲伤、罪恶、遗弃感等。这些情感在知觉领域里没有被充分体验，没有得到应有的表达，但却与鲜明的记忆及想象联结在了一起，因此会徘徊在潜意识里，在不知不觉中被带入现实生活，从而妨碍了自己与他人的有效接触。

就拿大悟来说，由于父子关系是人生最重要的关系之一，当大悟始终对父亲抱着怨恨时，他实际仍然生活在被父亲抛弃的创伤中。这样的创伤会让他很难去真正地相信别人，容易在情感上表现得疏离。这种疏离，可以直接到影响到他与妻子、孩子的关系。那么另一种假定，大悟没有送别父亲，却通过别的途径得到了石文，从石文上感受到父亲的爱与歉意，他可能又因为自己未能去为父亲送葬而后悔、内疚，不能原谅和接纳自己，从而降低自我评价。一个低自我价值感的人与他人互动时，要么压抑自己，要么过度地表现自己，这些都会让他人觉得不舒服。

提出"未完成之事"概念的心理学家皮尔斯认为，人本应是一个完形，每一个机体都趋向于整体性和完整性，如果它们在发展过程中因为某些原因遭到阻止或者伤害，那么，人格的整体就受到了到破坏，就会出现未完成状态。心理治疗通过处理"未完成之事"，让当事人充分表达以前从未直接表达的紧张情绪，并回到对此时此刻，即当下的关注("怨恨"与"后悔"都是停留在过去)，人就可以趋向于"完形"，变得统一和完整。

其实，生活中也有很多重要时刻，是我们化解"未完成之事"的机会，特别是死亡来临之时。

多年从事安宁疗护的玛姬·克拉兰和派翠西亚·克莉发现，很多人都会产生"临死觉知"(nearing death awareness)。临死觉知中最重要的意识之一，是需要和某人和解。"临近终点，似乎让临终者意识到他在某些关系上有问题，而感到悲伤、罪恶、不舒服。为了安宁辞世，他们必须做出和解或修复，无论是表示歉意或感谢。"大悟的父亲在临终前，一定也是感到自己需要向儿子表达悔意，需要得到儿子的原谅吧。但父子30年的隔绝，恐怕让他没有勇气当面向儿子道歉，所以才把那块石文紧紧地握在手里。

对于生者来说，丧葬仪式是另外一个完成的机会。如杨眉所说："在如此庄严而又美丽的告别仪式的帮助下、在生离死别的大背景中对过往凝神沉思，一切恩怨都显得微不足道，唯有互道珍重才最最重要。于是，'未完成'的得以'完成'，'未放下'的得以'放下'。而和解，在生与死之间得以完满实现。"

死亡，从来都不单纯是“逝去”，它还关乎“活着”，关乎有尊严地活着，关乎健康快乐地活着。告别，应该像一条美丽的丝带，轻轻地将过往系住，打成花朵开向未来。

【附录】课后书写与对话

【陆晓娅说】

感谢世界上有电影这种东西，让我们可以扩展开自己的视野和灵魂。当然前提是，我们愿意在镜头前，将自己的心胸敞开，去接受电影温柔的碰触。在这样的碰触之后，我还是原来的我吗？我以为不完全再是了，虽然我们的模样并没有改变。

这两篇分享给了我这样的感觉。

//《入殓师》触动我泪点的10个地方/（匿名）

看《入殓师》时，我哭了，从头到尾地在哭。这部电影对于那时那刻的我来说，简直道出了心声。回想这部电影每个让我感动的点，穿成一条线，仿佛是在叙述如何修复成长经历、着眼生涯规划、诠释生命意义。我在想，无论一个人处于什么状态，这部电影或多或少都能给你带来点什么。

我将影片中触动我泪点的地方一一记录下来，总共有十处：当主人公小林大悟夜半起来拉自己小时候拉的大提琴时，头脑中一直在不断浮现小时候与父母在一起的情景，虽然父亲的模样已经模糊；当为尚美(其中一位死者)入殓时，将尚美僵硬的尸体恢复得如生前般有生机那一刻；当洗澡堂老板娘跟大悟的妻子美香说“大悟是一个温柔的孩子”；当美香放大悟爸爸最喜欢听的曲子时；在妻子回娘家后，大悟在田野上投入地拉大提琴时；当妻子美香回来时；美香看到大悟为洗澡堂老板娘做入殓时(哭得最厉害的时候)；父亲去世，大悟先不愿意去见父亲，后又决定过去，当看到父亲手中紧握的石头掉在地上的一刹那；当大悟将美香手中的石子贴在美香的肚子上时……

入殓作为一种仪式，那么无声、沉思、用心、优美地将主人公大悟从一个充满怨恨、消沉、绝望的状态中带了出来，无论是与父亲之间的关系(早年创伤)，还是对于如何运用大提琴演奏出生命之曲(自我超越)，如何认识自己的人生价值，如何掌握自己的人生命运，如何看待自然的死亡和作为旅程的死亡。当一个人真正离自己的内心越来越近时，不再畏惧和害怕，这样的人是最迷人的，会得到他人的尊重和亲人的理解，才会成为一个身心灵一体的艺术家。

最后，我想说，我们最终都要死亡，如果知道自己的尸体能被这样的善待，即便是想到明天要死去了，内心也会感到一种慰藉。

/ 徘徊于喜悦与悲伤之间 / /
——《入殓师》观感

曹晔然

入殓的过程应当是对人最温柔的对待。看完《入殓师》后，不由得，这几个字如同一股暖流涌上心头，再察觉时我已是热泪盈眶。当时的情绪，徘徊于喜悦与悲伤之间，是一种为自己在这短短几十分钟之内所受到的温柔对待的感激。

入殓，字典上的解释为“将死人装进棺材”，而在影片中我看到的却是温柔的手和真挚的目光。透过入殓师的举手投足，我看见的是人对人毫无防备的温柔，是生命本应最自然美丽的一面。我仿佛看见了一个个生命的轮回，以新生儿这脆弱无助的姿态来到世界，从渴望被温柔地对待的懵懂孩童，成长为荫蔽他人的父母、师长，最后来到生命的尽头，重新回到最脆弱无助的姿态，让死亡来为我们的一生画上句点。而入殓师，正仿佛是为生命句点润色的一支笔，无论这一生的长度被如何丈量，他们都用一致的爱与温柔来帮助人们完成这最后的一笔。

放下了悲伤，放下了得失，放下了羁绊，入殓是对亡者的送别，更是为生者的超脱。生命本应美丽，即便死亡亦不能掩其分毫，深呼一口气，卸下包袱继续各自的旅途，入殓师不单单成全了亡故的那一个人。影片中，我记得每个亡者的亲属在入殓仪式之后，都会诚挚地向入殓师道谢，或许他们也感受到了那一份使人毫无防备的温柔。当然，这份温柔也流于主人公之身，让他得以与睽别多年的父亲终于和解。而我，作为旁观者，也被这一切感动着。世间的事或许远远没有故事中那么美好，但即便这样也不应该改变我们那颗温柔的心，“世界以痛吻我，让我报之以歌”，剧中主人公的人生仿佛就是对这句诗的注解。

影片中的细节尤为打动人。入殓师细腻的动作刻画与情感表现自不必说，乡村宁静安详的气氛和优美的景色也十分宜人，但最吸引我的却是影片的配乐。影片的配乐是*Okuribito-Memory*，音乐中以钢琴乐做头，仿佛叩开了一扇未知世界的大门，也带领着观众与片中人物一样开始了一段新的旅程。中间大提琴厚重的音色宛如一双温暖的大手轻抚过每一个人，庄重而不冰冷，让我的心绪也随着旋律而展开，沉淀。在最后，突然出现的一个钢琴音仿佛是盖棺定论，昭示着入殓仪式的结束，也象征着新生活的开始。电影配乐给我的感觉犹如一味调料，潜移默化中为影片增色不少。

【陆晓娅说】

下面两篇文字，对传统丧葬习俗的程序、细节和功能，做了非常好的描述。在她们的描述中，仪式变得鲜活了，仪式与人的关系也凸显了出来：小孩子的恐惧不安、亲人离去时又害怕又不舍的情感、家族关系的定位与重新定位……

我想，丧葬仪式的演变，也反映着社会与人心的变化。若每个人都能有尊严地度过一生，且社会不再以外在成就评价人时，葬礼会不会变得朴素、庄重又流动着最真诚的情感？那些外在的仪式，会不会不再是人情感的主宰，而变成了对情感的生动表达？

//我记忆中的农村葬礼/朱丽

我们的文化中，是习惯谈生避死的。可是一方面，农村很多老人的家里都会放有备用的棺材——而且就在客厅里，并不会刻意遮掩；另一方面，我们面对葬礼时又不避讳、不低调，而是轰轰烈烈地厚葬久丧——越是有身份地位的人越是如此。

所以我想不通，我们的传统对死亡到底是什么态度？

厚葬久丧的一方面是隆重，是重视，而另一方面却又是烦琐的神秘的仪式。下葬的日子、时辰，都得请先生结合逝者的生辰八字和皇历决定；下葬之前还有守灵，类似法师的人会用奇奇怪怪的语言做仪式；下葬的时候棺材上面放的公鸡、抬棺材的人口里念叨的听不懂的话语、边走边撒的纸钱；下葬之后传说的七日回魂等……在乡下长大的我，对这些仪式都很熟悉但又都不懂，于是这种神秘造成的懵懵懂懂就变成了小小心灵中极度的恐惧——当送葬的队伍经过我家门口时，我会躲在桌子下紧紧地缩成一团，捂住耳朵，闭紧眼睛，出门看见那些撒落的纸钱也从来不敢去碰，因为小伙伴曾吓唬我说那是为逝者魂魄回家所做的标记。

这些神秘我不懂，所以恐惧。因为恐惧，所以讨厌，所以会嫌弃这种农村习俗的迷信。

不过也有例外，那就是(稍微长大一些之后)亲近熟悉的外公去世了，就算跪在他面前我也不觉得恐惧——或者说是因为熟悉，内心的温情和不舍克服了恐惧(恐惧真的只是一点点，几乎是没有的)，同时也会想，如果自己感到害怕的话，是不是会太不人道、太不够意思了？念高中远离家乡后，就很少再参加葬礼了，一般有我也不去(我们地域所说的参加葬礼就是去宴席吃饭，丧讯一传出主人家就会每餐备宴，部分隔得近的邻居会去；最重要的是清早下葬之后的早宴，下葬前一天的晚宴次之)。这个假期，邻居一个老奶奶去世了，每天那哀乐、哭丧的声音避都避不掉，虽然觉得不爽，但由于老奶奶的儿子、儿媳都挺好的，尤其是无意间听妈妈跟其他人谈论老奶奶生前的事，觉得她是一个和蔼的人——所以居然也就不觉得恐惧和反感了。

/葬礼上的血缘关系梳理//

（匿名）

今天课上讨论到了死亡仪式的意义之一是集中亲朋好友一同悼念往生者，共同承受死亡带来的哀痛，同时集会也是维持生者联系的一个途径。关于这一点我还有一些想补充的。我认为这种集会吊唁还有一种对血缘关系的梳理作用。我前几个月刚好经历了爷爷的葬礼，在爷爷的葬礼上，我注意到很多仪式都清晰地表明了血缘亲疏的重要性。比如说在给往生者烧纸时，先生在一旁念咒，子女需从男到女、按从大到小的顺序依次烧纸，即先由大儿子到小儿子，再从大女儿到小女儿。大儿子被称为“大孝子”，在整个仪式中占有重要地位，很多殡礼活动都必须先从他开始。因此，一旦“大孝子”某些行为做得不到位（如因不明殡礼安排而晚到），其他人就可能在心中暗暗责备，而对其他子女则无此要求。子女烧完纸后，入赘的女婿和儿媳妇们才开始依次烧纸，还是按从男到女、从大到小的顺序进行。

此外，在死者旁系亲友来访上香、烧纸或磕头时，须由死者直系长孙来磕头回礼，若是其他人代替，则为失礼。此人在整个殡葬仪式中也很重要，出殡时须由他手执死者生前照片走在棺材前开路，安葬死者后须由他跟随先生在坟冢的不同方位烧纸、点燃蜡烛、摆放祭物。我认为之所以这么做，是因为在社会旧礼看来，这个孩子代表着整个家族最“正统而年轻”的血液，传宗接代、延续家族的使命正落在他的身上。虽然这种仪式中存在着男尊女卑的陋习，但在丧葬仪式中体现出来的次序差异，正说明了血缘亲疏对一个家族的重要性。

在我们的丧葬习俗中，棺材下葬前会有先生念一段咒，内容大致是“生魂出，死魂入”等送魂歌。下葬前，还会在葬坑底部先以朱砂、姜黄和水银画一条腾云驾雾的飞龙。（我们的城市也禁止了送灵等活动，但是如能避开检查，家属会尽量让老人入土为安。爷爷的碑在生前就已选好，修讫待用，这样的碑叫作“生基碑”。）

我的墓志铭

/ 哲学课：死亡是

死亡不仅是人的敬畏，

生命之所以有意义乃是因为那是一个故事。一个故事具有整体感，

最棒的发明//

而且也是人的希望。

别尔嘉耶夫

其弧度取决于那些有意义的时刻，
那些发生了重要事情的时刻。

阿图·葛文德

《生之欲》生きる /

导演：黑泽明 / 1952 年

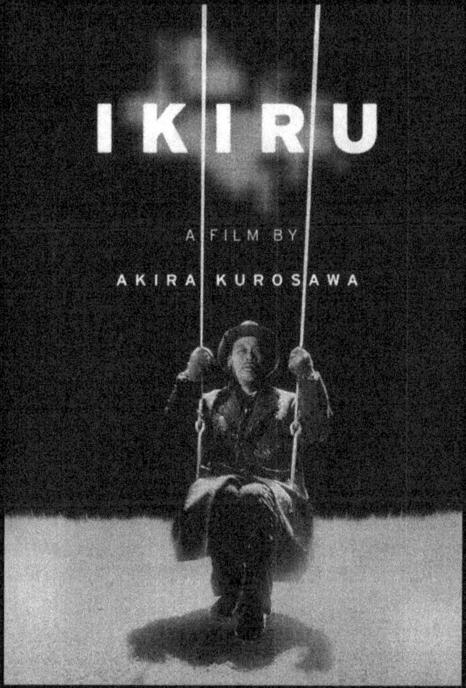

《生之欲》，是日本著名导演黑泽明执导的一部黑白影片，于1952年上映。在诸多的生死学相关著作中，这部影片被反复提及。不过，虽说出自名导之手，毕竟和今天的年轻人已经隔了60多年，算算几乎是两代人了！它能够吸引网络时代的学生吗？是否能用它作为教学影片？

影片的主人公渡边堪治是一个30年未曾请过假的“模范”公务员，他在市政府担任市民课课长。一天，一群家庭主妇们来到市民课，投诉社区中的臭水沟滋生蚊蝇，咬坏孩子，希望政府将其改建成儿童游乐场。渡边想都没想，就将她们支到公园课去了。

主妇们的申请书在政府不同部门转了一圈，最后又回到了市民课。当家庭主妇们再次来到市民课时，从不请假的课长渡边却不在办公室。原来，他感到胃部不适，去医院就诊了。

医生告诉渡边他得的是普通胃病，不过渡边从病友的描述中，知道自己得的是胃癌。他怀着对死亡的恐惧回到家，望着妻子的遗像，追忆往事，内心凄苦和无助。他一个人坐在黑暗中发呆，偏巧听到儿子和媳妇的对话，原来他们在盘算自己的退休金，渡边更加感到孤独和绝望。

第二天，他没有去上班，一反常态地取出一半存款，到小酒馆借酒浇愁。一位为报纸写通俗小说的作家恰好也在喝酒，他听了渡边的故事，决定带渡边去“领略生活”。两个人来到赌场赌博，又到舞场寻欢。年轻舞女的陪伴没有让渡边高兴起来，反而更觉生命无常，他唱着“生命多短促，少女快谈恋爱吧”，泪水滚滚而下……

在我看来，《生之欲》多少有一点概念化，但黑泽明的电影语言，将这个故事演绎得很有穿透力。在表现渡边面对死亡时的恐惧、孤独和无助时，影片用了大量令人印象深刻的细节：掉落在地上的大衣、含在眼眶中的泪水、深夜酒馆中的黑狗、那顶不肯放手的新帽子、舞场上晃动的珠帘……通过这些隐喻和细节，观众比较容易进入到感受层面。而主人公面对死亡恐惧时种种脱出常轨的行为，也真实地反映了战胜死亡恐惧不是说说就能做到的，生命和死亡之间的关系由此凸显出来。最后出人意料的结尾，更是可以将学生的思考引到当下。

我斟酌再三，还是决定冒险一试。不过后来将它从第一轮的“领衔”影片，变成了后面几轮的“压轴”影片，用它作为整个课程的深化和收束。这样的调整背后，其实也是我教育理念的变化，当我把《生之欲》当作“领衔”影片时，似乎更想让它起到“教化”的功能——看，一个小官僚浑浑噩噩地过了一生，他怎能不怕死呢！作为“压轴”影片时，它变成了一个思考的引擎，我希望用它帮助学生将思考指向自身(所谓“回归性反思”)：“我身上是否有小田那样的活力?”“我怎样活过一生才不至于像渡边那样在死神敲门时吓得灵魂出窍?”“处在并不理想的环境中，我的努力有意义吗?”这些问题如果放到课程刚刚开始的时候问，学生大概会因为没有做好准备而感到不安。当然，我发现调整后的教学效果确实更好，学生对这部黑白老片似乎并没有排斥。

/“他的生命就像一句废话”//

用这部影片教学，必须保持着电影本身的悬念。因此，我剪辑了几个片段，加上影片的截图，带着学生慢慢地进入渡边的生命故事中，并引发一些讨论：

影片的主人公是一个什么样的人？你会用哪些词来形容他？
他身上发生了什么事情？哪些细节令你印象深刻？

死亡威胁带给他怎样的感受？

他是怎样处理自己的孤独、哀伤和恐惧的？

他戴着新帽子和作家一起去享受“生活”，这些享受有没有帮到他？如果是你面对死亡的威胁，你会做些什么呢？

他在舞场上唱那首20年代的情歌，唱着唱着就情不自禁地流泪了。如果他的眼泪会说话，它在说什么呢？

黑泽明把渡边的出场安排在市民课的办公室中，他背后是一捆捆堆积如山的文件。在“市民课长”的标志前，渡边像机器一样地在文件上盖章，还不时掏出怀表看看时间。

学生们不吝他们的厌恶，用这样一些词来形容渡边：乏味，苍白，压抑，行尸走肉，呆滞，可怜，堕落……最有意思的是一位同学的形容：“他的生命就像一句废话。”我觉得“废话”真是一个很好的意象，它抓住了渡边的一个特质：这个从不请假的公务员，看上去每日忙忙碌碌，实际上却在做没有意义的事情！在后面的讨论中，我不断引述“废话”这个词，我想这也是学生对课堂的一种建构吧。

隔着年龄、隔着时代，学生们能够体会渡边面对死亡威胁时的心情吗？

当学生回答“眼泪会说什么”这个奇怪的问题时(我学习叙事治疗，便会提这样的怪问题)，他们的角度各不相同：

• 唉，对孩子付出的太多了，如果能重新活过，还不如再找个老婆，体验爱情。

• 一辈子就这样完了？

• 人哪，要趁年轻做想做的事，爱你想爱的人。

• 过去的大半辈子算什么呢？

• 今天快要过去了，不知道我还有多少个明天？

• 我还不想死啊……

近在眼前的死亡威胁，似乎一下子把渡边“震”出了日常生活，他放弃近30年的不请假纪录选择不去上班，他取出了多年积攒的存款，他第一次用自己的钱买很贵的酒，他跟着作家出没那些从未涉足过的纸醉金迷之地，在多年独身之后他一次次邀约年轻女士小田外出……

我们要探探这些“反常”行为的背后是些什么，看看行为之下渡边内心的感受是什么。

学生们说，他感到孤独、恐惧、后悔和无助。

欧文·亚隆认为人有三种孤独：人际孤独、心理孤独和存在孤独。人际孤独就是人们通常说的寂寞，意指与他人分离。它可能因地理、文化因素引起(比如到异国他乡谋生)，也可能与缺乏社交技巧或某些人格特质妨碍个体的人际交往有关；心理孤独是指人隔绝了自身的感受，压制自己的情感和愿望，造成自己内心不同部分的割裂；存在孤独是指个体和其他生命之间存在着无法跨越的鸿沟，也指一种更基本的隔绝，个体和世界的隔绝。

《生之欲》似乎就是这三种孤独的说明书。其实，它们原本就或隐或显地跟着渡边，只是死亡的突然到来，让它们一下子像充气巨人般膨胀起来。

当渡边确信自己患了胃癌，且已经没有多少时间可活时，他回到家，不是走进自己的房间，而是黑着灯坐在儿子的房间里——在潜意识中，他知道自己现在最需要的是得到儿子的情感支持。然而，他不幸地“偷听”到儿子与媳妇打自己退休金的小算盘，顿时感觉到了幻灭。本以为妻子死去后，自己为抚养儿子一直独身，会在老了得到儿子的关怀，没想到儿子竟然盘算着自己的养老金，渡边心中真是有苦说不出。原本就不喜交往的他，此刻备感孤独——人际孤独。

在渡边的职业生涯中，也曾拥有过热忱与活力，抽屉里那份“办公效率改进方案”，就是当年的他留下的“遗迹”。从什么时候开始，他决定“为了保住职位最好什么都不做”了呢？有趣的是，渡边先生在表面上仍然保持着勤勉，他从不请假，从不迟到，每天埋首在文件堆里，“忙，真是忙”。这种“勤勉”表象，似乎可以给他带来某种安慰：我一直在努力工作哦。这样，他就不必面对已经活力全无、热忱不再的自己，不必面对忙得无意义的恐惧——正是这份与自我的疏离，让他在死亡来临时感受到心理孤独。通过把小田切当作救命稻草，他想找回的正是那个丢失了的自己！

在夜总会那场戏中，导演黑泽明用了很多独特的意象：晃动的珠帘、镜子中的倒影、整排的酒杯、跳来跳去的舞女。这些意象组合成一个热闹却虚幻的场景：渡边身在其中，却什么都抓不住；看似渡边在人群中“享受”快乐，其实他们都与渡边无关；即便是那个希望渡边能“弥补人生”的作家，也无法体会渡边的孤独——存在孤独。因为，“从最根本层面看，死亡仍然是最孤独的人类体验”。要死去的是渡边，而不是他们，他们当中没有一个人能替渡边去死！

除了孤独，死亡显然还激活了渡边的恐惧。但他恐惧的到底是什么呢？

我们在前面曾梳理过人恐惧死亡的种种原因。雅克·柯隆将它们归纳为三种恐惧类型：死后的情形、临终的情形和生命的终结。罗伯特·凯森鲍姆指出，只有第三种恐惧——“生命的终结”(结束、消亡、毁灭)才是更核心的死亡恐惧。①

渡边恐惧的是死后不知道会去哪里，还是担心死的过程很痛苦？我们无从得知，或许都会有吧。但电影极力表现的，似乎是第三种恐惧，即“生命的终结”。当生命的终结在渡边没有意料到的时间突然显现时，他表现出了巨大的慌乱，出现了一系列反常的行为。在这些行为背后，似乎响着一个声音：“我还没有好好活过，所以我不想死！”

妻子去世后，为抚养孩子他没有再婚，他可以从这个角度说自己“没有好好活过”。

他不懂娱乐，也吝啬生活方面的享受，他也可以从这个角度说自己“没有好好活过”。

但为什么买了“很贵”的酒，有年轻舞女的陪伴，他仍然热泪长流？

他为什么一次次邀约小田切外出，被这个女孩深深吸引？

死亡焦虑，是一种原始的焦虑，具有自我意识的人类都会存在这样的焦虑。但一些临床心理学家发现，死亡焦虑会因生活失败而大量增加，欧文·亚隆将其总结为一个公式：死亡焦虑与生活满足成反比。他认为，成就感，

① 参见[美]欧文·D. 亚隆：《存在主义心理治疗》，黄峥、张怡玲、沈东郁译，北京：商务印书馆，2015年，第47页。

一种好好活过的感觉，可以减轻死亡恐惧。①

正因为渡边把自己的生命活成了“一句废话”，所以面对死亡，他才会如此恐惧啊！

//什么是死亡恐惧的解药？/

在电影中，无法与儿子诉说内心孤独与恐惧的渡边，在小酒馆里请求那位写通俗小说的作家教给他怎样花钱，因为钱现在对他已经没有意义了，而他在此之前从没有用自己的钱喝过酒，也不懂得享乐。作家听了渡边的故事，感慨“人到临死才知生命的可贵”，他决定带渡边去“弥补浪费掉的人生”，并说享受人生是生命的义务和美德，“人必须对生命有贪念”。

我问同学们：在电影中，那个作家提出“享受人生是生命的义务和美德”，你怎么看？我特意用了“你怎么看”这样一个中性和开放的问句，希望学生们能够畅所欲言。

“享受人生是对生命的尊重”，一位同学马上发言。“是啊，人会有很多欲望，比如食色，都是人基本的欲望，人应该满足这些欲望”，另一位同学补充说。

接下来，一位女同学说，对她来说，享受人生就是活出自己；又一位男生站起来说，人不是动物，充分地发挥自己的潜能，才是真正的享受人生。

我在黑板上写下“满足欲望”和“发挥潜能”两个词组，我对学生们说：刚才

① 参见[美]欧文·D. 亚隆：《存在主义心理治疗》，黄峥、张怡玲、沈东郁译，北京：商务印书馆，2015年，第217～218页。

的讨论丰富了“享受人生”的内涵，因为同学们提出了“满足欲望”和“发挥潜能”两种享受人生的方式。下面我们先讨论“满足欲望”：如果欲望被压抑、没有得到满足，会对生命产生什么影响？在满足欲望的过程中又可能产生哪些问题？

在过去很多年里，在“革命”话语的笼罩之下，是不能提“欲望”这个词的，我们对“欲望”是排斥的。追求对欲望的满足，不仅被视为自私而且还被视为庸俗，甚至是肮脏的。但是现在人们已经认识到，排斥和压抑欲望的生活并不健康，“欲望”并不因此就会消失，它可能会以扭曲的形式表现出来，给人的身心带来困扰。正是改革开放，让人们可以享受生活中点点滴滴的快乐，比如有的人毫无顾忌地宣称自己是个“吃货”，有的人可以为视听享受一掷千金，有的人可以走遍世界去看不同的风景……

可惜生活总是那么复杂，“欲望”本身又多种多样。除了生理感官上的满足，还有些东西似乎也能给人带来巨大满足，因此也会变身为人的欲望，比如金钱、权力、名望、地位、优越感、成就感、控制感等。在满足欲望的过程中，又会发生一大堆的问题。例如：适度满足/无度满足(纵欲)；即时满足/延时满足；自己的欲望/他人的欲望之间的冲突……因此，“满足欲望”与“享受人生”之间并非总是画等号，虽然我们承认欲望的满足，常常会让人感到愉悦，感受到人生的美好。

那，“活出自己”和“发挥潜能”是否可以说是“享受人生”呢？

有同学说，人不是动物，仅仅满足欲望还是停留在生命的低层次上；有同学说，可要活出自己很不容易啊，这个过程很艰难，可能还会遭受挫折和失败，要说“享受”也有点勉强；又有同学说，找到自己真正感兴趣又能发挥自己潜能的事业，克服困难本身也是享受吧。他将“过程”与“结果”进行了区分，提出了“过程即享受”的观点。

发明“心流”(flow)[①]这个概念的心理学家米哈里·契克森米哈赖(Mihaly Csikszentmihalyi)曾将“享乐”与“乐趣”做了区分。他认为，享乐是高水准生活的重要一环，但享乐本身不能带来幸福，因为它可以不花力气，无须耗费精神能量，享乐的片刻转瞬即逝，不能带动自我成长。而乐趣，是指一个人不仅需求和欲望得到满足，更超越既有制约，完成了一些意料之外的事。乐趣具有向前发展的特性，并蕴含新鲜感和成就感。经历过有乐趣的事，我们就感觉自己有了改变，自我有了成长。[②]

如此看来，渡边先生在作家的带领下是去享乐了，却并未从中感受到乐趣。这样的享乐，似乎无法填补渡边精神上中的空白，也没有让他感觉到超越与成长，从而产生更好的自我认同——在死亡阴影的笼罩下，他一直精神恍惚，甚至被勾起了更多的悲伤。享乐，看来没能成为渡边对付死亡恐惧的解药。

渡边与死亡恐惧的第一场战斗失败了。之后，他开始了第二场战斗：紧紧抓住小田女士，希望让她告诉自己该怎样活。而这个舍弃公务员生涯去做儿童玩具的小田，在新的工作中找到了乐趣。那只上了发条后蹦蹦跳跳的玩具兔子，仿佛就是她努力活出自己、发挥生命潜能的一个象征。和渡边相比，她更像是在享受人生的乐趣啊。

我又问了学生们一个奇怪的问题：你觉得渡边对小田切的渴望中，是否有性的成分？

很多学生摇头，表示没有或看不出来。但也有学生认为，渡边未必真要

……

① 心理学家米哈里·契克森米哈赖将心流定义为一种将个人精神力完全投注在某种活动上的感觉，心流产生时会有高度的兴奋及充实感。

② 参见[美]米哈里·契克森米哈赖：《当下的幸福：我们并非不快乐》，张定绮译，北京：中信出版社，2011年，第62～64页。

和小田谈恋爱，但是潜意识中多少还会有性的成分吧，毕竟她是一个年轻的女性。

我告诉学生们，性活动作为一种缓解死亡焦虑的模式，其实是很常见的。性与生殖相关，生殖意味着生命的延续，意味着对死亡的一种否定。另外一方面，性的交合也能舒缓孤独和恐惧。在《入殓师》中，我们也看到大悟在第一次参加入殓之后，急切地想与妻子做爱。所以，欧文·亚隆说："性是对死亡的重要中和剂，是对死亡的至关重要的解毒剂。一些病人在面临重大死亡威胁的时候会突然充满了性的想法(有主题统觉测验记录了在癌症病人的投射中有更多性方面的内容)。法文中性高潮一词——la petite mort(直译为'小死')表达了在性高潮中放弃自我，减少孤单痛苦的意味，此时孤独的'我'融入了'我们'之中。"①

不管渡边对小田的渴望中有没有性的意味，他都被小田深深吸引，用他的话说，他这个"木乃伊"很羡慕小田身上的活力，希望像她那样活一天再死——现在，他把生命的"活力"看作死亡恐惧的解药。

我问学生们：你怎么理解生命的活力？它来自哪里？又因什么而消失？你给自己的活力打多少分？

我很喜欢学生们对"活力"所做的具体化理解，他们认为"活力"包含着青春、健康、激情、梦想(这一组词汇，似乎与"年龄"关系更密切些)，也包含好奇心、求知欲、勇气(它们不再是年龄的专属，而是性格特质)，还包含着行动力、创造力和承受力(这组词汇指向了"过程"与"能力"，学生们似乎意识到，没有能力，在生命过程中活力难以持久)。我觉得通过这样的具体化，学

① [美]Irvin D. Yalom：《给心理治疗师的礼物：给新一代治疗师及其病人的公开信》(新版)，张怡玲译，北京：中国轻工业出版社，2013年，第155页。

生们才能反观自身：我身上还有活力吗？我最缺少哪样一种活力？我可以如何去增加自己的活力或者防止生命活力的流失？

我没有让学生当众分享自己的活力分数，但课后有学生通过邮件告诉了我自己的分数。有些出乎我的意料，年轻的学生们给自己打的活力分并不高，有位学生打了 60 分，因为“没有梦想”；有位学生打了 40 分，因为“不知道自己对什么感兴趣”。

我猜，“没有梦想”和“不知道自己对什么感兴趣”的学生并不少。学生们为此给自己打低分，因为这是一种生命失去方向的感觉吧。没有方向，生命的能量该投注在何方？

迷茫，茫然，从 1991 年创办“青春热线”，我就常常听到年轻人这样说。记得去某大学新闻学院和新生座谈，我让他们在小条上写下自己上大学后的感受，41 个学生有 37 个说自己“迷茫”或“茫然”。这种失去方向的感觉，是怎样来到青年生命中的呢？我想，可能有两种原因：一种是前方的诱惑太多，想要这个又不愿放弃那个；一种是从小缺乏自主性，几乎没有过自主选择的机会，选择的能力瘫痪了。前者与社会发展带来的多元多样有关，就像在很少花色品种的时代，买东西是一件很容易的事情，而现在选择太多了，买东西花费的时间也多了。后者，我以为和大学前的教育有关，灌输式、填鸭式的教育，没有给学生自主性的成长留下时间和空间，他们到了大学感到茫然也就没什么奇怪的了。

不过，既然已经成年，人总要对自己的生命负起责任来。寻找梦想、发现所爱，都需要尝试，而大学正是可以尝试的时候。保持生命的活力何尝不是如此。有同学说，让自己多与乐观向上的同学接触，是保持活力的一个方法。另一位同学则说，与其寄希望于别人，不如把自己塑造成一个乐观积极的人。

讨论到这里，有同学突然提出一个很有意思的问题：和“文化大革命”时期的青年比，他们是不是比我们更有活力？

是啊，从表面上看，“文化大革命”时期的青年确实显得很有“活力”：他们四处造反、夺权，批斗走资派、抄“黑五类”的家，充满激情地对领袖表忠心，显得那么“生机勃勃”。还有电影《浪潮》中的一些原来有气无力的学生，不也在“浪潮”中像变了一个人似的满血复活了吗？

好问题总是能促进思考。我们进一步讨论：人的活力来自哪里，又指向哪里？看来，活力可以来自于个体生命自身，也可以来自情境力量场——当渺小的个体融于一个大的群体，和一个“伟大”“高尚”的目标联结在一起时，人的能量也会被激活。然而，生命的活力所注入的方向，是否真的可以给社会带来正向的改变？这就需要认真地思考了。与思考脱节的活力是狂热，它带来的可能是文明的倒退，是人性的崩塌！

生命的活力，既可以是创造之源，也可以是破坏之力。生命的活力作为一种死亡恐惧的解药，看来还需要慎重服用。

/ 满足与生命的意义 / /

在电影中，渡边曾经两次唱起这首《生命多短促》：生命多短促，少女快谈恋爱吧，趁红唇还没褪色前，趁热情还没变冷，谁都不知明天事……一次是在夜总会里，边唱边流下哀伤的泪水，一次是雪夜中在公园的秋千上，歌声平静而满足。

该怎样解释渡边的变化，又怎样看待他临终前修建公园的行为？

在某一轮课上，我与学生有这样一段对话：

Z同学说：我很奇怪，为什么渡边死之前会建公园？如果是我，会向喜欢的女孩表白，或者与父亲待在一起，或者看自己喜欢的电影。

陆：是啊，其实渡边可以有很多选择，哪怕是老婆死了，孩子和他有隔阂，他也可以去选择享受美食，观赏美景什么的，那他为什么会把建公园当成生命中需要完成的事情呢？

Z同学：我感觉没什么独特的意义，就是为了安慰自己。

陆：他为什么需要安慰自己？

Z同学：他觉得自己一辈子没做什么像样的事情，正好有一件事需要做，他就做了。好像做了，毕生的追求就达到了。

陆：你说他要安慰自己，原因是过去没有好好做过事，没法给自己交代。他建公园的动机是告慰自己。如果他的一生很充实很丰满，做过很多类似建公园的事儿，或者很好地发挥了自己，那他得了绝症后，在生命的最后阶段会不会有所不同呢？

Z同学：我猜不出来。

陆：看上去建公园这件事是为了别人，但当你说安慰自己时，看来他也是为了自己。好像建公园这件事让他与自己的内心、与他人、与这个社会有了新的联系？

L同学：作家带他去风月场所，但我们看到他很被动，并没有享受。这个人好像没有什么爱好，他不知道做什么才会让自己开心快乐。所以他把目光从自己身上转移到他人身上去了。

陆：假如他是一个比较有情趣的人，可能喜欢画画，喜欢音乐或别的东西，临终的他会是什么样呢？

L同学：也许他就会去做他喜欢的事情。

陆：这又反过来提示我们一些什么呢？我们看到渡边的一生既无聊又单调，所以到临死要找一件事情做。如果他真的很有情趣，比如喜欢画画吧，他临终前投入创作，那和他去建公园，内心状态有何不同吗？

H同学：我是学经济学的。从经济学的成本收益角度讲，似乎建公园他投入很多，对个人来说收益很小。

陆：收益都指什么？除了金钱、权力、名望这些看得见的外在评量标准外，生命是否还有其他的价值标准？

C同学：还有内心的满足感。

H同学：我在淘宝买东西时也很有满足感。

陆：让你满足的是什么？

H同学：是控制。当我在淘宝买东西的时候，我觉得我能控制自己的生活。

陆：看来控制对你很重要。你可以顺着想想，为什么对你来说，控制那么重要？在生活中，哪些东西你可以控制？哪些不能？除了买东西这样的小事外，你生命中真正重要的东西你是否可以控制？如果一生都沉浸在淘宝购物的满足上，生命终结前，会和渡边有什么不同？

H同学没有回答，在后来的课堂上，我注意到他沉浸在自己的世界中，似乎被我们刚才的对话扰动了。

渡边，给了我们一个可以言说生命和死亡的载体，但生死学课堂不是为了评价别人的人生，而是为了思考自己的人生。我希望在课堂讨论中，尽量不去评价学生的观点和状态，也不急于抛出自己的观点，而是通过提问深化学生的思考，增加他们对自身的觉察。

再回到电影回到渡边身上。我们需要回答：为什么修建公园会让渡边感到内心的满足，甚至可以不再恐惧，而是平静坦然地走向死亡？

同学们的答案是：修建公园，让渡边感到生命可以用另一种方式存在，从而发现了自己生命的意义。这印证了亚隆的观点："我一再发现，体验到深刻意义的人生活得更为充实，面对死亡时比缺少意义的人更少绝望。"①

① [美]欧文·D. 亚隆：《存在主义心理治疗》，黄峥、张怡玲、沈东郁译，北京：商务印书馆，2015年，第457页。

生命本身并无意义，然而人类偏偏是一种寻找意义的生物。“不仅提出生活的意义的问题是人类特有的，而且将这样的意义置于思考之列正属于人的存在”[1]，维克多·弗兰克尔如是说。

那么，需要意义的个体如何在一个没有意义的世界里找到意义？

千百年来，人们通过哲学、通过文学、通过宗教、通过不同的生活实践，试图为这个问题寻找答案。也许，这种探索中最重要的发现是：没有现成的意义等在那里让人们发现，人必须为自己的生命创造意义、建构意义。

亚隆归纳了人们克服生命无意义的几种世俗活动，包括利他、为理想奉献、创造性、享乐主义、自我实现、自我超越等[2]，它们并不是彼此排斥的，大多数人从好几种活动中获得意义。然而，正像“活力”需要辨析一样，这些能为生命提供意义的活动，有时也会将人引向歧途，比如能够唤起崇高感的“为理想奉献”，就是一件很复杂的事情。如电影《浪潮》所揭示的，有时“理想”也会引人作恶。

学生们又有问题了：是否被死亡吓到，才能开始思索生命的意义？

/ / 死亡为什么能带来成长？ /

对于渡边来说，因为被死亡吓到，才惊觉自己活成了“一句废话”，才开始思索自己生命的意义。“死亡”成为了他寻求意义的启动装置，也让他的生

········

① [德]维克多·弗兰克：《无意义生活之痛苦》，朱晓权译，北京：生活·读书·新知三联书店，1991年，第20页

② 参见[美]欧文·D. 亚隆：《存在主义心理治疗》，黄峥、张怡玲、沈东郁译，北京：商务印书馆，2015年，第457～466页。

命变得有所不同。

死亡带来成长是偶然还是必然？

首先，不是所有人都能因死亡而成长。在一个丧偶的研究中，亚隆发现，大概有1/4到1/3的被试达到了一个新的成熟和智慧水平。

这个数据并不特别令人欢欣鼓舞，但也足够让我们重新看待死亡。至少，在我们的生死课上，已经看到了《小猪教室》中孩子们的成长，看到了《阳光小美女》中胡佛一家的成长，看到了《姐姐的守护者》中包括妈妈在内的一家人的成长，看到了《入殓师》中大悟的成长……

那么，死亡促进成长的机制是什么？

罗尼·史密斯是一位安宁疗护工作者，曾经陪伴过很多临终者。他在《生死习题：人生最后的必修课》一书中说："大部分濒临死亡的人都会探索生命的价值，以及死亡所带来的意义。他们探入内心深处挖掘，在追近的困境中，审问个人的自我价值。……经过这些惨淡灰暗的洗礼，许多病人终于找到新的人生意义和目的。他们重建已经消失多年的价值观，或是从环境的灰烬中淬炼出新的价值和新的意义。"

在这段话中，有一个很重要的词"追近"。"追近"是一个表达时间知觉的词。在一轮教学中，学习心理学的杨仲同学说，卡斯滕森(Laura Carstensen)的社会情绪选择理论(Socioemotional Selectivity Theory)可以很好地解释临终者的改变。后来，当我去了解这个理论时，发现"时间知觉"正是这个理论中很重要的一环。

卡斯滕森认为，人本质上是动机性的动物，期待实现的目标指导着人的行为。而时间知觉是人动机的组成部分，影响着人对社交目标的选择与追求。随着人的生命历程时间范围的缩短(通常如人的衰老)，不同目标的优先性就会发生变化。个体会变得愈加挑剔，将更多的资源投入到在情绪上有意义的目标和活动。

渡边在获知自己患了癌症前后的行为，是非常不同的。正是癌症让他感觉到了死亡的迫近，感觉到了自己剩下的时间不多了，所以，对自己生命价值的怀疑才跟着死亡恐惧浮现出来。

作为心理治疗家的欧文·亚隆，发现很多人会因死亡而产生“觉醒体验”(awakening experience)。觉醒体验是指将个人从日常琐事的生存模式中拉出来，引发重要觉醒和改变的体验，往往由重大生活事件引发。他在《直视骄阳：征服死亡恐惧》中用一章专门谈死亡带来的觉醒体验，里面有许多生动的个案。他认为死亡带来的觉醒体验，会让人产生如下的改变①：

·重新安排生活的重心，放弃无关紧要的琐碎之事，不做违背心意的事情。

·花时间与至亲至爱更深地交流。

·感觉敏锐并充满感恩，比如变幻的四季、美丽的大自然、节日或新年来临等。

·有勇气去冒险，很少担心被拒绝。

最有意思的是，我后来发现，提出社会情绪选择理论的劳拉·卡斯滕森本人，也曾因死亡带来的“觉醒体验”而成长。这位斯坦福大学心理系的教授，在21岁时遭遇了严重车祸，头部受了重伤，还断了几根骨头。当时，仅仅高中毕业的她，有一个孩子，婚姻面临解体。周围没有人认为她可以成为一个学者。“最初的三个星期左右，情况真的很危急，我时而清醒，时而昏迷，之

① 参见[美]Irvin D. Yalom：《直视骄阳：征服死亡恐惧》，张亚译，北京：中国轻工业出版社，2009年，第32～71页。

后，我开始有时间思考。当我逐渐恢复，开始能够认识到我离死神有多近之后，我对什么事情更重要有了非常不同的看法。”①父亲怕她在病床上无聊，为她在当地大学注册了一门课程，父亲去听课，将录音带给她，这一门课程正是“心理学导论”。

好吧，我们总不能为了让自己获得觉醒体验，为了开始思考生命的意义，而像卡斯滕森一样在死亡边缘走一回吧？即便除了“患有危及生命的疾病”“丧失身边亲爱的人”这些与死亡相关的时刻，人生还会有许多引发觉醒体验的时刻，比如“能够传达内心深处讯息的有影响力的梦”②，但“觉醒体验”总的来说是可遇不可求的。

那么，我们还有什么办法，让自己不要像渡边一样，等到死亡来临时才开始怀疑自身生命的价值？

看来，现在需要请哲学家出场了！

古往今来，探索过死亡问题的哲学家、思想家太多了。比较起来，西方的死亡哲学“发展节奏比较明快”，有人将其划分为“死亡的诧异”“死亡的渴望”“死亡的漠视”和“死亡的直面”四个阶段。③ 让我们直接跳到“死亡的直面”这个阶段，看看当代哲学家是如何认识死亡的吧。

雅斯贝尔斯曾经提出“从事哲学即是学习死亡”这样一个哲学命题。他认为，人类的处境有两类，一类是可以改变和避免的处境，一类是不可改变、无可避免的处境。他把后一类处境叫作“边缘处境”，形容它就像一堵墙，我

① [美]阿图·葛文德：《最好的告别》，彭小华译，杭州：浙江人民出版社，2015年，第88页。

② Irvin D. Yalom：《直视骄阳：征服死亡恐惧》，张亚译，北京：中国轻工业出版社，2009年，第38页。

③ 参见段德智：《西方死亡哲学》，北京：北京大学出版社，2006年，第16～18页。

们作为实存撞到它们必然失败，而且是绝对的失败。雅斯贝尔斯说死亡是人类最重要的边缘处境，它让我们的实存中断了，但也最能让我们来发现实存的局限性，从而返回自身，去超越存在——“只要我们睁着眼睛迈进边缘处境，我们就成为了我们自己”。在雅斯贝尔斯看来，死亡不应该成为实现自由、达到超越存在、成为我们自己的障碍，而应该是我们“以超越存在的尺度永不停息地从事实践”的巨大助力。①

另外一位著名的存在主义哲学家海德格尔，则提出了“死亡是此在最本己的可能性”的命题。什么是“此在”？他认为一般的“存在者”，如桌子椅子，都具有现成的本质、现成的规定性，因而是本质先于存在的。但“此在”没有任何现成的本质或规定性，他本身只是一种“可能性”，只有在他存在的过程中才获得其实现的规定性和本质，是存在先于本质。而“死亡总是自己的死亡”，是谁也代替不了的，是和别人毫无关联的，所以是“最本己的可能性”。在海德格尔看来，唯有死亡，才可以把“此在”的“此”开展出来，使单个人从芸芸众生中分离出来，从日常共在的沉沦状态中超拔出来，使人由“我自己的死”充分鲜明地意识到“我自己的在”，“本真地为它自己而存在”②。

如果把这一大堆的概念和术语，代入到《生之欲》中，我们看到的是患病之前的渡边，并没有“睁着眼睛跳入边缘处境”，他浑浑噩噩地沉沦在日常共在的生活中。但死亡的现身，让他意识到活着并非必然(生命的局限性)，也没有人可以代替他去死。他体验到作为“一个人”的孤单(从芸芸众生中分离出来)，也由此体验到“我自己的在”，并触发了“以超越存在的尺度”去做点什么的愿望。

········

① 参见段德智：《西方死亡哲学》，北京：北京大学出版社，2006年，第236～239页。

② 段德智：《西方死亡哲学》，北京：北京大学出版社，2006年，第245页。

正是向死而生，让渡边的生命有了新的可能性！

虽然，我们都知道，作为生物，我们必死，但对死亡的恐惧会让我们努力忘记这一点。这就是海德格尔所说的“日常的向死而在”——“在死亡面前有所遮蔽的闪避”。

而“本真的向死而在”，则要求我们“先行到死”，“向死而生”——面对自己的死亡去做出选择，自己把自己的可能性开展出去，这是我们“向死的自由”。

如果“觉醒体验”是可遇不可求的话，那么“向死而生”的人生态度，却是可以被建立并陪伴我们终身的。只要我们记住，活着并不是必然，死亡随时可能降临，我们在日常生活中就可能做出不同的选择。

接下来，我给学生播放了乔布斯在斯坦福大学毕业典礼上的一段演讲。在这段演讲中，乔布斯说：“‘我快要死了’，是我在人生中下重要决定时，所用过的最重要的工具。因为几乎每件事，所有外界期望、所有荣誉、所有对困窘和失败的恐惧，面对死亡时都消失了，只有最重要的东西才会留下。提醒自己快要死了，是我所知避免掉进自己已有东西要失去了的陷阱里的最好的方法。……没有人想死，即使是想进天堂的人也想活着进天堂。但死亡是我们共有的目的地，没有人逃得过，这是注定的。因为死亡简直就是生命中最棒的发明，是生命变化的媒介。”

/ 生命的波动影响 / /

亚隆在《直视骄阳》中，以《生之欲》中渡边的故事为个案，来说明“波动影响”是如何战胜死亡恐惧的。“波动影响”是指人们在生前创造一些可以传递给他人，并丰富他人人生的事物，它们就像池塘中的涟漪一样一圈一圈地扩散开去，直到再也看不见。

渡边死前，创造了一件看得见的事物：儿童公园。在这个过程中，他也留下了一些看不见但存在的东西。所以，在他去世后，周围的很多人，包括原来的同事们都受到触动，表示要“继承渡边的精神”，“做个没私心的公仆”。

这，就是渡边的“波动影响”。

但电影给了我们一个意想不到的结尾：渡边死了，新课长上任了，办公室的一切似乎都回到原来的轨道上，公务员们依旧推诿，想有所作为的人在无声的压力下，放弃了努力，重新埋头在公文堆中……

难道，渡边的“波动影响”这么快就消失了？这岂不是非常悲哀吗？

我要说，我非常喜欢这个不阳光、不正能量的结尾，因为它逼迫我们在看完电影后继续思考：在大环境没有改变的情况下，个人的努力是否有意义？人是否还拥有选择？

面对死气沉沉、充满官僚主义的大环境，小田切做出了她的选择：不做纸鲤鱼，离开政府机关去干自己喜欢的事。渡边做出了选择，走出办公室，带领妇女们去见副市长，争取项目上马，不惧病痛和黑社会威胁，完成了自己的使命。他们让我们看到，任何时候，人都可以为自己做出选择，而不是做环境的牺牲品。渡边死后貌似一切又回到原状，但谁知道什么时候，他曾经的作为又会激活人们改变的愿望呢？

在时间来得及的情况下，我会和学生们分享斯蒂芬·柯维的“关注圈”和“影响圈”理论，这是多年前我读完他的《高效能人士的七个习惯》后，最为受益的一个观点，我希望自己能做一个积极主动的人，把能量放到影响圈中，让这个世界因自己的存在而变得好一点点。有兴趣的朋友不妨自己去看吧。

想继续探索生命的意义的朋友，也可以去网易公开课看耶鲁大学教授谢利·卡根的“哲学·死亡”第二十课，或者阅读他的著作《死亡》的第十二章。顺便说，我觉得他的书比他的讲课更吸引我一些。

【附录】课后书写与对话

//不要花时间去过别人的生活/杨眉

晓娅老师问大家：我们能不能让自己不至于活得像渡边一样，临死时才去考虑不要活成一句废话？

我的观点：

一、比较有效率、节能并且通常都能够活得精彩的活法是存在的，那就是努力从事与自己的兴趣相吻合的工作。

这里所说的“兴趣”，不是小孩子那种朝三暮四的喜好，也不是那种会轻易就被放弃的一种爱好，而是一种没有它即使锦衣玉食也仍然会感觉不快乐甚至会觉得生活没有意义；而有了它，即使你暂时生活拮据也仍然会感觉满意和心安，同时还会体验到自身存在的意义。

所以这里所说的兴趣，严格说，就是你的天赋所在。三百六十行中的佼佼者，几乎个个都是实现自身兴趣或说天赋与热爱所在的经典个案。

在实现自己兴趣的过程中，我们既可以不断地体验到幸福，同时由于我们会特别地投入和专注，遇到困难时也会比那些没有兴趣的人更为顽强和坚韧，因此，十年二十年之后，我们就可以厚积薄发、脱颖而出——这与“一万小时理论”其实也是相通的——那个时候，随着专业技能日渐精进而来的，随着我们为社会所做的更多更大的贡献，我们会拥有更多的幸福，不仅如此，随成功和幸福而来的其他副产品还包括名与利——一种品质生活所需要的基本保障。

因此，对已经知道自己兴趣所在的同学，问题就很简单了，只需要方法正确并且有耐心就可以，而对还不知道自己兴趣所在的同学，就需要花时间先找自己，然后才是做自己。

推荐大家看一篇我的博文《心理学角度看电影：唯有热爱可以拯救》。

二、有关曼德拉。

推荐大家看两篇博文，一篇是《曼德拉缺席，道义在场》，还有一篇是《南非大主教图图》，在百度上用文章的篇名就可以查到，非常感人，如果大家有兴趣，还可以看一看外经贸大学一位老师的文章《永远的白玫瑰——纪念舒和兄妹》。

这些文章都非常使人震撼，充满了极为强大的正能量。

课上有位同学质疑渡边后来是否该为公众服务，原话大意是：那么一点点工资，凭什么还要做那么多？

其实这个世界上的人是多种多样的，有一种人，在西方被称之为“有使徒性格”者，他们中的典范就是曼德拉、图图大主教、甘地、特瑞莎修女和雷锋、焦裕禄等。他们的人数虽然不多，但是他们却具有特殊的社会兴趣，他们以天下为己任，为世界的公平正义与美好奉献他们自己。其实他们的精神在2008年后的中国也在发扬光大，最典型的就是当前中国人尤其是“90后”年轻人所表现出的很强的“志愿者精神”。

三、晓娅老师问，乔布斯演讲中的哪句话最打动你？

最打动我的是：“生命如此短暂，我们为什么要花时间去过别人的生活？”

我觉得自己很幸运，虽然历经很多艰难，但是，我最终过上了我最想要并且最热爱的生活。

我觉得各位同学非常幸运，在这样年轻的时候，能够遇到这样一位老师，她用她的人生经历、知识和智慧引导你们早早考虑有关人生目标的大问题，让你们比大多数同龄人更早地产生对时间知觉的敏感，从而可以更好地做出有利于个人和社会持续发展的目标选择。

羡慕你们，如果我在我的大学也能够遇到这样一位老师，我会省去很多在黑暗中摸索的过程。

/ 如何发现自己的“生之欲”？/ / 曹晔然

《生之欲》是一部十分简练而有力的电影。主人公从得知自己罹患癌症，不久于世，直到生命走到尽头，这一过程也不过是影片中的几个月光阴。这部电影并没有现代电影的宏大篇幅或者是夸张渲染，它所做的是完全真实地再现了一个身患绝症的病人如何度过人生最后短短几个月的光阴罢了。从这个角度来说，简洁是这部电影的特点之一。而之所以说这部电影有力，是因为导演通过步向生命尽头的男主人公之口，道出了一个困扰我们许久的问题，人究竟为何而活？

单是讨论这个话题，我就不得不佩服导演的勇气。“人究竟为何而活”这个问题，正是人类对自身存在意义的质询。而在电影中导演直面了这一生命难题，将这个问题出给了主人公的同时也留给了我们。在影片的最后，导演将答案放在了主人公的歌声里，“少女啊，人生苦短，快去恋爱吧；趁一头黑发尚未褪色；趁心中之火尚未冷灭；不会再有今天这样的好时光了”。当主人公渡边坦然平静地坐在公园秋千上再唱起这首歌时，已不复悔恨与恐惧，因为在人生抵达终点之前他终于真正地活过了一回，做了一件有意义的事情。获得直面生命的勇气也就获得了面对死亡的勇气，赋予自身的存在以意义也就赋予自身的消亡以意义，了然生死于是接受了死亡之无可避免而积极生活便是向死而生。导演成功塑造了一个被希望所遗弃而又为绝望所拯救的渺小生命，并用他身上所发生的改变来诠释了何为生之欲，将一种强大的力量放在羸弱之上加以展示，不得不说这给了我极大的震撼。但在观影的震撼之余，我更加感觉到，所谓生之欲并非单纯的一种形式，并非如影片中主人公所言所为那样，也并非只有在死亡边缘我们才能意识到，每个人都应有也应该去发现属于自己的生之欲。

为此，我思考了很久，一开始我想这孕育于生命之中的活下去的强大力量是否是名为“梦想”的希望呢？毕竟影片中的主人公也是在完成了一件与年轻时梦想有关的事后才看清了生死。但是梦想太脆弱，它充其量可以是生命旅途上的航标，但绝非生命的支柱。是否是亲情爱情友情这些无时无刻地伴随着人生的羁绊呢？我想也不是，相较于生命的长度与广度，这些羁绊是不可能将其完全覆盖的。最后我能想到的是，永恒不变的真理比生命更加复杂与漫长，它是否是存在的意义？即便如此，我也不能想象坚硬冰冷如真理如何赋予我们温热的血肉之躯以意义。什么使我们与众不同？什么能让我们的生命拥有继续存在的价值与意义？难道唯有死过才能找到生的本质么？我不知道该如何回答。

但是，本来人生就不是一道简单的问答题，这些问题都是不必找到标准的答案。生命的意义是需要我们自己去赋予的，在它尚未结束前至少要让自己相信它的存在是有意义的，这就是我所认识的生之欲。活下去本身就是生命存在的意义，生命的与众不同也在于它可以创造未知的无限可能性。其实梦想、羁绊、真理或者其他一切都以不同的方式支撑着我们的生命，只要认同，那么它们便使得我们的生命有意义。

如果一直这样想下去，多少可以给我一些慰藉吧……如果生本身的意义必须由死来定义的话，如果一生的挣扎不过是为了死时片刻的安宁的话，那么我所想的又有什么意义呢？

而这样的矛盾也是我们的存在有别于其他生灵的意义所在。

【陆晓娅说】

课程快要结束了，想到以后就很难见到大家了，心里忽然有一些舍不得。

第一堂课我曾说过，我是一位“通吃”的奇怪老师，我给大、中、小学生都上课，也给外企、国企、国家机关和NGO做培训。但我最喜欢的，是大学生这个群体。

为什么喜欢大学生？因为你们没有老到自以为看破红尘，也没有小到不谙世事。你们已经有很多生命的体验，也开始产生属于自己的想法，更喜欢思考和质疑，这些都能带给我滋养，带给我继续学习与思考的动力。

每每打开邮箱，看到里面躺着你们发来的观影感受和探讨信件，我就感到欢喜，特别是那些提出更多问题的来信，更让我高兴，因为我喜欢看到思索胜于看到陈述，喜欢看到过程胜于看到结论。

曹晔然这篇文章，就让我看到了思索的过程，所以它让我在这个下雨的清晨独自快乐了半天。有一点不满意的，就是原题《“生之欲”观后感》太一般般了。互联网时代，虽说不一定要做“标题党”，也要让人在第一时间产生阅读的欲望哦！所以，我私自给改为现在的题目，不一定好，只是希望它特别一点。

//现实生活似乎有点变本加厉/（匿名）

看到是黑白电影时，我蛮意外的，毕竟看的大部分电影都是彩色。当时就有想，如果是彩色的会怎样呢？会不会有什么不同？会不会没那么压抑？欢乐的场景会不会更加让人兴奋？

黑白电影会给人历史的感觉，但是电影中发生的故事并非仅存在于过去，现实生活似乎有点变本加厉。有很多人整日虽忙忙碌碌，但这是一种麻木的忙碌，行尸走肉般的并非是为追寻梦想而开始的忙碌。

死亡会给这样的人带来这么大的冲击吗？总觉得这样的人已经习惯了麻木，心已如一潭死水。对于大部分这样的人来说，如果说死亡是一颗石子，哪怕是从天而降的陨石，也不一定能让这样的人心中泛起涟漪。

大家都在批判故事中的主人公，可是生活中就一定没有这样的人吗？总觉得现实生活有很多这样的人，并喜爱这样的生活。这个世界那么大，什么样的人都会有。当然这样的生活不应该是我们所追求的。

【陆晓娅说】

那天，放完《生之欲》前面的片段，我问同学们会联想到什么，联想到谁，有同学说会想到自己。我当时内心有点震动，因为我觉得渡边这样的状态，应该是一些人工作后逐渐开始出现的，但不是在青春大好的时刻。

也许，今天的社会比起战后的日本来，会制造另外一些形式的麻木，就是让人为了一些伪目标而忙碌，而渐渐地与真实的自己疏离了。这个伪目标可以是任何的东西，从更傲人的学历、更好的物质生活，到更大的权力和名望。昨天我读了一本叫作《学习之道》的书，作者是从9岁起8次赢得全美象棋冠军的天才神童乔希·维茨金，让我印象最深刻的是他成名之后，特别是以他为原型的电影《王者之旅》上映后，他再也享受不到下棋的乐趣，他感到自己不再是一个赛手，而变成了一个表演者。这种疏离感最终让他放弃了象棋。

渡边这样的人，真的喜欢这种麻木的生活吗？我不确定。以我的观察来说，他们只是习惯而已，只是不想离开舒适圈而已，其代价便是失去生命的有机状态，陷入慢性的抑郁当中，无法真正享受生活，剩下的人生，已经变成了需要打发掉的“垃圾时间”(我原来单位的年轻同事就是这样形容这些家伙的)。

为什么我觉得那些东西是伪目标？因为我觉得更傲人的学历、更多的钱、更大的权力和影响力，应该是“热爱”的副产品，而不是目标本身。如果一个人为了换取这些东西，而放弃自己所热爱的，必然会和真正的自己疏离，渐渐地失去生命的活力。比尔·盖茨也好，乔布斯也好，历史上无数的成功者，他们最初的动机，一定不是追求所谓的“成功”，而是因为他们非常喜欢自己做的事情，他们觉得那是能让他们发挥天赋潜能的机会。

找到自己真正热爱的事物，也许是预防麻木的最重要的方法。在这点上，我和杨眉老师不谋而合。

假如我还有半年生命

/结束课：困惑是

没有焦虑，就不能活出真正的

其实人都是一样的，越是向往高处的阳光，它的

思 考 的 起 点 / /

生 活 ，也 无 法 面 对 死 亡 。

欧 文 · 亚 隆

根 就 越 要 伸 向 黑 暗 的 地 底 。

尼 采

《泰坦尼克号》*Titanic* /

导演：詹姆斯·卡梅隆 / 1997 年

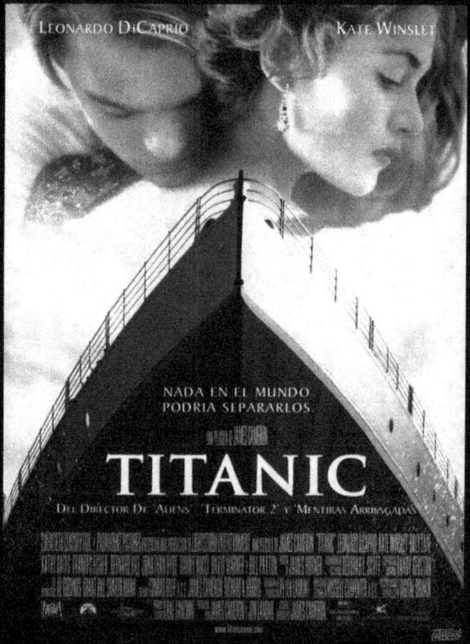

/ 1 5 2 3 个 生 命 ， 我 是 其 中 之 一 / /

在最后一次课上，《泰坦尼克号》(*Titanic*)成为教学影片。我截取了沉船前的20分钟，让学生看后提出要探讨的问题，然后作为期末作业(小组讨论)布置了下去。

《泰坦尼克号》片段进入教学，完全是受学生的启发。按照后现代主义教育思想，课程的严密性意味着确定性和不确定性的统一：不确定性意味着选择的多样性和系统的开放性，确定性意味着每一种观点都有特定的假设和背景。①

我很庆幸，作为一个受聘教师，我似乎拥有更多的自由，可以让自己的课程具有开放性，而不会像另外一位讲生死学的老师那样被督学批评：“王老师你这样不行啊，你上次讲乔布斯去世，这次又讲曼德拉过世，这样不够标准化啊！你得按大纲来，算清楚每节课涵盖多少知识点，每个知识点依次讲三分钟……”

哇，如果那样的话，我想我不会讲课了。因为我无法把眼前的几十个学生，当作几十个等待按时间填料加工的部件。生活流动不息，生命流动不息，我和学生们在这一刻相遇，在这一刻与这个世界相遇，为什么不能让教学变得更鲜活一点儿，更贴近生活一点儿，更贴近学生一点儿？何况我们在课堂上所要探索和学习的，不是物理化学之类冷知识，而是有温度的、涉及理性亦涉及情感的生命与死亡。

在前两轮课程结束前，我曾给学生们布置过这样的小组作业：A. 用5分钟短剧或微电影，表达你们对生死的思考，之后接受同学老师提问。B. 选一

① 参见燕良轼：《解读后现代主义教育思想》，广州：广东教育出版社，2008年，第130页。

段不超过 10 分钟的与生死相关的视频，带领同学老师讨论。

第二轮课上，谭雪贝等 6 位同学组成的小组，选择了作业 B，他们分享的题目是《1523 个生命，我是其中之一》。“1523 个生命”是泰坦尼克号上的遇难者，他们选择《泰坦尼克号》沉船时的场景，每个同学都将自己代入一个角色，如造船的工程师、船上的大副、在甲板上演奏的乐手、在船舱中相拥而死的老夫妇等，说出生死关头自己的心声，同时也将问题抛给其他同学。

我突然意识到，在这个电影片段中，导演卡梅隆离开罗丝和杰克的爱情主线，不惜用 20 分钟左右的时间，调动各种视觉听觉艺术手段，去展现在海水涌入、巨轮即将沉没之际，各色人等的不同反应和选择，演绎生死关头惊心动魄的人生大戏，是“别有用心”的。我相信，他一定会觉得这个片段带给观众的冲击，并不亚于那段跨越阶层的爱情。

当我重新看过《泰坦尼克号》，并反复看过沉船前的这个片段后，我能感觉到，这是一段被压缩在有限时间中的无限思想空间，阶层、性别、年龄、职业角色、宗教信仰、人生经历、个性特质，人与人的关系，都在被“死亡”拷问。这种丰富性与复杂性，应该是到了课程结束时，学生可以去探索了的。所以，在第三轮课上，我将它纳入了自己的教学。

/ / 当我们拥有这么多的问题…… /

播放完20分钟的沉船场景后，照例是让学生先回到自己的内心进行整理：

- 你印象最深的片段是什么？
- 你印象最深的人是谁？
- 此刻，会有哪些问题跳到你的脑子里？

然后，我请学生们用不同的方式提出想要探讨的问题：可以和旁边的同学组成小组，讨论后列出问题清单；也可以“独立作战”，看自己在5分钟之内能提出多少问题。后一种方式带点儿竞争的意思，希望激发学生的好胜心，让更多的思考涌现。

在前面的课上，曾有学生说自己提不出问题，我想那是因为在过去的学习中，他们很少被要求提出问题，没有形成思考的习惯。经过了两个多月的生死学课程，我想他们多少会感觉到了提问的重要性，也体会到了只要具有怀疑精神，“问题”就会随之而来。

我相信“问题意识”对于学习，对于一个人的终身发展，都有重要意义。“问题”好像一个牵引器，会激发出人探索和学习的欲望，让人变被动为主动。在解决问题的过程中，人需要调动各种能力，如收集信息、分析信息、推理论辩等。因此，问题意识不仅可以使得学习非常高效，可以培养人不同的能力，而且会让人感受到学习的乐趣。

让我特别高兴的是，果真有几个同学选择了一个人的头脑风暴，而且有同学在5分钟里提出了15个问题！

当然，我要求学生们提的不是与情节相关的问题，比如“那个人后来死了吗”，而是要从情节、场景中抽象出来更形而上的问题。下面就是学生们从具体的电影情境中“抽象”出来的一些问题，粗略分为不同的类别：

社会阶层与生死：

· 在死亡面前生命要分贵贱吗？（在影片中，头等舱的人可以先上救生艇，而三等舱的人被关在下面。）

· 为什么穷人会觉得富人比他们更有权利活下来？（在影片中，一些坐三等舱的人觉得头等舱先走理所当然。）

· 富人和穷人对待死亡的态度有什么不同？（影片表现了一些富人似乎更加“视死如归”，如大亨古根海姆、梅西百货老板夫妇。）

求生与求死的行为：

· 为什么在这样一种情况下有些人会放弃求生，有些人执着求生？

· 求生的人应该被责备吗？向死的人应该被赞美吗？

· 讲故事的妈妈带孩子安静地死，是不是剥夺了孩子生存的机会？

这样的行为是负责任的吗？（影片中，一位妈妈让两个孩子躺在床上，给他们讲童话故事，等待死亡的来临。）

- 船长走入驾驶舱等待死亡的行为真的是正确的吗？
- 是什么力量支撑那些音乐家演奏到最后？他们和布道的牧师信仰相同吗？（影片中，白星乐队的成员开始是根据船长的要求进行演奏，好让人们不要恐慌。后来则是他们自己选择继续演奏而不是逃生。）
- 人在死亡面前的求生反应是否有快慢？

逃生的规则与权力：

- 决定谁先上船的标准的是什么？谁有权力来决定？
- 为什么让妇女儿童先走？这样做公平吗？能让更多的人活下来吗？

生死关头是什么影响人的选择：

- 人在面对死亡时的行为和日常行为有什么不同？如果有落差的话，是什么造成了落差？
- 以什么样的姿态来面对死亡才是更好的选择？
- 有些人平静地死去了，如何拥有平静死亡的力量？
- 原则和责任是否是重于生命？
- 信仰是否可以缓解对死亡的恐惧？
- 在生死关头需要道德吗？

其他：

- 占用妇女儿童存活机会的男人们如何度过余生？

看到学生拥有这么多的问题，我对他们表示了恭喜。我相信他们也会惊

讶，和过去相比，我们现在怎么变成“问题青年”了？

哈哈，他们还不知道，列出问题清单是我下的钩子。在此之后，我要让他们自愿上钩，来探索这些问题。我请学生组成3至5人的小组，从清单中挑选出想要在期末作业中讨论的一个问题，然后花一点儿时间头脑风暴，分析这个问题涉及哪些学科或文化领域，并可以围绕这个问题制作思维导图。

因为我上的是公共选修课，我的学生来自不同的专业，平时要碰面并不容易，因此我才给他们一点儿课堂时间，为完成小组作业进行初步的准备。我对这份期末作业的要求是：

1. 每个人都要参与到讨论对话中。

2. 无论小组成员对观点是否有分歧，讨论中都进行了多次质疑。

3. 讨论涉及了不同的角度和层面，如操作性的层面和理念性的层面。

4. 能够用不同学科的理论或概念进行说明、解释。

5. 讨论可以取得共识，亦可以保留不同。

6. 可以用有创意的方法进行。

在几轮的教学中，我深感大学生非常缺乏思维方式和讨论交流的基本训练。大学前的教育，让他们更习惯于“海绵式思维”，而非“淘金式思维”。所谓海绵式思维，就是像海绵一样吸收外部世界的信息。这种吸收往往是被动的，过程中不进行质疑，很容易把别人的观点当作自己的观点，成为他人的思想奴隶。而淘金式思维，是在获取知识的过程中，与知识展开积极的互动，不断提出问题并思考问题的答案。在这个过程中，充满自主性、好奇心、批判的眼光和理性的思考，以寻求更好的结论。[①]

我认为，“批判性思维”“公共说理”之类的课程应该成为大学生的必修课。但现在，能够为大学生开设这方面课程的学校非常少，我自己也一时没有能力来为学生提供系统的训练。我能做的，就是在生死学课程中努力加入一些相关训练，让学生去体验不同于知识灌输的学习方法吧。

期末作业布置下去了，我就好像撒了网的渔夫，等待着起网的那天。学生们交上来的作业是条活蹦乱跳的大鱼，还是条气息奄奄的小鱼？在没有起网前，我只有等待，并且积蓄精力，因为起网之后，我还有许多的事情要做。我会在每个小组交来的讨论记录中进行点评，然后为小组写出评语。我的点评重点不在观点，而在讨论的进程。例如，在讨论中，谁提出了新鲜的观点或不同的视角，让讨论得到了横向或纵向展开？谁对他人的观点给予了反馈(包括质疑和赞同)？谁又在他人的观点之上进行了补充和深化？谁会不断梳理、总结已经形成的观点，避免讨论来回打转或在同一层面停留……我想，这样的点评，可以帮助学生看到自己的特质如何在讨论中发挥作用，如何为小组做出贡献，有更多的自我认同；同时也帮助学生了解小组讨论与个人思考的不同功能，以及高质量的小组讨论是如何产生的。

就把我给学生期末作业的一些评语，放在后面作为附录吧。

① [美]尼尔·布朗、[美]斯图尔特·基利：《学会提问》(原书第10版)，吴礼敬译，北京：机械工业出版社，2013年，第4～8页。

/ 假 如 老 舍 先 生 看 到 …… / /

在后几轮的教学中，我忍痛割爱，舍弃了“生死影剧院”这样一个期末作业形式。所谓“生死影剧院”就是让学生创造短剧和微电影，表现他们对生命与死亡的思考，在最后一堂课上呈现，并接受同学、老师的提问。之所以“忍痛”，是因为我看到对一些同学来说，这种创作型的作业能让他们感受到激情与快乐。不过，创作型的期末作业，从形成创意，到写出剧本，再到找到呈现方式并把它表现出来，需要很大的投入才能达到较高的水平。而快到期末时，学生们学业压力上来了，加上他们来自不同专业，很难把时间凑在一起。与其只有少量精品，大多凑合，还不如另辟蹊径。

不过，前两轮学生的创作和演出，有的给我留下了很深的印象。

在第一轮课的“生死影剧院”上，有五位女同学以“老舍之死”为题，表演了一部短剧。

这是一部四幕短剧。第一幕在北京“文联”的会议室里，PPT 上是一张“文化大革命”时期的照片：墙上贴着“以阶级斗争为纲”标语和满墙大字报，人们正在开批判会。在这个虚拟的背景下，我的学生们扮作红卫兵，用他们并不熟悉的语言，对老舍先生进行批判。

第二幕，地点叫作“审判室”，学生们在括号中加上了“批斗现场”几个字。她们并不知道，在“文化大革命”中是根本没有法治意义上的“审判”的，法律早已是废纸一张。在这一幕中，红卫兵们对老舍进行“口诛笔伐”和人身摧残。但这些没有经历过“文化大革命”的女孩子，无论怎样吼叫、推搡，都无法表现出“批斗”的残酷。

第三幕，学生们用了一张胡同人家门口的照片做背景，表现老舍先生被批斗完后有家难回的痛苦心情。

第四幕，是老舍自尽的太平湖，那是离我们所在的北师大校园并不遥远的地方。

在最后一页 PPT 上，她们以老舍的口吻留下了这样一段话：

也许很多很多经历过那个时期的人，都无法原谅。但那一代渐渐地老去，那种不可避免的恨会淡去，变成更理性的认知，甚至变成让人怀疑有没有带入一丝感情的理论上的研究。我希望后辈的人，请留下，哪怕一点点的痛苦心情……绝不是记恨，而是，为了避免悲剧再次重演……

说实话，我没有想到学生们会选择“老舍之死”作为题材。看到这些年轻的大学生，用她们的方式努力演绎“文化大革命”的暴虐，演绎生命的被摧残，演绎人性之恶，一时间我心潮翻滚。

安静了片刻，我问她们：“如果老舍先生的在天之灵，能穿过 46 年的光阴，看到今天晚上在北师大这间教室中，你们几个同学的演出，他会说些什么呢？”

学生们愣了。过了一会儿，有个同学迟疑地说：“或许他会说，你们根本就没有把‘文化大革命’中我经受的迫害演出来。”

我回应学生：“你们没有经历过‘文化大革命’，也没有看到过多少关于‘文化大革命’的真实记录，的确远远没有表现出‘文化大革命’的残酷。但我仍然想问，即便是这样，如果老舍先生的在天之灵，能够看到自己死去几十年后，有几个女孩子努力将时代的悲剧、自己的悲剧展现出来，他会怎么说呢？”

“也许，也许他多少会感觉到一点儿安慰吧？”另外一个女生的声音同样迟疑。

是啊，老舍之死离我们并不遥远，那荒诞而残酷的十年离我们并不遥远。如果这些死亡，以及造成这些死亡的原因，已经被我们全然忘记，那血红的一段历史已经变成了一片粉嫩，老舍先生在天之灵，能否安息？

所以，请让我们留下哪怕一点点的痛苦心情！

/ / 在死之前，我想…… /

课程要结束了。在结束前，我希望通过一些体验活动，把学生带回到对自身生命的觉察上，让他们去发现，自己最珍视的是什么。如果死亡不可避免，怎样让自己死而无憾——把“向死而生”的抽象理念，变成一幅可以想象的图画，或许会更有帮助。

在电影《生之欲》中，渡边离开诊室后，那位为渡边诊病的老大夫问旁边的年轻大夫和护士：“如果还有半年可活，你会做些什么呢？”年轻大夫沉默不语，护士小姐则说她会服毒药自杀。

那么，就让学生来写出“假如我还有半年生命……”吧，看看他们会想要做些什么。

现在，当我翻看学生们写下的文字时，我好像又重新看到他们低下头思考的样子，好像又重新发现了他们丰富的内心世界。

我看到了什么呢？

我看到了作为独生子女一代，他们最担心的是自己离去后父母怎么办。有位同学这样写道：“脑子里最大的问题就是，我走了，爸爸妈妈怎么办，他们以后老了，谁来照顾他们？让爸爸妈妈再去领养一个小孩？可是现在培养一个小孩好辛苦，爸爸妈妈都是40过半的人了，还有精力再培养一个小孩吗？会不会小孩还没有成熟，他们就已经老了？退休以后去养老院，可是没有孩子的陪伴，他们会很寂寞的吧？更何况爸爸妈妈一直视我为他们的希望，希望没有了，他们还会不会好好地吃饭、好好地生活？想来想去，还是应该让爸爸妈妈再去领养一个小孩吧，至少那会是一个新的希望，至少他们会有东西可忙，他们不会太过悲伤。”

所以，很多同学都说，假如我还有半年的生命，要回家和父母在一起；或者是和父母一起旅行，带父母去他们想去的地方；或者是为父母做饭，陪父母散步；或者写一本日记留给父母，让它替自己陪伴父母。特别打动我的是这样一位同学，她想“把家里布置一番，也许会在某个角落塞下一些小秘密吧。在花店预订鲜花，拜托他们每年母亲节送给我妈妈……”

也有同学，希望利用这最后的机会，解开和父母之间的“结”，并让父母也获得成长。有同学写道：“假如我还有半年生命，首先我想到的是要合理而勇敢地告诉父亲：我只有半年生命了，我想自由地生活，虽然我可能活得很苦，艰苦非常，但请放手，不要再那么强权地以关心为名控制我。我希望改变父亲，从而让母亲、妹妹、弟弟能不那么讨厌他。”

谁能说这不是爱呢？在道别之际，用生命触抚生命，用生命影响生命，让两代人共同成长，了结那些未完成之事，亲情会变得更深更浓吧。

在学生的书写中，我还看到，当生命无多时，他们想去做“一直认为是有意义的但没有去做的事”，包括“开始学习或者练习我非常想学却一直拖延的画画”，“去自己一直希望抵达却始终没有勇气前往的地方”，“想跳舞，就去尽情地跳，不担心自己跳得不好，不在意别人可能的嘲笑。想谈恋爱，就主动搜寻男生，喜欢上就表白，哪怕被冷冰冰地拒绝了也好”，“想出专辑，想拍杂志封面，想做电台播音员，所有这些都被人认为有些肤浅，对么？没关系，只有半年的时光，我不必追求那冗长的深刻。半年，无论成败，最终我都不必再计较了”……

好吧，请再问自己：是什么使你不能从现在开始做？

欣慰的是，有学生告诉我，上完生死课，他们就重新捡起了画笔，开始去学习能让自己感到快乐的乐器，决定暑期去参加支教活动……

在学生的书写中，我还看到，尽管他们非常年轻，但仍然希望能够在这个世界上“留下什么”。有人想留下一本自己写的书，有人想“把自己经历的人生画成一本书，弥补美术在青春中曾经的空缺”，有人想“种一棵树、一片花”，有人想“给我的家人和朋友准备未来的礼物，包括我手工做的小饰品，手绘的画，一字一句写的明信片和信件……每件礼物写上收件人和时间点”，还有人想到另外一种“留下”：捐献眼角膜。

让我特别感动的是，作为北师大学生，一些同学想留下与教育相关的东西。一位蹭课的心理学研究生写道：“我要在学校里开一门课或者发起一个小组，在这个活动中我将每次按照不同的主题分享我过去 25 年里的人生体悟；将我所学的心理学知识整理成册，将理论知识‘翻译’成所有人都能明白的生活技巧。”另一位学哲学的同学写道：“把自己设想的未来的教学过程写下来，将已经准备好的素材整理成教学方案。还有一些来不及收集的东西，写下教学设计，让同专业的同学或者师兄师姐去实践。如果 TA 们上完课学生很喜欢的话，就说明我可能会是一个不错的老师吧。”

我还在学生们的书写中看到，半年的生命，让他们开始珍惜眼前，让自己活在当下：“我会放慢了行走的脚步，多看看以前未曾注意过的美丽”；“去蹭各种老师的课，去图书馆看各种书，淘到一本好书就开心一天”；“K 歌乃生命一大乐事，走之前必须再嗨几把”；“生命最后的半年，我想关上电脑，多看点书，那些人类文明的象征，那些精神食粮。通过读书，我能对这个世界有更深的认识，它的过去、现在以及它未来可能的样子。通过读书，我也能找到更大的心灵慰藉，去减少我对死亡的恐惧和不安，让自己变得更豁达”……

有些同学还为自己设计了人生的谢幕仪式：“举办一场盛大的婚礼但不领证”；“举行一场生前追悼会，和好朋友们道别，感谢他们一路陪我走过，并把我有关他们的珍藏送给他们，请他们替我保管”；“捡回丢弃已久的舞蹈，好好地训练一番，然后到县城里的那个我曾经很熟悉的会堂进行一场表演，为自己的人生谢幕”。

整理着这些有生命感的文字，作为一个走进人生之秋、比学生更加接近死亡的人，我也会思考自己的“假如我还有半年生命……”。我知道，我一定会写出“假如我还有半年生命，我要写完《影像中的生死课》”。

后来，我看到一个题为“在死之前，我想……”的 TED 演讲。演讲者是住在美国新奥尔良的坎迪·张，她分享了一件“彻底改变我人生的事”——在挚爱的好友突然去世后，她思考了很多关于死亡的事，觉得死亡显现了对她的生命有重要意义的事情，可是“人们太容易被日常生活中的琐事困住，而忘记什么才是真正重要的事”。于是，她将一座废弃房屋的外墙做成了一块巨型黑板，上面填满了相同的填空题：在死之前，我想……（Before I die, I want to…），每个路过的人都可以用粉笔在上面留下自己的人生期望。第二天，整个黑板就填满了，人们还不断往上添加，有些很幽默，比如“在死之前，我想让我的海盗行为得到审判”；也有的很严肃，比如“在死之前，我想做真实的自己”。这块黑板，为人们创造了一个反省和思考的空间，也提醒人们在不断的变化成长中，什么才是最重要的。坎迪·张后来开发了小型工具箱，如今这块黑板已经出现在世界上的许多地方。甚至，我在美国西雅图一家小小的书店中，也看到收银台前一块小白板上写着“在死之前，我想……”。

坎迪·张不是哲学家，也不是乔布斯这样的名人，作为一个普通人，她得出了同样的结论：“思考死亡让你对自己的人生有更清醒的认识。”

“在死之前，我想……”和“假如我还有半年生命”不同，没有给出生命长度的限制，在这样的情况下，学生们会写出什么呢？

播放完这段 6 分多钟的演讲后，我让学生开始用这个句式填空，请他们至少写出五个死之前希望做的事情。学生们写得比我预期的慢，他们仿佛需要一些时间才能回到自身去认真思考。在他们写完之后，我请他们把写出来的事情进行排序，并且想想，如果排在最前面的没有实现自己就死了，会有什么感觉。

不知道为什么，我有一种担心，担心学生们写出来的东西会千篇一律，比如“周游世界”什么的。所以，我决定让他们分享“自己觉得比较特别的”。我喜欢个性化的答案，那是真正贴近了自身、对自己有了更多的了解后才能写出的。

在学生们的分享中，我很喜欢这样几个：

在死之前，我想在美国《国家地理杂志》上发表自己的摄影作品。

在死之前，我想拍100张不同地方的日出。

在死之前，我想可以和一个同样对这个世界有着强烈好奇心和活力的人，相伴到老。

在死之前，我想养大一个孩子放飞，让他干一件有影响的事情。

在死之前，我想和过去的回忆和解，不再为此所困，成为不那么在意他人看法，能真正做自己，用心去生活，真诚勇敢的人。

在死之前，我想用心参与50个为社会改变贡献力量的项目。我目前21岁，按照可以活到75岁的标准进行计算……

学生们似乎感染了我，我想，他们选择拍日出，因为他们风华正茂。而我可以选择拍日落，到了这个年纪，大概对日落会有特别的感觉吧。100个地方不知道是否还能完成，拍20个总是可以的！

于是，我的相机里有了芦苇与夕阳的对话，有了落日为金发添上的光芒，有了白色的海鸥在晚霞中的嬉戏……因为这些学生，我，一个62岁的小老太太，看到了更多的美，感受到更多的幸福。

/ 播种困惑…… /

课程就要结束了，在和学生共同回顾了我们探索过的一些生死课题后，我在PPT上打出空缺了部分的拼图，问学生：十一次课后大家发现还有哪些没有涉及生死课题？

学生们回答说：遗体捐赠、人和动物关系、君要臣死臣不敢不死、爱情中一半死去、意外死亡、宗教祭祀、安乐死、废除死刑……

还有同学对没有用专门的一堂课来探讨自杀表示遗憾。

11次课，每次连续3个小时，作为一门只有2个学分的公共选修课，我的课时不算少了，可是还有那么多值得探索的课题无法被容纳进去。

这也体现了一种限制。我想，人生就是在限制中去最大程度地展开自己，而不是期待摆脱所有的限制吧。我接受生命的有限，也接受课程的有限，接受自身能力的有限，我愿意在这些限制中起舞，将命运给我的和年轻生命一起探索的机会，变成一个个生命的新的可能性。

从另外一个层面上说，生命不息，生死功课就没有完成。所以，带着“此课未完成”的感觉继续上路，继续探索，也是我和所有学生都应该有的心态吧。

常常有人会问我：“你的课带给学生的是什么？你觉得他们上了这个课，生死观有什么改变？”

我无从作答。学生们写来的上课感想、收获一类的文字不是没有，但我并不觉得那能够说明什么。如果说学生有什么改变的话，也许是困惑更多了！

在课程结束前，我曾问过学生：“与上课前相比，现在你困惑少了还是更多了，或者更容易产生困惑了？”

结果，有一大半人举手说困惑更多了，因为有些事以前没有思考，不会产生困惑；现在对问题更加敏感，更加愿意去思考，因此困惑也会更多。

一门课程，一个老师，非但没有“解惑”，反而让学生感到了更多的困惑，这是否意味着教育的失败？

我不这样看。因为，没有困惑的青春很荒凉，没有困惑的大脑是木头，没有困惑的人生太无聊，没有困惑的心灵被奴役！

这堂课我发给学生的阅读资料是《新京报》书评周刊编辑朱桂英的文章《穆勒的秋天》[①]。约翰·穆勒是19世纪影响力很大的古典自由主义思想家，著有《论自由》《政治经济学原理》等书。穆勒从小受到良好的教育，他从三岁就开始读希腊文，八岁开始学拉丁文、代数、几何，九岁遍读希腊史家的重要著作，少年阶段结束时，他已经储备了比大学毕业生还要广泛的知识。受父亲影响，穆勒关心世界的发展，以一种古典英雄主义的情怀，关心整个人类的福祉。但是，1826年的秋天，二十岁的约翰·穆勒突然与一个问题相遇，“假如你所有的生活目标都实现了，假如你期望的所有制度和思想改变，在这一刻都完全实现了，那么你会觉得非常快乐和幸福吗？”一种不可抑制的自我意识，清晰地帮他回答了“不”。

因为这个“不”的回答，穆勒陷入了精神危机，觉得自己活着似乎没有任何意义了，之前为生命构建的全部基础都坍塌了。他甚至想到了死亡。如果自己始终在这样的阴霾中，找不到自己人生的价值，是否要继续活下去？

为什么看上去如此优秀的穆勒，会在20岁的秋天陷入精神危机？作者认为，穆勒在遭遇自己年轻的秋天之前，一直认为自己对世界负有责任，自己

① 文章选自2012年8月12日《新京报》“通识教育：构建真实完整的幸福”专栏，作者朱桂英。

人生的价值即是达成于对此责任的担负。但这种责任感是训导的结果，尚未真正在他自我的生命里安置下来。

穆勒于人生的晚秋，在自己的回忆录里忆及陷入空虚悲伤的那段时间。他得出的结论是，不基于人真实发展的教育，会让人扮演一个不真实的角色，总有一天，他会被不真实击溃，转而寻找真实，重新构建自我与自己的生活。

我选择这篇文章作为阅读材料，是希望学生了解，在人生这段阶段对自我的反思与觉察，可能带来大量的困惑，甚至会引发精神的危机。但危机也是转机，正如作者所说："有些人与自己匆匆和解，避免回答这样的问题；有些人携着空虚与悲伤度过了一生；而另外一些人，直面问题，在寻找与世界的联系过程中，找到属于自己的有价值的位置。"

所以，困惑有什么好怕的呢，它是生命在向你提问，是召唤你从"训导"中走出，是催促你重新建构自我与自己的生活。因此，我们应该感谢"困惑"！

就用我在第二轮课程结束时写给学生的一首诗，作为全书的结束吧。灵感来自于张文景同学交作业时的邮件，他说："这不仅仅是一份作业，因为它触及的问题很根本。它很混乱，在写作的过程中甚至会更让我困惑。"

播种困惑

师者，
　　传道，授业，解惑
　　　　而我却
热衷于
　　播种困惑

我总想在
　　横平竖直的田间

撒一把困惑的种子
让它们野蛮生长
看能否结出奇异的思想之果

我喜欢在
黑与白之间
涂抹困惑的灰色
黑白分明的世界单调僵硬
哪如意境悠远的中国水墨

我试图在
上与下的间隙中
挤进困惑的泡沫
当情感在困惑的泡沫中胀大
生命之墙就不会坚硬得那么脆弱

困惑来了
是因为你开始用
自己的眼睛看世界
猛然间发现
世上竟有如此缤纷的颜色

困惑来了
是因为你开始与

不同的人相逢
感到生活就像罗生门
简单的答案不过是思想的懒惰

困惑来了
是因为你正学着用
自己的大脑思考
不愿再像圈里的猪
吃饱喝足了就一天傻乐

没有困惑
你可能会一往无前
却因为目不斜视
把真正属于自己的风景错过

没有困惑
你可能会活得轻松
但失去了思想的重量
如何掀起生命的波澜壮阔

没有困惑
你也可以长命百岁
但脚印留在别人绘制的蓝图上
死神出现时你可能会失魂落魄

困惑

　　是自由意志的胚胎

　　是思想的催化剂

　　是找寻生命意义的起点

所以我

　　热衷于

　　　　播种困惑

【附录】2015年学生期末小组作业综述和点评

综述：

一、为什么用小组讨论作为期末作业？因为我越来越意识到，对于大学本科生来说，学会思考，学会交流，才是真正地学会学习。学会思考和交流是比掌握知识更为重要的和紧迫的事情。生死学这门课上完了，我根本不在乎你们掌握了多少知识，而在乎你们是否在面对复杂的生命现象时，愿意倾听不同的声音，愿意从不同的角度去思考，有能力表达自己的见解，同时可以对自己的观点、他人的观点用建设性的方法展开质疑。这些能力，将使你们受用终身。

二、老师如何评判小组的讨论？老师并不在意讨论过程的外在效果，比如是否得出了某个结论，统一了大家的认识，而是在意讨论过程的内在效果，即到底有没有增进对于事情的认识。老师也会在你们的记录稿中，寻找每个人对讨论所做的贡献。或许你自己并不曾觉察，但希望老师的外在观察，能帮助你认识自身的价值。

三、老师发现，讨论比较好的小组，有个共同特点，就是先对讨论进行了讨论。这些小组大多进行了两次以上的讨论。第一次讨论都聚焦于“我们怎样进行讨论”，并且设定了不同的讨论方法。例如，有的小组通过分工，每个人“认领”一个或一组人物，通过网络收集了大量信息，包括很多行为细节，在此基础上进行分析。有的小组先由一个人提出观点，然后用接力的方式，或者提出质疑，或者进行完善，一轮轮反馈，使得讨论内容丰厚起来，确实达到了扩展思维的目的。有的小组在网上建立了讨论组，这样就打破了见面讨论的时空限制，并且可以有效地形成多轮互动。

小组作业评语(一)

讨论题目：那些赴死的人的逻辑或者动机是什么？

你们小组采取了一种很特别的讨论方式，即分工去寻找几个赴死的人物的资料，用更加丰富的资料和大量细节，来对人物赴死的动机进行推论。本来，对动机推论是一件很难的事情，很容易落进无法证实的陷阱，但因为你们拥有很多资料，就使得推论变得相对可信了。从结果来看，你们这种在分工基础上多次讨论的方式，是很成功的，既避免了空乏之论，又使讨论更加聚焦和有条理，彼此也可以相互映照相互学习——因此，讨论的方法本身是非常重要的，你们第一次的讨论为后面的讨论奠定了基础。

最后一次讨论，实际上是梳理出了更多的问题。例如：贵族精神是如何形成的？中国为何没有这样的贵族精神？信仰与信念有何不同？它们为何能帮助人战胜死亡恐惧？中国为什么没有自己的宗教？这些问题正是在讨论中浮现的，而没有什么比“问题”更能提供学习的动力。建立和强化自己的问题意识，学习就会变得有趣起来、主动起来。想想看，是不是所有的发明创造，都是被“问题”驱动的？所以，老师祝愿你们，在今后的生活中，不断发现“问题”，不断被“问题”困扰，通过不断的学习与思考找到解决问题之道，然后又发现新的问题——你们的成长就在其中了！

小组作业评语(二)

讨论题目：不同阶层面对死亡的选择，为何如此不同？

很喜欢你们小组创造的接力式讨论方式，它有效地保证了讨论的质量。首先，每个人的论述都比较充分，都是经过认真准备与思考的。其次，下一个接力者，可以提出新的观点或质疑，丰富了讨论的视角和层次，有助于讨论更加展开和深入。再次，这样的接力仿佛也让每个同学都不愿意掉以轻心，可以投入在里面，展现出自己的观点。最后，很多同学又对前面同学的观点给予新的回应，表达了自己所产生的新认识，引发的新思考。总之，很赞！

老师并不在意你们是否得出了一致的观点，而是希望通过这种方式，让同学们感受到生命本身的复杂性，并且通过他人的观点来扩展自身的思维。讨论中出现的问题，正是新的学习的切入点。对于学习来说，不怕有问题，就怕没问题。非常希望同学们在大学学习中，能够开始形成问题意识。因为问题是最好的老师，是最强大的驱动者，它会让学习充满乐趣，也会让思考真正地发生。

小组作业评语(三)

讨论题目：是什么原因导致泰坦尼克号上的人们对死亡的态度不同？

虽然你们小组交作业拖延了，但这份作业还是有令人欣喜的独特之处。

其一，是讨论的方式。你们选择了网上讨论，在 Bag The Web 上建立了讨论小组。我想这样的方式，可以方便地打破时空的限制，让讨论可以在不必见面的情况下进行、发展。这既给了大家充分的思考时间、寻找资料的时间和灵活发表意见的时间，又可以形成反馈机制，使讨论能在延续中横向展开和纵向深化(补充或质疑)。

其二，你们在讨论中最为突出的是，用大量案例说明自己的论点，这些案例不仅来自《泰坦尼克号》电影本身，也来自于不同的学科和真实的生活，比如想长生不老的皇帝，比如作家群体、战地摄影师群体，比如马达加斯加人，比如临终关怀。这些丰富案例的提出，不仅对观点进行了说明，同时有助于扩展思维，看到问题的不同维度和层次。

小组作业评语(四)

讨论题目：沉船之际，用什么标准决定谁先逃生？

你们用 PPT 展示自己的讨论成果，很有特点，似乎也在提示老师，同学们希望能有机会展示自己的讨论成果。也许下一轮讲课中，老师会留出展示的时间，让大家能共享讨论的成果。

PPT 引用了一个非常重要的材料，即泰坦尼克号上遇难者的分类人数(儿童、妇女、绅士、船员)统计，PPT 对数据又做了进一步分析，画出若干图表，发现头等舱“绅士”(这里应该指男性乘客)的获救率(33%)与三等舱的儿童(34%)不相上下(美国《新闻周刊》的报道是“稍高”),因此得出结论:卡梅隆美化了现实,“哪有什么妇孺先走啊”。用数据说话,是非常重要的说理方式,也是你们的讨论最精彩的地方。不过需要注意的是,引用重要资料作为论据,一定要注明出处。另外,通过数据的分析所得出的结论,应当更清晰准确地进行表述:尽管在沉船之际,人们听到了“妇女儿童先走”的呼喊,尽管乘客中69%的妇女和儿童活了下来,而男乘客只有17%得以生还,但对数据进一步的分析表明,阶层才是获救更重要的因素。得出这个结论,本可以使讨论继续深入:妇孺先走,作为西方一种约定俗成的原则,为什么不如阶层优先更强大?妇孺先走的原则是怎样产生的?对人类的发展是否有意义?

听说你们讨论得很热烈,那张“随便瞎说”的PPT也展示了不同的思考路径。可惜讨论的过程没法在PPT上展现,老师无从判断讨论是怎样推进的。这个作业的目的,并非要取得一个外在的结果,比如得出什么结论,老师关注的是讨论过程的内在效果,即到底有没有增进对于事情的认识。

小组作业评语(五)

讨论题目:生死关头,为什么有人很坦然,有人很挣扎?什么样的人可以坦然面对,他们具有哪些(人格)特质?

你们在讨论中用自己所学的心理学理论来解释泰坦尼克号上人们的行为,让抽象的理论和真实的生活有了联结,这是很可贵的。不过我有些后悔让你们几个学心理学的同学在一个小组讨论,我感觉到在讨论中,心理学“理论”成了主角,而生活与生命的鲜活与复杂,包括你们自身的感觉、感受都好像被放在一边了，你们自身的思考与创造好像也被既有的理论限制住了。很多时候，正是问题意识和对问题的追问，发现既有理论不能完全解释某些现象，让新的理论得以诞生。或许你们中间某个人，将来会为心理学贡献新的理论呢，老师可以这样期待吗？

小组作业评语（六）

讨论题目：抗争 or 接受：影响人们面对死亡态度的原因。

看完了你们小组的讨论，发现了你们小组和每个人的特点。例如，在讨论中，有人可以不断提出问题，虽然这些问题不一定能在短暂的讨论中做出非常深刻的分析，但我认为提出问题本身就很重要，这些“问题”来自于思考也有助于思考。还有的人善于提出反例，正是这些反例，可以让我们从抽象的理论和宏大的概念，回到丰富复杂的生活本身去做更多的思考。还有的同学，善于在讨论进程中进行总结梳理。总结梳理有助于讨论者发现已经拥有什么和新的、有待深入的问题，推动和把握讨论的进程，但这个任务往往会在讨论过程中被忽略，而你们却做得很好。

你们小组的另一个特点是分工明确，不是一两个人承担所有的工作，而是每个人都投入其中。很好奇，你们是怎样做到的？

由于你们所探讨的问题涉及的面向比较多，为了能使讨论聚焦或更深入，或许在第一次讨论之后，确定一个主题，各自去学习思考后再进行第二次讨论。在一个方向上掘进，也许收获会更多。

小组作业评语（七）

讨论题目：日常情境和死亡面前的生命平等与弱者关怀

你们是最先交作业的小组，从讨论中也可以看出来，你们思想是活跃的，提出了一些有趣的观点或很好的问题。但非常可惜的是，几个主要的论题都没有深入展开。例如，什么是生命的平等？在灾难面前，女性和孩子更加弱势吗？妇女儿童先走，是出于贵族精神吗？为什么有人可以超越动物本能？我感觉你们的讨论一直是打一枪换一个地方，都浮在表面。我想原因可能是：

其一，讨论前的准备不足。没有对讨论的方法进行讨论，也没有查找更多的相关资料（你们所提交的资料，与问题的相关度似乎不是很高）。

其二，讨论中话题转换太快，一个问题刚刚提出，就转到了另一个问题。如果小组中有一个人负责对讨论进程进行把控，或许会好一些。

其三，讨论中没有人及时进行总结梳理，找出已有的成果或需要进一步深入的地方。

其四，急于表达自己的观点，而没有倾听并认真回应他人的观点。

Before I die，I want to（在死之前，我想……）

/附　录//

//死亡学与生命感/
——《我们》杂志对话陆晓娅

《我们》：很多的资料都显示，陆老师您是研究生死学的学者？

陆晓娅：谈不上研究，我只是为大学生开了一门课。我觉得那跟搞学术研究是不一样的。

《我们》：您当初怎么会想到要在北京师范大学开讲“影像中的生死学”这一门课的呢？

陆晓娅：前几年北京师范大学要开通识教育课，他们曾经邀请过我，但我退休后忙于创办公益机构歌路营，只能推辞。到了2012年，快60岁的时候，我开始考虑第二次退休，因为要照顾患有老年失智症的妈妈，自己也觉得需要一种新的生活方式，不能把宝贵的生命再浪费在通勤上了。可我觉得自己还有余力做事，比如在大学开门课。

但开什么课呢？这些年我仍在不断地读书，有一些人的书对我有挺大的影响，如美国的存在主义心理治疗师欧文·亚隆。他写过很多心理小说，包括《爱情刽子手》《当尼采哭泣》《叔本华的治疗》等。前几年他出了一本新书，叫作《直视骄阳：征服死亡恐惧》。从亚隆的书中我看到，人在面对死亡的时候，其实仍然是可以有机会去成长的，或者说，死亡会逼着他重新去审视自己的人生，然后会有一些改变。

另外一个因素是，2003年SARS以后，我曾和“青春热线”的志愿者团队一起，在高校、中学和一些机构做危机干预、哀伤辅导的工作。加上我对大学生这个群体蛮熟悉的，多年的“青春热线”服务，使我知道他们可能有哪些沟沟坎坎以及他们对学习的渴望。所以我就想，是不是可以有一个什么样的课，不一定完全跟心理学相关，它能够与大学生的生命成长相关，同时也可以帮助他们拓宽知识面、拓宽视野。

我觉得生死学可能就是这样一个兼顾两者的课程，它涉及生物学、医学、心理学、伦理学、人类学、法学、美学、哲学等诸多学科，非常广阔，同时又可以涉及生命成长的一些课题，比如如何面对人生的困境与危机。所以，我觉得自己可以在生死学的框架下做些教育的尝试。

我很希望在经历过多年的应试教育之后，能通过这样一门课程去挑逗起学生的求知欲望。是的，我用了“挑逗”这个词，因为很少有自主性学习体验的人，要开始真正的求索、思考，是很难的。生死学没有标准答案，这会逼着学生从不同学科、不同视角来思考，我想这个过程也许对学生的成长来说，比学习知识还重要。

《我们》：为什么您会觉得“生死”这个切入点特别具有挑逗性，特别能够激发年轻人呢？

陆晓娅：人在二十啷当岁的时候，面对自我和社会，就会有很多思考、很多纠结，会想“我为什么要这样活着？”甚至“我为什么要活着？”我觉得这个阶段的思考是非常有价值的，是他们活出自己的开始。

当然现代社会诱惑多，加上家庭与学校对学生的控制多，因此现在的年轻人要进行这样的思考会比较难，即使有一些思考，也很少有机会去讨论和交流，甚至被认为是怪异。这种心灵上的隔绝不是什么好事。

所以我就希望创造一个机会，让学生可以谈论这些东西。从心理发展上来说，青年这个阶段往往是对死亡有好奇的，觉得它恐怖又神秘，你看他们会穿骷髅头的T恤，仿佛很酷。当然，我并不希望把谈论死亡变成一件很酷的事情，而是希望找到一个切入点，一个对学生来说神秘的切入点，然后去探索从个体到人类所面对的挑战。例如，作为个体的我，怎样去寻求到自己的生命意义。再比如，从社会的层面、文化的层面来看，人类的生与死又出现了哪些新的课题。

我的学生说，没有一个课的老师会让他们去想这么多问题，在生死学课上，一堂课想的问题比一个星期还多。我觉得这就对了！我对他们说，我是一个播种困惑的老师，我不是一个传道授业解惑者，因为我觉得在生死学这样一个领域，谁敢说自己拥有真理？谁敢说自己真正明白了为什么而生？又怎样去死？重要的是，我可以跟学生们一块来探索。怎么探索？我想到了一个方法，就是用电影来搭平台。

电影是非常有趣的载体，它不是系统化的理论，而是生活的故事、生命的故事，多义性、模糊性全在里头。电影不提供标准答案，每个人看到的东西、从中感受到的东西都不一样，也正因此，讨论的空间就出来了，思考的空间出来了。有些老师搞生命教育，会对学生说“生命很宝贵，你要珍惜”之类的话，我觉得很空。我们是通过电影看一个个故事，然后去问一个个问题。例如，在《死亡诗社》里，尼尔自杀了，那么，他有没有权利去结束自己的生命？不自由，毋宁死，还是不自由，仍可活？除了自杀，尼尔还有什么办法可以活下去？学生就会很细腻地来讨论这些问题。

在这个过程中，学生进行了多重对话。首先是和电影文本对话，一边看电影，他心里一边在发生对话；然后学生之间、师生之间再来对话。每次我还会准备阅读资料，班上还有漂流书，他们还会和这些文本对话。

伽达默尔说，通过与他者的对话，可以超越自身的狭隘。有时，这样的讨论和对话也让学生产生困惑。但困惑不正说明学生开始用自己的脑袋思考了么？这样的困惑也许比不假思索地接受现成的答案要好得多。

《我们》：嗯，小疑小悟，大疑大悟，不疑不悟。

陆晓娅：对！其实，我在这个课上是唤起了一些死亡焦虑的。适度的焦虑从心理学上来讲，是有意义的。学生很年轻，常常会觉得死亡跟我没有关系，但其实死亡跟他是有关系的，你不知道什么时候就发生了，何况生命一天天地流逝，你每天都在死亡。所以，当学生意识到我虽然年轻，但我是必死无疑，而且我还不知道我哪天死，就会反过来开始考虑自己的生。

《我们》：你觉得中国的大学生是否已经具有一定死亡意识？需不需要普及死亡教育？

陆晓娅：我觉得是需要的。“死亡学”的概念是诺贝尔生物学奖的得主梅契尼科夫在1908年提出来的，20世纪60年代，在美国等国家就开始出现了一些死亡教育的课程，包括大学，也包括中、小学。

我看到过一个台湾学者的研究，研究发现中国大学生对死亡的恐惧比美国学生强，他认为其中一个原因是美国有死亡教育。当然，文化也不一样。例如，电视剧《纸牌屋》里有一幕，女主角跑步，跑着跑着就跑到墓地里去了。欧洲甚至有墓地公园，里面有咖啡馆，人们就坐在墓园里喝咖啡。

过去，死亡就发生在身边，比如在乡村中，人死了还要在家里停几天灵。但是现在死亡都医学化了，人都死到医院里去了。离死亡越远，死亡就变得越神秘和越让人感到恐惧。我每期开课的第一个作业就是让学生去写《死亡离我有多远》。非常有意思的是，来自农村的学生会写得很生动，写得有人情味；大城市里长大的学生就写得很抽象，很空洞。

《我们》：那您觉得从整个社会的角度，一个避讳谈论死亡的社会和一个愿意谈论死亡的社会，它会有什么不一样？或者说，一直避讳谈论死亡，它的弊病在哪里？

陆晓娅：我觉得死亡它毕竟会带来一定冲击。不管是社会因素造成的死亡，还是个体因疾病、意外等造成的死亡，死亡总是会给人带来很大的冲击，因为死亡是一种无法弥补的丧失。人死了不会再活过来，很多事情就改变了。面对这样的冲击，需要通过一些仪式、一些过程来接受、调整、适应，重新开始生活。如果没有机会或没有办法去面对和处理死亡带来的冲击与改变，它就会成为“未完成之事”，影响人们今后的生活、人际关系和心理健康。

有部法国电影叫《莎拉的钥匙》，犹太女孩莎拉和家人面临被纳粹抓走的危险，为了保护弟弟，莎拉把弟弟锁在了衣柜里，拿走了钥匙。莎拉被带到集中营后，千方百计逃出来去救弟弟，但是回到家中打开柜门时，弟弟已经死了。虽然莎拉后来得救了，移民到美国，也有了自己的孩子，但是最后还是非常抑郁地自杀了——对于莎拉来说，她的悲伤、她的内疚、她的恐惧，都还在那里。我自己也在心理咨询中发现，没有机会去言说、表达、处理“丧失”这件事时，甚至会对几代人造成影响。

《我们》：目前看来，同学们在参加了生死学这门课程之后有什么变化吗？

陆晓娅：我不敢说有多大的变化或者多么深刻的影响，不过有学生告诉我，上完这个课他重新拿起了放下已久的画笔。看上去，这好像也不是直接跟生死有关的事情，但我非常高兴，因为他开始要重新找回他自己了。我们可以想象一下，他是什么时候丢了画笔的呢？在什么情况下丢的？那个画笔对他的意义是什么？还有一个学生马上去学架子鼓了，我觉得她发现了生命中有一个东西可以释放她的激情。还有个学生说，上这个课好像找回了一块一块的自己，把生命重新拼接起来了。

这些变化说明学生们的生命感出来了，而不再是满足于“活着”。很多人活着，但他的生命缺乏生机，缺乏“有机感”，自己和自己失联了。中国的学生被应试教育和社会文化中的压力搞得不知道自己是谁，不知道自己想要什么了，但是上这个课可能会让他思考“我怎么活出我自己”，“怎么样让我自己的生命是活泼的”。

《我们》：嗯，虽然现在是娱乐时代，却大多数人又都觉得活得无趣。

陆晓娅：对！不好玩，活得不好玩。因为跟那个本真的我是完全没有连接的，他是在为别人活着的，他已经好长时间不知道自己是谁了。记得我第一堂课让学生写“死亡离我有多远”，有个学生就写了一句话：“我已经死了，我被中国的教育杀死了。”我还和学生做一个叫作“谁和我一样”的游戏，有个学生站起来说：“我想知道谁和我一样，非常不喜欢现在的自己。”他说，他曾经是一个充满活力的、很有意思的一个人，现在这个人没了！还有的同学说，非常希望通过这个课重新去燃起对生命的热情，觉得自己现在变得很冷漠。

《我们》：那最起码这些同学们有一个意识，觉察到自己“死了”，觉察到自己很冷漠，成人世界里的人们可能连这个都没意识到。

陆晓娅：我上这个课，就是希望学生变得跟自己的生命贴近一点，让自己能拥有更加丰富的生命体会，恢复到一种活生生的有机状态。比如说，看电影可以掉眼泪，看见春天的花朵会觉得很欣喜，看到天上鸟儿飞过就对自由充满向往，这都是活泼泼的生命的感觉。可以痛，可以大笑，可以默默地流泪。我觉得这些都是生命感的东西。

《我们》：说到电影，可否请您为我们的读者提供一个帮助我们思考死亡的电影清单和书单？

陆晓娅：试试看吧。

/ 死亡十书 / /

《直视骄阳：征服死亡恐惧》 欧文·亚隆 中国轻工业出版社

让你欲罢不能，让你泪流满面，让你豁然开朗，让你会心大笑——心理治疗家亚隆就有这样的本事，带着温暖和智慧，让你和他共同直面死亡。勇敢打开《直视骄阳》，走上对死亡的探索之旅，你得到的是启迪，是陪伴，也是疗愈。

《生死学十四讲》 余德慧 中国长安出版社

余先生是有哲学深度的学者，也是有情感力量的服务者。在生命的最后十几年里，他在台湾花莲的慈济大学重开生死学课程，并以志愿者的身份在心莲病房为生命末期患者服务，也在那里送走了自己。他的书因此拥有哲学的深邃和对生命的真实关切，像暗夜中的篝火，让人在温暖中望向浩渺的星空。

《最后一堂生死课》 辜琮瑜 世界图书出版公司

“生死学”不是学问，而是生命的态度与终极关怀的探索——此话深得我心。作者是台湾的佛学讲师，带着从容不迫、开阖有度的气息，探讨生从何来，死往何去，生死之间应做何事。他在“生死学”的框架下，阐述中西哲学和不同宗教的生死观，也涉及生死学许多实务的层面，是很好的生死学入门之书。

《死亡如此多情》 中国医学论坛报社编 中信出版社

死亡总是引起最强烈最复杂的情绪，纠结、无助、失落、哀伤、愧疚、怨恨和愤怒；死亡也是一个机会，让人可以把最温柔、最深沉的情感释放出来。因此，死亡“多情”。百余位医护人员的口述实录，让这多情的死亡呈现出真实的面目。

《超越死亡：恩宠与勇气》 肯·威尔伯 生活·读书·新知三联书店

肯·威尔伯的述说与阐释和崔雅的病中日记彼此交织，如同深夜里的一曲弦乐二重奏，开始时它只是在我的耳边若有若无地回响，渐渐地它渗入到我的灵魂深处。因为，它不仅仅是动人的爱情故事和癌症患者的心路历程，更充满着对心灵的拷问和对生命的思考。

《时光队伍》 苏伟贞 吉林出版集团有限责任公司

我愿《时光队伍》永远不拥有太多的读者，我宁愿自私地把它据为己有，虽然这不可能——这种能被视为灵魂伴侣的书，应该深藏，不应暴露。作者把悲壮的家国故事和悲伤的死生别离，编织得如此浓稠细密，字里行间既殷殷泣血，又朗朗有声。“死之将至，所余唯风格而已”，酷！

《让“死”活下去》 陈希米 湖南文艺出版社

自以为见过许多死亡，陪伴过许多悲伤，遇到这本书，才知道自己远远不懂悲伤需要多少的尊重！史铁生说，“我要一直活到我能够坦然赴死，你能够坦然送我离开”——铁生坦然赴死，希米却要在孤独中用漫长的时日，去让“想念落实了想念，悲伤驱走了悲伤”，然后带着“死”活下去。

《生命的余味》 鲁培希特·施密特、朵特·席珀 吉林文史出版社

德国一个五星级餐厅的主厨，在事业的巅峰期去了一家安宁病所，给临终者做饭。第一天，面对那些活不了几星期的人，他不知道自己该严肃点还是轻松点，不知道做的美食病人是否喜欢。后来发生的一切，却让他感到自己中了人生的大奖……

《汉娜的礼物：来自一个美丽生命的启示》 玛丽亚·豪斯顿 中信出版社

读汉娜会想到周国平的妞妞，两个被癌症夺去生命的小姑娘，都让人泪如雨下，心痛如绞。不同的是，我不忍再读《妞妞》，却愿意重读《汉娜的礼物》，并把它推荐给更多的人。因为它告诉我的是，当死亡不可避免时，可以怎样美好地度过生命的最后时光。

《杀戮的艰难》 张娟芬 中国人民大学出版社

大多数中国人从小就认为杀人偿命是“天理”，死刑仿佛总是代表着正义的审判。台湾张娟芬女士的这本书，却用一个个案例，把这条“天理”变为一个需要思考和讨论的对象。死刑存废，在当下中国正变得越来越不容回避，这就是此书需要去读的理由。

/ / 死 亡 十 影 /

《姐姐的守护者》 导演：尼克·卡索维茨

为了挽救一个生命，是否可以“制造”另一个生命？当现代科学技术越来越深地介入生命过程的时候，什么是对，什么是错，谁有权力对他人的生命做出决定？这一切都变得模糊不清。这个故事，是展现，是探索，也是警示。

《心灵病房》 导演：迈克·尼科尔斯

许多的俯拍镜头、许多的女主角的独白，给这部电影带来了一种冷静的疏离感。人到中年的女知识分子，因为罹患癌症，被卷入现代医学强大的、带有男性特质的技术气场，这似乎更加深了生命的脆弱与孤独。还好，两位女性陪伴者用温暖的人性，挽救了生命的尊严和安宁。

《雨中的请求》 导演：桑杰·里拉·布汗萨里

人到底有没有结束自己生命的权利？没有品质的人生是否可以放弃？这部热闹的、带给人视觉享受的宝莱坞电影，最终要表现的却是如此冷峻的一个主题。随着老龄化社会的到来，安乐死这个残酷的话题将会越来越多地被提起。

《呼喊与细语》 导演：英格玛·伯格曼

死亡是一种边缘处境，没有人可以逃避它。这种处境的一个作用，或许就是暴露灵魂、检验人性吧。伯格曼用一间红屋、四个白衣女人、一场死亡，不动声色地展现着人类的痛苦与孤独，绝望与渴望。伯格曼细腻的风格化的表达，战胜了故事的沉闷与压抑。

《生之欲》 导演：黑泽明

黑泽明的这部黑白老片，印证了存在主义心理治疗家亚隆的观点：对死亡的恐惧，常常与人生虚度的感觉紧密相关。你越不曾真正活过，对死亡的恐惧就越强烈。和半个世纪后的美国电影《遗愿清单》不同，它所表现的对死亡恐惧的超越更具有社会性。

《活着》 导演：张艺谋

在这部名为“活着”的电影中，有许多的死亡，它们不是自然死亡，也不是天灾或疫病导致的死亡，它们应该有一个特别的名字，叫作“社会性死亡”。有些时候，社会性死亡会有一个“意外死亡”的外表，但“意外”掩盖不了这些死亡的荒诞与残酷。

《永生之法》 导演：古斯塔沃·罗恩

在死亡的灰暗背景上，两个白血病男孩演出了他们多彩的生命故事。有些时候，孩子就是上帝派来的信使吧，通过他们透亮的眼和单纯的心，人们得以重新理解生命，包括它的艰难和沉重，也包括它的甜美和丰盛。

《特别响，非常近》 导演：史蒂芬·戴德利

9·11，九岁男孩奥斯卡的父亲再也没有回来。一把藏在花瓶中的钥匙，让他带着幻想开始了不可思议的寻找。或许，每个人在经历了巨大的丧失之后，都需要用自己的方式展开一次寻找。然后，重新发现生活，让心有一个着落。

《入殓师》 导演：泷田洋二郎

入殓，是一种行为，一个过程，是丧葬仪式的一个组成部分，但在这部电影中，它成了行为艺术。入殓，为什么可以如此精致，如此细腻，如此庄重，如此美丽？因为入殓师视其为生命的一部分而不是非生命的过程，它无声无息地化解着死亡的恐惧和别离的哀伤。

《遗体：面向明天的十天》　导演：君塚良一

看这部电影需要一点儿勇气：大海啸过后，一具具遗体被运到体育馆，其状恐怖而惨烈。一个即将退休的老人请求加入志愿者行列，帮忙安放遗体和协助家人认领。在混乱与悲恸中，宁静和庄严慢慢升起，逝者由此获得尊严，生者因之得到抱慰。

/ 后　记 //

在酝酿和研发“影像中的生死学”课程时，我就希望它能以某种形式走出我的课堂，让更多有心的大学老师可以作为开课的参考，让更多的年轻人有机会去碰触生死话题。

书，是其中的一种传播形式。它可以跨越时空界限，让不能来到课堂的人，不能直接接受我培训的人，也可以共享信息资源。

但，究竟要把书写成什么样？

是用“诠释”作为基本方法，写一本严谨又严肃的准学术书，还是用“叙事”作为方法，写一本承载着生命故事与情感的纪实书？我一直很纠结。

是学生们不经意地帮助我做出了抉择。

在上完第二轮课的时候，学生们在课程总结中说，除了这门课的内容和方法，最令他们印象深刻的是我这个“人”，他们纳闷我为何还能在人生之秋保持生命的热情。

我突然明白，我并非要在“诠释”和“叙事”之间做出选择，而是要在“冷”和“热”之间做出选择。

一本“冷”的书，不含感情色彩，是结构严谨的，论述充分的，条分缕析的，作者是站在“外面”的，内容给人的感觉是“干燥”的——目的是让读者获得知识、产生理性的思考。

但如果是这样，我从一开始就不会开设这门课程——我认为生命教育，不应该是从理论到理论的，它必须与人的生命经验相结合，通过感性体验引发理性思考。这也是我选电影作为授课媒介的主要原因。

更何况，这样一本“冷”的书，多么不像我这个人啊，离我自身的特质相差得太远。

我不是学者，也没有接受过严格的学术训练，尽管为了开设这门课，我阅读了近百本书籍，但我从未想过要形成一套自己的知识和理论体系——这事儿已经有人做了，比如余德慧的《生死学十四讲》、辜琮瑜的《最后一堂生死课》，前者更富哲理，后者更通俗晓畅。

我期待自己写出的是这样一本书：在书中，我既不必抛弃“灰色”的理论——学者们对生命与死亡的思考与研究，也不必抛弃“常青”的生活——我和学生们在课堂内外的宝贵生命体验。我希望能将它们融合在一起，就像我在课堂上带学生做的一样：在教学中倾听生命的故事，在倾听中思考生命的价值、意义和难题；将感性的体验与理性的思考联结在一起。其实，它们本来就是生命的常态，是让生命饱满和丰盛的不可或缺的元素，是让生命高高飞翔的两翼！

但要把这两者融合起来而不是拼接起来，真让我有点头疼。最初写好的几章，好像是一堆积木，中间缺少了能将它们黏合在一起的东西，直到我碰到了北京师范大学出版社的周益群女士。她读了最初的几章后，不仅给了我极大的肯定，而且帮助我找到整合两者的方法，让我可以更加尊重自己本性地写作。

突然之间，写作这本书变得快乐起来，也顺畅起来。虽然是独自一人坐在书房的电脑前，却觉得是在与很多人对话：那些电影中的人物，那些探索生死功课的哲人与学者，还有那些我的学生们。

所以，我要先谢谢你，周益群。谢谢你给予我的信任与指导，谢谢你在此书中投入的心血与智慧，使它终于能够从一堆模糊的想法，变成一本真正的书籍，还让我在20年没有出版书籍后，重新感受到写一本书的幸福。

这本书是“影像中的生死学”这门课的结晶。从2012年秋季开课，到2015年上半年，这门课已经上了五轮，有200多位同学和成年人参与了这个课程。虽然研发与教学以我为主，但其实它是被很多人共同“建构”起来的：

首先，感谢北京师范大学心理学院的乔志宏老师，你的信任和理解，使得这门听上去很陌生、很奇葩的课最终变成现实，相信我也没有辜负你和学校及学生的信任。

感谢我的忘年交朋友倪崟浩，你应该是第一个知道我开课设想的人。同时，你花了大量的时间去看我选择的教学影片，并把你在观影中的“发现”和教学想法写出来传给我，有时一部电影会写上万字之多！事实上，本来并不痴迷电影的我，是在认识你之后才认识到了电影的魅力。而通过远程异地备课，我可以很好地吸收、借鉴你对电影的敏锐观察和深刻理解。

感谢那些在课堂上眼睛发亮的学生们，你们有的幸运地抢到了课程注册，有的却根本不为学分而来。你们来自不同的专业，不仅有本科生，还有很多在读硕士和博士，甚至有外校来的“蹭课生”。你们和我共同创造了生命化的充满生机的课堂，还主动写来大量并非作业的文字，将思考和讨论延续到课下。都说现在的大学生不爱学习，可你们似乎给出了相反的例证，让这一说法变成了伪命题！正是你们主动参与的学习状态，给了我极大的鼓舞，使我一边幸福着一边辛苦着，再花时间将这些文字编辑好了让大家共同分享。

沈蓉蓉、黄珊、王诗雅、熊章辉、杨丽丽、余姗和刘云舒先后担任课代表。每次课前，你们都要帮忙复印“阅读资料”，使同学们可以对涉及的主题有更深入的认识和思考。甚至在毕业以后，你们见到与课程相关的资料，还会传给我作为参考。还有袁宇飞同学，用自己的心与笔，记录下了一些课程片段，让正在上课无法分心的我，后来能够通过你的文字，重温课堂的场景。

在生命的秋天，能和你们这些还在春天中的生命相遇，我真是同龄人中的幸运者。因为你们的参与，我的生命热忱得以延续，我的思想得到活化。谢谢你们，亲爱的同学们！

在这个课堂上，还有许多面目可疑的“非学生”——每个学期，我会留出几个名额给一些成年人，因为你们所能提供的人生经验，会丰富学生们的思考，让课程变得更加生动和多元。你们当中有北京师范大学的助教老师宋振韶、张定燕、姚冬萍、申子姣、孙舒平、华销嫣、孟文皓等人，还有原来“青春热线”的志愿者王琰、王冰梅、刘海骅、郭军，以及几位从事心理方面工作的朋友，还有在北京师范大学后勤工作的谭阿姨。事实上，你们的分享，既在理论、知识层面为教学提供了很好的补充，也在生命体验上扩展了学生的感受。

首都经贸大学的心理学教授杨眉，在自己的教学之余，居然参加了两轮的课程，既让我受宠若惊，更让我受益匪浅。用电影作为教学手段，你是先行者(杨眉为学生开设了“电影文本成长心理学”课程)，在心理学教学与心理咨询的实践中，你更是积累了极为丰富的经验。你不仅在课堂上和同学们分享你的知识和观点，更在课后用文字及时写来反馈，使得那些没有来得及在课堂上深化的问题，可以在课后通过邮件让包括我在内的所有课程参与者，得到更多的学习。杨眉，你是朋友，不言谢！

对中国男人来说，和一个喜欢买书胜过喜欢买菜的女人共同生活，不是一件容易的事儿。我的先生韩朝华，多年来不仅以喂饱家中两个女人为乐事，而且对我不断买书、四处扔书的恶习一再容忍，还在我们买了房子后，允许我把其中的一间当作自己的书房——对于一个需要阅读、思考和写作的女人来说，一间属于自己的房间该是多么重要！男人宠爱女人有许多方式，但最好的方式是——让她成为自己。作为一个受宠的女人，我自然心存感激。

最后，我还要感谢我的女儿韩雨歌。我开课时，你还在北京师范大学读书，我很害怕你会出现在我的课堂上使我分心。你体谅我的心情，放弃了听课，却为我推荐了特别适合用于教学的电影……

《影像中的生死课》写完了，“影像中的生死学”课程也可以升级到 2.0 版了……

陆晓娅

写于 2016 年 2 月 11 日

图书在版编目(CIP)数据

影像中的生死课/陆晓娅著. —北京：北京师范大学出版社，2016.8(2025.6 重印)

ISBN 978-7-303-20435-9

Ⅰ.①影… Ⅱ.①陆… Ⅲ.①生命哲学—教学研究—高等学校 Ⅳ.①B083

中国版本图书馆 CIP 数据核字(2016)第 104399 号

YINGXIANG ZHONGDE SHENGSIKE

出版发行：北京师范大学出版社 https://www.bnupg.com
北京市西城区新街口外大街 12-3 号
邮政编码:100088

印　　刷：北京虎彩文化传播有限公司
经　　销：全国新华书店
开　　本：730 mm×980 mm　1/16
印　　张：27
字　　数：300 千字
版　　次：2016 年 8 月第 1 版
印　　次：2025 年 6 月第 6 次印刷
定　　价：57.00 元

策划编辑：周益群　　　　责任编辑：齐　琳　梁宏宇
美术编辑：王齐云　　　　装帧设计：宋　涛
责任校对：陈　民　　　　责任印制：马　洁